新时代中国特色社会主义教育思想研究

孙刚成　雷　伟　著

天津大学出版社
TIANJIN UNIVERSITY PRESS

图书在版编目(CIP)数据

新时代中国特色社会主义教育思想研究 / 孙刚成，雷伟著. — 天津：天津大学出版社，2021.7
ISBN 978-7-5618-7003-7

Ⅰ.①新… Ⅱ.①孙… ②雷… Ⅲ.①中国特色社会主义－教育思想－研究 Ⅳ.①G40-092.7

中国版本图书馆CIP数据核字(2021)第148065号

出版发行 天津大学出版社
地　　址 天津市卫津路92号天津大学内(邮编:300072)
电　　话 发行部: 022-27403647
网　　址 www.tjupress.com.cn
印　　刷 廊坊市海涛印刷有限公司
经　　销 全国各地新华书店
开　　本 169mm×239mm
印　　张 15.25
字　　数 242千
版　　次 2021年9月第1版
印　　次 2021年9月第1次
定　　价 45.00元

序　言

开启中华民族教育新篇章

自从人类社会进入 21 世纪以来，世界正在发生着日新月异的变化，世界各国的教育事业同样在飞速发展。习近平在中国共产党第十九次全国代表大会上所做的报告中提出：“经过长期努力，中国特色社会主义进入了新时代，这是我国发展新的历史方位。”[①] 所以，自中国共产党第十九次全国代表大会召开以来，中国特色社会主义进入了新时代，开启了新篇章。这一时代特征为中国教育事业的发展赋予了新的时代特点以及时代意义，这就意味着，中华民族的教育必须是面向新时代的教育，必须以习近平新时代中国特色社会主义思想为指导创新教育，必须在符合中国历史发展潮流和世界发展趋势的前提下进行教育改革，必须致力于以创新驱动中华民族教育内涵式发展的新突破，促使中国教育更加开放包容，更具民族特色和中国特色社会主义特色，

---

① 习近平. 决胜全面建成小康社会 夺取新时代中国特色社会主义伟大胜利——在中国共产党第十九次全国代表大会上的报告 [N]. 人民日报，2017-10（1-5）.

能够在传承中华优秀传统文化的基础上开启中华民族教育新篇章，勇敢肩负起中华民族伟大复兴的重任和中国教育的国家使命。

中华民族悠久的历史文化积淀着人们深沉的精神追求和价值理念，中国的教育文化传统以及教育理念只有扎根于中华文化的滋养才可能发展壮大起来。商周时期开始萌芽和孕育的儒家教育思想体系历经三千多年流传至今，它不仅为中国古代的教育理论和人性研究奠定了坚实的基础，而且也在历史的考验中成为中国教育传统的主流。历史证明，儒家思想精华是中国传统文化的精髓，儒家教育思想精华同样是中国传统教育的精髓，是中国教育未来发展的特色与根基。春秋战国时期，儒家思想成为显学并渐趋兴盛；秦始皇时期发动“焚书坑儒”并颁布“挟书令”，由于思想被禁锢导致儒家思想发展受阻；汉武帝时期实施“罢黜百家，独尊儒术”政策开始推动儒家文化一家独大；民国时期大喊“打倒孔家店”，乃至后来的“批林批孔”运动，都使传统的儒家文化黯然失色；21 世纪，儒学再次兴起。数落数起，足见儒家文化的博大精深和富于魅力。如今，中国要实现中华文化复兴的伟大梦想，必须尊重、继承和发扬以儒家文化为主的中华优秀传统文化，让符合人性特质的经典文化典籍重放光芒，让儒家经典内涵的教育意蕴成为人们重新回到教育本质的理论指导。当下，中国要全面建设社会主义现代化强国，实现中华民族伟大复兴的中国梦，就必须重视教育的作用，注重在教育中对儒家经典以及优秀传统文化的传承与运用，只有在传承的基础上才能更好地创新，才能借助传统的教育思想精华开辟新的教育篇章。

自中华人民共和国成立以来，中国一直持续不断地探索着适合于中华民族的教育之路，虽然过程曲折，历经坎坷与波折，但已经初现“守得云开见月明”的景象。改革开放以后，邓小平同志提出了“教育要面向现代化，面向世界，面向未来”的教育战略举措，中国的教育事业开始趋向现代化时期。经过 40 年的发展，特别是中国共产党第十八次全国代表大会召开以来，中国的教育事业在以习近平同志为核心的党中央领导下蒸蒸日上，教育的育人功能日益显著，民族精神得到弘扬和传承，中华文化不断得到丰富与繁荣。习近平同志在中国共产党第十九次全国代表大会上的报告中强调："建设教育强国是中华民族伟大复兴的基础工程，必须把教育事业放在优先位置，深化教育改革，加快教育现代化，办好人民满意的教育。"① 这一重要论述简明扼要地指明了中国教育发展的方向和目标，揭示了教育在国家发展和民族复兴中的重要地位。另外，作为习近平新时代中国特色社会主义思想核心的"八个明确"与"十四个坚持"更是指导中国教育开启新篇章的理论基础，二者有机融合、有机统一，体现了理论与实际相结合、认识论和方法论相统一的鲜明特色，②可以很好地指导新时代中国特色社会主义教育思想与实践的协同发展。回顾中国共产党第十八次全国代表大会召开以来的 9 年多时间，习近平在治国理政的过程中留下了很多关于教育发展的精彩语录，这些语录看似零碎，却始终指向同一个方向，旨在达成同一个目标，那就是为实现中华民族的伟大复兴而不懈努力。教育不仅仅是一件关乎个人发展的事情，更是涉及社会、国家发展的重要事业，个人依托社会群体而存在，没有谁可以脱离一切外在联系而孤立地存在。教育为个人谋发展，也为家庭谋幸福，更为社会造福祉，但最终，教育要促进国家的繁荣与昌盛，要协助国家实现中华文化的伟大复兴和中华民族的伟大复兴。新时代中国特色社会主义教育思想博大精深，寓理于典，巧妙深邃，为建立具有中国特色、世界水平的现代教育体系勾画了较为完善的发展蓝图。

人类社会是一个有机的大系统，由政治、经济、教育、文化、科技等多个子系统组成，教育的发展状况与其他子系统的发展密切相连，只有教育符

---

① 习近平. 决胜全面建成小康社会 夺取新时代中国特色社会主义伟大胜利——在中国共产党第十九次全国代表大会上的讲话 [N]. 人民日报，2017-10-28（1-5）.

② 中共中央宣传部. 习近平新时代中国特色社会主义思想学习纲要 [M]. 北京：学习出版社，人民出版社，2019：8-9.

合社会发展的实际状况，适应本国国情时，教育才能真正发挥其积极的作用，社会的各个子系统之间才能协调运转。当下，中国要办的是中国共产党领导下的中国特色社会主义教育，这就意味着，中国的教育要始终坚持为人民服务、为中国共产党治国理政服务、为巩固和发展中国特色社会主义制度服务、为改革开放和社会主义现代化建设服务，为全体国民过上有精神内涵、有幸福指数、有生活质感的美好生活服务。[①] 以习近平同志为总书记的新一届党中央领导集体对中华民族的教育事业做出了伟大的贡献，使中国特色社会主义教育在世界教育的舞台上发出铿锵有力的声音，中国教育正在大踏步迈向世界前列和世界的中心。习近平新时代中国特色社会主义理论既是中国特色社会主义教育理论体系的思想基础，也是中国特色社会主义教育理论体系建构的思想引领与行动指南。深入分析、研究和用好习近平的教育观，对于把握中国特色社会主义教育理论的根本宗旨、内在逻辑、根本动力、发展方向、思维方法及体系建构具有关键性作用。同时，新时代中国特色社会主义教育思想继承和发扬了马克思关于人的全面发展学说，立足于中国特色社会主义实践，旨在实现中华民族的伟大复兴，深入挖掘研究新时代中国特色社会主义教育思想，对其进行科学梳理，使其不断发扬光大，具有伟大的时代意义和战略价值，是开启中华民族教育新篇章的奠基石。

---

① 张烁.（习近平在全国高校思想政治工作会议上强调）把思想政治工作贯穿教育教学全过程 开创我国高等教育事业发展新局面 [N]. 人民日报，2016-12-09（1）.

目　录

第一章　新时代中国特色社会主义教育思想的理论基础

自中国共产党第十八次全国代表大会召开以来，中国进入了全面深化改革的发展阶段，社会发展的各个领域勾勒出了波澜壮阔的改革画卷，在携手构建人类命运共同体的思想感召之下，教育领域的改革与发展也愈加紧迫。鸿篇巨制的教育蓝图有赖于科学丰富的教育理论作为思想武器，只有在科学统筹的教育理论指导下，教育的改革实践才能越发理性昌明。在教育领域掀起的全面深化改革势头之下，从新时代党和国家的教育方针内容与重要领导人讲话之中，尤其是习近平总书记关于教育的诸多讲话中，折射出了新时代中国特色社会主义教育思想的理论根基扎实且深厚。对新时代中国特色社会主义教育思想的理论基础进行质的思辨，这既是在理解新时代教育改革指导思想的基础上对教育理论赋予其时代意义的拓展与丰富，又是把握教育发展命脉以着力推动时下教育改革实践的重要举措，更是扩大教育影响力以期实现社会主义建设宏伟目标的应然取向。

教育是一项培育人才的宏伟工程，是以文化人的重要方式，更是一个国家、一个民族文明崛起与实现伟大复兴的战略阵地。作为人类重要社会实践活动的教育有着错综庞杂的内在机理，有着区别于其他社会活动的多方面、多层次、多质性的悠久发展历史与理论体系。一个国家教育水平的高低向来是衡量这个国家文明进步的主要标志，而人类文明的承袭延续必须借助教育之力来实现。教育在建设中国特色社会主义文化强国的道路上，以其独特的睿智唤醒了沉睡在个体内部的潜隐性发展动力，以其巨大的感染力与影响力凝结并激发了民族的归属感与认同感，唯有教育强，民族的文化自信力才能有效提升，而个体社会化与社会文明化、人性化的目标实现更离不开教育的牵引。

中国共产党历来是高度重视理论建设与理论指导的政党，在建设中国特色社会主义的伟大实践中，习近平指出："坚持和发展中国特色社会主义，必须高度重视理论的作用，增强理论自信和战略定力，对经过反复实践和比较得出的正确理论,要坚定不移坚持。"① 以习近平同志为核心的党中央始终保持与时俱进的理论品格，在进行伟大斗争、建设伟大工程、推进伟大事业、实现伟大梦想中，从理论上不断拓展新视野，做出新概括，进而形成治国理政的新理念、新思想、新战略。中国共产党第十八次全国代表大会召开以来，"习近平总书记就教育改革发展提出了一系列新理念新思想新观点，概括起来就是'九个坚持'：坚持党对教育事业的全面领导，坚持把立德树人作为根本任务，坚持优先发展教育事业，坚持社会主义办学方向，坚持扎根中国大地办教育，坚持以人民为中心发展教育，坚持深化教育改革创新，坚持把服务中华民族伟大复兴作为教育的重要使命，坚持把教师队伍建设作为基础工作。这'九个坚持'是我们党对我国教育事业规律性认识的深化，是习近平新时代中国特色社会主义思想的重要组成部分，来之不易，必须始终坚持并不断丰富发展。"② 从习近平以"九个坚持"为核心的关于教育改革与发展的诸多指导思想中，不难发现新时代中国特色社会主义教育思想有着广泛且深厚的教育理论支撑，这一教育思想是以马克思关于人的基本理论为基石，以人本主义教育理论为依托，以教育公平理论为突破口，以个性化教育理论为指向，

---

① 中共中央宣传部. 习近平总书记系列重要讲话读本 [M]. 北京：学习出版社，人民出版社，2016：33.

② 《人民日报》社论. 办好人民满意的教育 [N]. 人民日报，2018-09-12（1）.

以传统文化典籍中的人性论与礼仁思想为底色，经过千锤百炼汇聚形成的，是符合人的发展需求和人类命运共同体建构需要的教育思想。新时代中国特色社会主义教育思想是在尊重过去、思索当下、与时俱进的思维方式基础上形成的，它是站在教育事业顶层设计的战略制高点，为教育事业的理论发展注入了新的精神动力，在理论的精神引领下，对教育改革发展做出了理性的长远规划。它全方位地解读新时代中国特色社会主义教育思想的理论基础，是弥合教育理论与教育改革实践发展之间鸿沟的必经之路，更是在全面深化改革的进程中用科学理论武装头脑谱写中华文明新篇章的重要举措。

一、马克思关于人的全面发展理论

习近平在多次重要讲话中强调要促进人的全面发展，如，2015 年 11 月 23 日，习近平在中共中央政治局第二十八次集体学习时强调："要坚持以人民为中心的发展思想，这是马克思主义政治经济学的根本立场。要坚持把增进人民福祉、促进人的全面发展、朝着共同富裕方向稳步前进作为经济发展的出发点和落脚点"[①]；2017 年，习近平在中国共产党第十九次代表大会上的报告中再次强调："必须坚持以人民为中心的发展思想，不断促进人的全面发展……"[②] 所以，新时代中国特色社会主义教育思想的首要理论基础就是马克思关于人的全面发展理论。

人作为一类社会实体，从教育的目的而论，有德智体美劳全面发展的渴求；而人作为一个价值存在，从教育的价值功能而论，有真善美和谐发展的内在要求。可见，教育既是造就人的全面发展的过程，也是提高人的生命价

① 新华社. 立足我国国情和我国发展实践　发展当代中国马克思主义政治经济学 [N]. 人民日报，2015-11-25（1）.

② 习近平. 决胜全面建成小康社会 夺取新时代中国特色社会主义伟大胜利——在中国共产党第十九次全国代表大会上的报告 [N]. 人民日报，2017-10-28（1-5）.

值的过程。马克思关于人的全面发展理论是架构在生产力发展基础上的人的全面发展理论。人的全面发展是人类解放的最终目的，是共产主义理想实现的最高目标。此理论夯实了社会主义教育理论发展的根基，对社会主义的教育建设和长远发展指明了方向，更对新时代中国特色社会主义教育思想的形成产生了重大的影响。针对人的全面发展的研究和探讨，始终是我国长期以来教育理论研究所聚焦的重要问题，弄清楚这一重大问题，对于完整且准确地运用马克思主义以推进新时代中国特色社会主义教育发展具有重要意义，同时，有利于从理论与实践两个层面上深入贯彻和落实党的教育方针。

（一）人的全面发展理论

马克思在思辨前人思维成果的积淀上，立足实践发展创造并运用辩证唯物主义和历史唯物主义的科学方法系统而全面地研究了人类社会的历史发展与人自身的发展之间的关系。人的全面发展理论作为马克思主义教育学说的根本原理之一，是马克思学说的核心组成部分，在马克思主义理论体系中有着举足轻重的地位。马克思和恩格斯在宏伟而宽广的历史发展背景下，将人的全面发展视为现代社会生产力发展的客观要求，从哲学、政治经济学、科学社会主义三方面充分论证人的全面发展同消灭私有制、发展社会生产力以及解放全人类的有机联结规律出发，阐明了人的全面发展所需要的物质基础、途径和条件，将人的多方面能力的多样化发展作为衡量全面发展的标准，并高度概括了人的全面发展是共产主义所憧憬、所向往的人类解放的最高境地。

人的本质体现为自然属性与社会属性的辩证统一，是身心完满的健全发展。马克思指出："人的本质并不是单个人所固有的抽象物。在其现实性上，它是一切社会关系的总和。"① 马克思关于人的本质这一精辟论断，对人性论、社会学、教育学等领域的深入思考都具有划时代的意义。它既为正确地研究

① 马克思，恩格斯. 马克思恩格斯选集（第 1 卷）[M]. 第 2 版. 北京：人民出版社，1995：60.

和解决人性问题以及直接以人的形成、发展为研究对象的教育科学指明了方向，提供了科学的方法论基础，也为甄别教育学中对人性的歪曲和谬论提供了锐利的思想批判武器。每个人都有全面发展自己的多方面才能以适应各个生产部门需要的生存发展权利，但人的全面发展殊非易事，而且并非是单纯的教育问题，其发展受社会关系的性质、生产力发展水平与人受教育的程度等方面的综合制约。人的发展依赖于特定生产力发展水平的物质基础，可以毫无疑问地说，社会生产力的高度发展是作为社会实体的人全面发展的基本条件，只有社会生产力获得极大的提高，才可能最大限度地把人从生产劳动中解放出来，人们才有丰富的生活资料和时间去接受各级各类教育与各种训练，进而才可能实现人的全面发展，才可能洞见人类彻底解放的幸福感。

1. 人的全面发展就是人的解放[①]

黑格尔曾说过："社会和国家的目的在于使一切人类的潜能以及一切个人的能力在一切方面和一切方向都可以得到发展和表现。"[②]马克思在此基础上提出了人的全面发展学说。马克思说："人的全面发展意味着自己真正获得解放。"[③]也就是说，人的全面发展就是人的解放，人自己的解放，真正的解放，自己获得的自己的解放。其实，我们从马克思、恩格斯的另一些论述里也可以看到关于全面发展是人的解放的思想。"工场手工业把工人变成畸形物，它压抑了工人的多种多样的志趣和生产才能，人为地培植工人片面的技巧……个体本身也被分割开来成为某种局部劳动的自动工具。"[④]"个人就是受分工支

① 孙刚成，闫世笙. 马克思的人的全面发展学说探究 [J]. 延安大学学报（社会科学版），2007（6）：43-46.

② （德）黑格尔. 美学（第 1 卷）[M]. 北京：商务印书馆，1979：59.

③ 马克思，恩格斯. 马克思恩格斯全集（第 3 卷）[M]. 北京：人民出版社，1972：286.

④ 马克思，恩格斯. 马克思恩格斯全集（第 23 卷）[M]. 北京：人民出版社，1972：399.

配的，分工使他变成片面的人，使他畸形发展，使他受到限制”①，而教育在“使他们摆脱现代这种分工为每个人造成的片面性”②方面发挥着巨大且具有决定性的作用。

马克思的上述论断针对性极强。全面发展就是要防止畸形发展，全面发展就是要避免片面发展，全面发展就是要使人不受压抑和限制，就是帮助个人和全人类获得解放。所以，所谓全面，从量的意义上讲就是防止片面；从质的意义上讲就是避免畸形。而教育，促进人的全面发展的教育，则正是使人摆脱片面性、获得个性与身心解放的教育。全面发展的根本，教育的根本使命，实际上就是求得人的解放。

防止畸形，防止片面，不受压抑，不受限制，全面发展所包含的人的解放含义是如此清晰。“唯一实际可能的解放是以宣布人是人的最高本质这个理论为立足点的解放。”“人就会解放成为人。”③马克思的理论就是人的解放理论，其立足点即“人是人的最高本质”，马克思的全面发展学说也就是人的解放理论的有机组成部分。这样，我们就更好地理解了教育，理解了全面发展，教育的根底就在于为了人的解放，为了让人解放成为人。

具体地说，人的解放就是指“外部世界对个人才能的实际发展所起的推动作用为个人本身所驾驭”④。人的解放是外部世界的作用为个人所驾驭而不是相反，不是个人的发展为外部世界所驾驭。

必须进一步指出，马克思所说的“人的全面发展”中的人，不是抽象的、孤立的个体自然人，而是指现实的、具体的、社会中的人，不是“某一个人”，而是“每一个人”，即人类本身或一般意义之人。因为“一个人的发展

① 马克思，恩格斯. 马克思恩格斯全集（第 3 卷）[M]. 北京：人民出版社，1972：514.
② 马克思，恩格斯. 马克思恩格斯全集（第 1 卷）[M]. 北京：人民出版社，1995：223.
③ 马克思，恩格斯. 马克思恩格斯全集（第 1 卷）[M]. 北京：人民出版社，1995：16.
④ 马克思，恩格斯. 马克思恩格斯全集（第 3 卷）[M]. 北京：人民出版社，1972：286.

取决于和他直接或间接进行交往的其他一切人的发展”[①]，所以，“要不是每一个人都得到解放，社会本身也不能得到解放”[②]，也就无所谓实现人的解放或实现共产主义。

2. 人的全面发展是人多方面能力的发展[③]

全面发展的人是能力得到多方面发展的人，与之相对的是片面发展的人。在马克思看来，人的发展的实质是人的能力的发展，人的能力即人的本质力量，是人在实践这种对象性活动中所体现出来的力量。它既包括一个人所拥有的自然力，也包括作为主体的人在实践活动中形成并积淀的知识、经验、情感、意志等精神因素。换句话说，能力的发展应当是理性智慧、实践智慧、道德智慧等基本方面的协调发展。人的本质力量是物质力量与精神力量的统一，在其外化状态中则体现为脑力劳动和体力劳动的统一。然而，在旧式分工存在的社会条件下，人们不得不在狭窄的领域和职业上发展自己的能力。马克思曾借用勒蒙特的话说：“我们十分惊异，在古代，一个人既是杰出的哲学家，同时又是诗人、演说家……现在每一个人都在为自己筑起一道藩篱，把自己束缚在里面……这样一来，人是缩小了。”[④]这种“缩小了的人”也包括在旧式分工下脑力劳动和体力劳动相分离的人。而这一切的根源均在于私有制的存在。“在这里，每一个人都只能发展自己能力的一方面却偏废了其他各个方面。”[⑤]马克思正是痛感于旧式分工所造成的人的片面发展的种种弊端，从价值的角度，强调人应当获得全面发展，即人的能力的多方面发展。他说：

---

① 马克思，恩格斯. 马克思恩格斯全集（第 3 卷）[M]. 北京：人民出版社，1972：515.

② 马克思，恩格斯. 马克思恩格斯全集（第 20 卷）[M]. 北京：人民出版社，1971：318.

③ 孙刚成，闫世笙. 马克思的人的全面发展学说探究 [J]. 延安大学学报（社会科学版），2007（6）：43-46.

④ 马克思，恩格斯. 马克思恩格斯选集（第 1 卷）[M]. 北京：人民出版社，1972：135.

⑤ 马克思，恩格斯. 马克思恩格斯选集（第 1 卷）[M]. 北京：人民出版社，1972：223.

“任何人的职责、使命和任务就是全面地发展自己的一切能力。”① “每一个人都无可争辩地有权全面发展自己的才能。”② 所以,新时代中国特色社会主义教育思想的发展更需要以马克思关于人的全面发展理论为基础，在马克思关于人的全面发展理论指导下，创新综合实践教育，促进人的多方面能力的激活与发展。

（二）全面发展教育理论下的教育观

教育是人的全面发展的重要条件，人既是社会发展的主体，又是历史的创造者，人的全面发展是全体社会成员在社会进步中获得彻底解放的最终目标。正确认识人的发展规律，掌握其基本规律，对教育理论研究和教育实践工作具有重要意义。历史唯物主义认为，人的价值实现受社会存在及社会发展需求所钳制，人的价值从某种程度上反映出了个体生存、生活的意义为社会所认可，反映出了自我价值实现的内在发展需求在社会中得到满足的程度；此外，人的价值也阐明了个体对社会发展所做出的努力与贡献程度。“每一个人都无可争辩地有权全面发展自己的才能”③，“使每一个社会成员都能够完全自由地发展和发挥他的全部力量和才能”,④ 这是教育造就人进而实现个体生命价值的核心要旨。“生产劳动同智育和体育相结合，它不仅是提高社会生产的一种方法,而且是造就全面发展的人的唯一方法” ⑤,着重于发展人的身体素质与培养心理素质、形成社会素质的素质教育是全面发展教育的根本目标或落实，全面发展教育则是素质教育的内容或途径，二者不可相互替代，亦不可

① 马克思，恩格斯. 马克思恩格斯全集（第 3 卷）[M]. 北京：人民出版社，1972：33.

② 马克思，恩格斯. 马克思恩格斯全集（第 2 卷）[M]. 北京：人民出版社，1979：61.

③ 马克思，恩格斯. 马克思恩格斯全集（第 2 卷）[M]. 北京：人民出版社，1979：61.

④ 马克思，恩格斯. 马克思恩格斯选集（第 1 卷）[M]. 北京：人民出版社，1972：217.

⑤ 马克思，恩格斯. 马克思恩格斯全集（第 23 卷）[M]. 北京：人民出版社，1972：530.

混为一谈，只有二者协调统一发展才是真正的素质教育。①

要实现全面发展的教育目标，必须认识到“教育始终是与生产劳动相结合的”重要性，必须注重素质教育的重要性。但要注意的是，马克思所说的生产劳动指的是“工厂劳动”“物质生产”和“体力劳动”，而不是现代意义所认同的“与生产劳动相结合的脑力劳动”，以此看来，这是两个不容混淆的不同概念。习近平指出：“素质教育是教育的核心，教育要注重以人为本、因材施教，注重知行合一、学用相长，着力培养学生的创新精神和实践能力，促进学生德智体美全面发展”，②这是符合马克思关于人的全面发展理论的正确论断。人的全面发展是指每一个社会成员的全面发展，是全纳性质的全面发展，这要求每个人都有机会获得全面发展。但人的智力与才能的个别差异是客观存在的，每个学生的发展不可能达到同一个水平，应该尊重每个学生发展的实际情况，用供给侧结构性改革的思维方式因材施教地为学生的全面发展创设有利环境，让他们在学习中实现自身的生命价值。

人类的教育活动能够使受教者获得适应多变环境的经验，与此同时，还可以塑造个体在融入社会生活的过程中实现自身价值、助推社会发展的各方面能力。教育活动在人类社会发展历程中所发挥的推动力不可估量，马克思认为：“未来教育对所有已满一定年龄的儿童来说，就是生产劳动同智育和体育相结合，它不仅是提高社会生产的一种方法，而且是造就全面发展的人的唯一方法。”③这是对未来素质教育和全面发展教育的理性预见，同时，又是对当下教育发展目标的宏观规划。要使人“获得一定劳动部门的技能和技巧，成为发达的和专门化的劳动力，就要有一定的教育或训练。”④只有经过教育和

① 袁振国. 当代教育学 [M]. 北京：教育科学出版社，2004：70.

② 霍小光，张晓松. 习近平在北京市八一学校考察时强调　全面贯彻落实党的教育方针　努力把我国基础教育越办越好 [J]. 人民教育，2016（18）：6-9.

③ 马克思，恩格斯. 马克思恩格斯全集（第 32 卷）[M]. 北京：人民出版社，1995：121.

④ 马克思，恩格斯. 马克思恩格斯全集（第 23 卷）[M]. 北京：人民出版社，1972：105.

训练的人才是真正意义上的社会人，才能在社会生产力的变革中创造并实现生命的存在价值，进而才能在生产力高度发展的社会条件下实现人的全面发展。

（三）人的全面发展教育理论下的现代教育观

人的全面发展教育理论下的现代教育观呈现出了全球化、多元化、全民化、终身化的发展趋势。这既是对传统教育观的继承与发展，同时又是时代发展的呼声。现代教育观更多的是立足当下，聚焦未来的一种教育观。伴随着社会经济发展的急剧变化，各国的思想文化交流碰撞日益密切，教育也在翻滚波动的社会发展浪潮中绽放出了自身的发展特色。尤其是信息技术的迅速发展给教育的发展带来了更多的挑战，人的全面发展越发显得紧迫。只有全面发展的人才能适应急速变革的社会潮流，才能在多元的思想文化发展中定格生命的价值。2018 年 5 月 2 日，习近平在北京大学师生座谈会上的讲话中强调,要“培养德智体美全面发展的社会主义建设者和接班人”[①],这是对社会主义制度下教育方针与教育目标的具体阐释，更是赋予了马克思主义关于人的全面发展理论的时代内涵。

全面发展教育理论下的现代教育观是马克思关于人的全面发展理论的进一步深化，是指导实践并与实践紧密结合的科学性理论。人的全面发展作为马克思关于共产主义的基本原理，也是我们基于当下发展需求的境况而确立并争取逐步实现的教育目标。人的全面发展不同于全面发展教育，前者是对受教育者能否获得充分发展的认识，而后者则指的是教育的发展形态与理念。全面发展教育各要素的组成部分、目标与任务既有关联又有区别，以智育而论，在用知识开阔学生视野、武装学生头脑的同时，又要结合知识传授过程中的学习规律与个体认知特点，进而将思想品德教育有机结合起来。马克思

① 习近平. 在北京大学师生座谈会上的讲话.[N]. 人民日报，2018-05-03（2）.

指出："用整个社会的力量来共同经营生产和由此而引起的生产的新发展，也需要一种全新的人，并将创造出这种新人来。"① 由此可以看出，时代的发展需要全新的人才，全新的人才是时代发展的领航者和引路人。始终坚持马克思主义关于人的全面发展理论，在意识形态上认识到人的全面发展的重要性和必要性，才能在实践中贯彻落实人的全面发展这一教育目标。习近平视察国防科技大学时强调："要更新教育理念，创新培养模式，全面提高师资队伍整体素质，走出一条有利于高端军事人才成长的新路子"②，"广大教员要切实肩负起立德树人、教书育人的光荣职责，做学员健康成长的指导者和引路人"③，这既是对军事人才培养的要求，也是对未来社会人才培养方向的科学性预见，更是对现代社会教育发展的前瞻性指向。只有充分发挥已经确立的社会主义制度的优越性，深层次地理解人的全面发展的内在驱动力，不断调整和完善新的生产关系及其上层建筑，给生产力发展赋予其开阔的前途和充沛的推动力，为社会全体成员创设全面发展的有利条件，才能最大限度地开拓并激发人的能动性，进而才能在实现人类最终解放的征途中释放无限的可能性。

（四）人的全面发展的实践性④

人的全面发展作为共产主义理想的最高追求，不是指人的各方面平均发展，更不是消灭个性的发展，它需要通过人的个性化发展与各方面的和谐发展逐步推进才能够实现。

---

① 马克思，恩格斯. 马克思恩格斯全集（第 1 卷）[M]. 北京：人民出版社，2002：222-223.

② 习近平. 深入贯彻落实党在新形势下的强军目标，加快建设具有我军特色的世界一流大学 [N]. 人民日报，2013-11-07（24）.

③ 习近平. 深入贯彻落实党在新形势下的强军目标，加快建设具有我军特色的世界一流大学 [N]. 人民日报，2013-11-07（24）.

④ 孙刚成，闫世笙. 马克思的人的全面发展学说探究 [J]. 延安大学学报（社会科学版），2007（6）：43-46.

1. 人的全面发展的实现形式是和谐发展

全面发展是为了人的解放幸福。人的幸福感在很大程度上来源于和谐感。和，是多成分的合与和；谐，是融洽相合，协调而和。多成分显示了全面的实际含义；融洽、协调，显示了多样态共生之美的基本表征。所以，全面发展的实现形式是人的多方面和谐共生发展。

同样，和谐也是个性化的，每个人一般具有自己在不同方面与众不同的形式和内容，所以每个人的和谐与否并不完全相同，而且更应该是适合自己的独特模式。共同的只能是所有人的身心和谐和多方面协调发展，但是作为个体的身心和谐一定会以不同的方式表现出来，即个体的发展差异性不容置疑。

另外，和谐的全面发展并非方方面面一应俱全，它也可以分出基本面和非基本面，同时在基本面里又有层次之分。具体来说，第一层是身心和谐发展，生理与心理和谐发展。第二层可分别就生理、心理来说，就心理来说，基本面的发展应是认知与人格的和谐发展；就生理来讲，基本面的发展应是身体各部位生长的和谐与各部位动作的和谐。第三层的基本面发展应是认知、人格、手、脚、眼、耳、鼻等具体方面的心理、生理与能力和谐发展，再细分，则包括直觉与逻辑的和谐、知觉与演绎的和谐等。只要顾及了以上的基本层面，就防止了片面，避免了畸形，就是全面发展、和谐发展。

总之，人的全面发展不仅意指“全面”，而且包含着“自由、充分、和谐发展”。全面发展与片面发展相对，是指人的本质的全面展开和丰富；自由发展指的是人作为主体自觉、自愿、自主的发展；充分发展是人们全面、自由发展的程度问题；和谐发展是人发展的各个方面之间的协调与贯通。事实上，全面发展、自由发展、充分发展、和谐发展在每一个人的发展内部是相互联系、不可分割的。

2. 人的全面发展是一个逐渐推进的过程

马克思把人的发展看作是从人对人的依赖关系推进，到以物的依赖性为基础的，个人独立性获得充分发展再到自由个性充分发展且达到多方面和谐的漫长历程。在《1857—1858 年经济学手稿》中，马克思这样写道："人的依赖关系（起初完全是自然发生的），是最初的社会形态，在这种形态下，人的生产能力只是在狭窄的范围内和孤立的地点上发展着；以物的依赖性为基础的人的独立性，是第二大形态，在这种形态下，才形成普遍的社会物质交换，全面的关系，多方面的需求以及全面的能力的体系；建立在个人全面发展和他们共同的社会生产能力成为他们的社会财富这一基础上的自由个性，是第三个阶段。"① 在日益丰富的社会关系中，人会获得多方面的社会规定性，成为越来越具有全面性的人。马克思关于人的发展三阶段理论表明，人只有在一定的社会中才能发展，人的全面发展与社会的发展具有内在的一致性。因此，人的全面发展是历史的产物，归根结底是社会生产力的产物。

在原始社会，体力劳动和脑力劳动是结合在一个人身上的，尽管是原始的结合，但终究不是分离的，可是谁也不能把原始社会的人称为全面发展的人。因为，他们的体力、智力、能力、精神等各个方面的发展都处在极为低下的水平。马克思指出："在发展的早期阶段，单个人显得比较全面，那正是因为他还没有造成自己丰富的关系，并且还没有使这种关系作为独立于他自身之外的社会权力和社会关系同他自己相对立。"② 这时，当然就无所谓全面发展。在资本主义社会中，总的来说，工人在大工业中的片面发展的状况比在工场手工业中少得多了，但这并不意味着他们就逐步变成全面发展的人了，因为他们的发展又带上了"特有的畸形"。这就是说，这种片面发展状态的改善，仍然没有脱离人是物的附属物、人是物的工具这一畸形发展特征。所以，

---

① 马克思，恩格斯. 马克思恩格斯全集（第 46 卷）[M]. 北京：人民出版社，1979：36.

② 马克思，恩格斯. 马克思恩格斯全集（第 46 卷）[M]. 北京：人民出版社，1979：109.

马克思和恩格斯指出，共产主义社会是个人的独创和自由的发展不再是一句空话的唯一社会。“通过社会生产，不仅可能保证一切社会成员有富足的和一天比一天充裕的物质生活，而且还可能保证他们的体力和智力获得充分的自由的发展和运用。”[①] 同时,共产主义并不意味着人的发展的终点。人是实践的存在物，实践是开放的、生成的，正是实践的特点、本质内容和内在矛盾运动使人“不是力求停留在某种已经变成的东西上，而是处在变易的绝对运动之中”[②],从而使人的全面发展呈现为一个在实践中不断生成的过程和一种无限开放的状态，永远也不会达到所谓“完美”的终点。共产主义的实现只是人的全面发展的“开始”。到了共产主义，“作为目的本身的人类能力的发展，真正的自由王国,就开始了。”[③] 为此,社会主义社会作为向共产主义社会过渡的一个阶段，中国的社会发展应该更好地保障人的全面发展、个性发展和自由发展。

另外，人的全面发展的实现是一个历史进程，整个人生也是一个历史进程。发展赋予这一过程以积极意义。教育的责任就在于尽力协助、辅助人顺利经历这一过程，把握这一过程，完善这一过程。具体到人，全面发展在任何一个特定时刻都表现为在某种或某些特定内容上的发展，全面发展并非同一时刻的方方面面齐头并进。处在一定社会历史阶段的现实的个人的发展，是其所处社会历史条件下的相对的全面发展。从历时性来看，全面发展是发展着走向全面，所以人们只能在实际的发展过程中谈论全面；从共时性来看，全面发展就是每个时刻之下的相对全面，换句话说，也就是另一个时刻的相对片面，即新的需要发展完善的状态；从结果上来看，无论多么全面的个体，

① 马克思，恩格斯. 马克思恩格斯全集（第 3 卷）[M]. 北京：人民出版社，1972：322.

② 马克思，恩格斯. 马克思恩格斯全集（第 46 卷）[M]. 北京：人民出版社，1979：486.

③ 马克思，恩格斯. 马克思恩格斯全集（第 25 卷）[M]. 北京：人民出版社，1974：927.

他也是在由相对不太全面的状态趋向相对全面的结果。[①] 换句话说，从静态观察角度，很容易看到片面，从动态角度察看，正在趋向或正在无限接近全面发展；人是时刻在和片面打交道的情况下获得全面发展的；今日之相对全面是相对于昨日的相对片面而言的，而今日之相对全面还可能是相对于明日全面的相对片面。

二、人本主义教育理论

习近平非常重视民生问题，他认为“解决民生问题必须坚持以人为本的原则。以人为本，就是以最广大人民的根本利益为本。坚持以人为本，就是要把人民群众的利益放在第一位，始终把实现好、维护好、发展好最广大人民群众的根本利益作为党和国家一切工作的根本的出发点和落脚点。尊重人民主体地位，发挥人民首创精神，保障人民各项权益，走共同富裕道路，促进人的全面发展。做到发展为了人民，发展依靠人民，发展成果由人民共享。”[②] 可见，习近平的人本主义观念主要表现在他始终把人民放在心中的最高位置，始终强调最广大人民的利益，强调社会的发展成果或福利必须为最广大人民所共享，长期倡导建立人类命运共同体。所以，中国特色社会主义教育思想的重要理论基础之一同样需要从人本主义教育理论中去挖掘。人本主义的形成与发展为人本主义的教育理论形成提供了理论基础和思想指导，人本主义的教育理论是建立在人本主义的思想基石上的，两者辩证统一、互依共存、相互促进。深刻洞见与合理借鉴人本主义的精神内核是建构人本主义教育理论的基础，更是用人本主义教育理论指导新时代中国特色社会主义教

---

① 张楚廷. 全面发展实质即个性发展：重温马克思全面发展学说的启示 [J]. 北京大学教育评论，2004，2(2)：70-74.

② 李小宁. 民生论 [M]. 北京：人民出版社，2015：142.

育改革实践有序推进的思想武器。

（一）人本主义教育理论的内涵诠释

人本主义的发展经历了古代社会的积极探索和近代欧洲人本主义思想的发展，最终成为指导人的发展的主流思想流派。其经典的论述可以追溯到中国古代春秋战国时期的人性论及其哲学思想和古希腊的人性论及其哲学思想，然后，到马克思的人本主义思想的发展和罗杰斯的人本主义心理学的逐步成熟，推动了人本主义思想之于人类发展的广泛社会影响。

1. 人本主义

人本主义思想开端于中国古代的春秋战国时期和西方的古希腊时期，在欧洲文艺复兴时期僭越了哲学体系的限制、突破了宗教教条的束缚、挣脱了抽象推理的刻板枷锁，将认知视角聚焦为以人为本，广泛宣扬思想自由和个性解放，使其成为一种普适性的价值观念取向，并于20世纪形成了以承认人的根本价值、注重人的尊严为核心的思想运动，对人和人的价值给予高度的认可，主张用纯粹的爱和天赋的至善来谋求人类的最大福祉，历史深厚，内涵丰富，对社会发展的影响极其深刻。人本主义鲜明地表达了人们所向往的人性追求，秉持人的思想意识、欲望情感等内部过程及经验，铸就一个个体区别于其他个体的特质的核心观点，强调人在自由意志与人的价值基础上有能力决定自己的目的和行动方向，应该对自己的行为负责，其终极意义在于以人的成长、发展和潜能释放为根本。人本主义的社会价值取向立足于对人个性的关怀，在此基础上尤为重视人自身的价值和人格发展，强调通过宽容、自由、平等的方式激发个体内在的发展潜能，以此维护人性尊严并提升自我实现的最大可能性。人本主义认为人的本性中普遍具有可以开发的发展潜能和基本善端，人有自由意志，有自我实现的发展需要，并不是受无意识欲望驱动的野兽，只要有适当的环境，便可使每个个体的才能得到最大化的显现。人本主义集中体现为“以人为出发点，尊重人、理解人、相信人、关心人，满足人的需要，促进人的全面发展”①。

2. 人本主义教育理论概述

着眼于个体需要的人本主义对于个体发展的重要功能不仅体现为培养人，更为关键的是使个体具有正确且合理选择自己人生发展方向的能力，在实现个体价值的过程中逐步提升满足自己合理需要的能力和向新的需要层次跃升的自觉意志力。作为人本主义教育理论的代表人物马斯洛和罗杰斯皆通过验证分析提出，人的需要和动机表现为一种层级结构，而高级动机的出现及实现是以低级需要的满足为前提的，不论哪个层级的基本需要和动机都涵括自发追求满足的本能倾向，都以不同的方式表达了人的价值实现或人性的自我实现的诉求。人本主义教育理论重视人格和个性的发展、强调人的尊严和价值，主张社会改革、管理、教育和心理治疗应以良好的人际关系为基础，任何人在正常情况下都具有奋发向上的发展诉求，具有诸多的无限发展潜力，应尽力创造一个良好的环境，使个体能够在沟通交往中发挥自身的潜能。教育的发展更多的是为了满足人未来的需要，所以，通过对人本主义的研究，做到善于从科学的预见性与前瞻性来看待教育的发展和人的发展是很有必要的。从习近平“要着力完善人才发展机制。要用好用活人才，建立更为灵活的人才管理机制，打通人才流动、使用、发挥作用中的体制机制障碍，最大限度支持和帮助科技人员创新创业。要深化教育改革，推进素质教育，创新教育方法，提高人才培养质量，努力形成有利于创新人才成长的育人环境”②，

① 孙刚成. 以人为本的高校人才资源管理研究 [D]. 西华师范大学，2005.

② 新华社. 敏锐把握世界科技创新发展趋势　切实把创新驱动发展战略实施好 [N]. 人民日报，2013-10-2（1）.

要“努力为广大知识分子工作、学习、生活创造更好条件。要深化科技、教育、文化体制改革，深化人才发展体制改革，加快形成有利于知识分子干事创业的体制机制，放手让广大知识分子把才华和能量充分释放出来。要遵循知识分子工作特点和规律，减少对知识分子创造性劳动的干扰，让他们把更多精力集中于本职工作。要善于运用沟通、协商、谈心等方式做好知识分子思想工作，多了解他们工作学习生活中的困难，多同他们共同探讨一些问题，多鼓励他们取得的成绩和进步”[①]等话语中可以看出，新时代中国特色社会主义教育思想中渗透着浓厚的人本主义教育内涵，在尊重人才的过程中为人才的发展创设成长的环境，这符合人本主义教育发展理论的人才培养与使用观。

人本主义的教育理论认为教育与教学过程就是要促进学生个性发展的过程，发挥学生的可塑潜能，培养学生学习的昂扬激情、激发学生学习的热忱和动力。教师的主要任务乃是“为学生提供学习的手段和条件，促进个体自由地成长，即教师要营造一种自由、民主、和谐、融洽的充满着关爱与真诚的学习氛围”。[②]将这一理论用于教育教学改革中，就是强调学校应当以全面塑造人、陶冶人为中心，要认识到在教育中建立师生亲密关系和依靠学生自我指导能力的重要性，必须为学生的发展需求创设良好的学习环境，进而促进学生自觉主动地趋向全面发展，不但要全面发展学生的各种能力，而且要培养和发展学生的道德品质，做到立德树人。习近平强调“科教兴国已成为中国的基本国策。我们将秉持科技是第一生产力、人才是第一资源的理念，兼收并蓄，吸取国际先进经验，推进教育改革，提高教育质量，培养更多、更高素质的人才，同时为各类人才发挥作用、施展才华提供更加广阔的天地”，[③]这是新时代人本主义教育观和用人观的鲜明体现。

---

① 习近平. 在知识分子、劳动模范、青年代表座谈会上的讲话 [N]. 人民日报，2016-4-30（2）.

② 莫雷. 教育心理学 [M]. 北京：教育科学出版社，2007：66.

③ 杜尚泽. 习近平会见清华大学经管学院顾问委员会海外委员 [N]. 人民日报，2013-10-24（1）.

（二）人本主义学习观

人本主义教育理论的学习观是以人本主义心理学的基本理论框架为基础形成的多元维度下的学习观。人本主义教育理论的学习观认为，学习是个体固有能量的自我实现过程，是注重人的尊严和在实现自身价值的过程中个体潜在发展与创造能力的逐步释放，而无条件积极关注个体成长过程中的重要作用是不容小觑的。教育本身就是要努力挖掘学生的潜在能力，从这个观点出发，要求人们在学习活动中一方面强调要以学生为主体，另一方面也要重视教师在这个过程中发挥和挖掘学生潜能的主导作用。人本主义学习理论强调学生自主学习，自主建构知识意义，强调以人的自我发展为本，挖掘人的创造潜能，注重情感教育。人类精神文明建设，人的认识能力提高，人对外部世界的认识更加清楚，对自身内部的感情和德性有科学的理解，有控制自己行为目的的意志力，这需要以人本主义的教育理论为出发点正确看待学习，如此才能在自我实现中追求并塑造真善美的人格特质。

人本主义教育理论的学习观将自由选择看作是个体自我实现的先决条件。只有给学生创设良好的学习环境，才能有效地促进学生的学习。人只有依靠自己的自主选择去积极主动发展才能真正成其为人，人之所以成为什么样的人，不是外在环境使然，而是由内在潜质和自主选择决定的。所以在人的成长世界中，即使环境相似，但因其自主选择不同，各人的成长状况仍然会千差万别，而不可能出现人千篇一律的现象。学习的目的是帮助学生成为一个个各方面协调发展的完整之人，也就是使学生整体人格得到发展，或者说让学生成为“能从事自发的活动，并对这些活动负责的人；能理智地选择和自定方向的人；是批判性的学习者，能评价他人所作贡献的人；获得有关解决问题知识的人；更重要的是能灵活地和理智地适应新的问题情境的人；在自由地和创造性地运用经验时，能融会贯通某种灵活处理问题方式的人；能在各种活动中有效地与他人合作的人”[①]。在现实中，只有各人根据自己的发展需求与条件做出自由选择，个人的潜能才会获得充分的发展。习近平指出：“我们要着力完善人才发展机制，最大限度地支持和鼓励科技人员创新创造。要不拘一格、慧眼识才，放手使用优秀青年人才，为他们奋勇创新、脱颖而出提供舞台”，[②] 为学习者搭建发展的舞台，促进人才的发展，这是符合人本主义教育理论下的学习观的。经济发展日新月异，国际间信息交流密切融合，社会对人才的需求逐渐趋向了多元化，即在注重基本知识技能掌握的同时，更加注重人的创造才能和创新能力的发挥，可见，人本主义教育理论下的学习观对当下人才的培养和教育的发展具有重要的启示意义。

（三）人本主义教育理论下的教师观

习近平指出：“老师要具有尊重学生、理解学生、宽容学生的品质。离开了尊重、理解、宽容同样谈不上教育。‘学而不厌、诲人不倦’，有教无类，因材施教，教也多术，就是要求老师具有尊重、理解、宽容的品质。这本身就是一种伟大的教育力量。受到尊重、得到理解、得到宽容，是每一个人在人生各阶段都不可缺少的心理需要，儿童和青少年更是如此。一些调查资料反映，尊重学生越来越成为好教师的重要标准。好教师应该懂得既尊重学生，使学生充满自信、昂首挺胸，又通过尊重学生的言传身教教育学生尊重他人”，“好老师一定要平等对待每一个学生，尊重学生的个性，理解学生的情感，包容学生的缺点和不足，善于发现每一个学生的长处和闪光点，让所有学生都成长为有用之才”[③]。人本主义教育理论下的教师观要求教师形成以学生为中心的教学思想，能够尊重和包容学生，能够和学生形成亦师亦友的和谐

---

① 莫雷. 教育心理学 [M]. 北京：教育科学出版社，2007：66.

② 孙秀艳. 坚持走中国特色自主创新道路 不断在攻坚克难中追求卓越 [N]. 人民日报，2014-01-07（1）.

③ 习近平. 做党和人民满意的好老师——同北京师范大学师生代表座谈会时的讲话 [N]. 人民日报，2014-09-10（2）.

关系。因此，促进学生的全面发展，关注学生的情感、态度和价值观，俨然成为当今教育改革的最强音。习近平认为："教师是立教之本、兴教之源，承担着让每个孩子健康成长、办好人民满意教育的重任"，"全社会要大力弘扬尊师重教的良好风尚，使教师成为最受社会尊重的职业"①，这是他人本主义教育理论下教师观的鲜明表达。教师的工作触及学生的心灵和精神世界，教师的活动起着承上启下的作用。习近平还强调："教师重要，就在于教师的工作是塑造灵魂、塑造生命、塑造人的工作。一个人遇到好老师是人生的幸运，一个学校拥有好老师是学校的光荣，一个民族源源不断涌现出一批又一批好老师则是民族的希望。"②一方面，国家、学校对教育的要求都要通过教师来执行，只有教师理解、接受了这些要求，并把它转化为自己的教育思想和观点，转化为对自己工作的自觉要求和创造性行为时，这些要求才可能在实际行动中得到贯彻。另一方面，学生在学校中的成长发展也直接受到教师工作的影响，只有教师对自己工作有了充分的准备和专业性的认识，才能有效地促进学生的发展，就教师个体而论，这一层的活动直接体现其工作的价值、质量与成效。人本主义教育理论的教师观强调将学生视为教育的中心，教师在师生关系中应该真诚一致、对学生无条件地积极关注，即对学生表示看重、认可、欣赏其价值，而且这种感受并不是以对方的某个特点、品质或整体价值为取舍依据，而是依据学生自身的发展潜质、已有的生活经验和个人的发展意愿或倾向，挖掘其闪光点，扩大其闪光点。此外，教师还应设身处地换位思考，这样才能更好地理解学生、尊重学生，从而尽心尽力地为具备无限发展潜能的学生创设良好的学习环境。

人本主义教育理论要求教师要注重学生学习过程中的情感变化及学生自

---

① 本报评论员. 教师是立教之本 兴教之源 [N]. 中国教育报，2013-09-13（1）.

② 习近平. 做党和人民满意的好老师——同北京师范大学师生代表座谈时的讲话 [N]. 人民日报，2014-09-10（2）.

身的需求。习近平指出："要积极为广大青少年实现梦想提供服务，切实改进作风，深入基层、走进青年，想青年之所想，急青年之所急，代表和维护青少年普遍性利益诉求，努力为广大青少年成长成才创造良好环境。"[①] 重视学习者的发展需求，这是符合人本主义教育理论的。学习的本质是不断地、持续地自主建构自我的知识体系与精神世界，个人对学习的整体投入程度和深度与学生认知能力、情感、行为等方面密切关联，而囊括在学习中的情感因素则包括发掘学生潜能、发展学生创造力、培养学生对学习的浓厚兴趣，教师必须重视情感因素在学习中的作用，尽可能地通过积极引导、宽严并济的方式为学生创设良好的学习环境，把学生的注意力持之以恒地吸引到学习的情境中来，如此才能更有力地调动起学生个体的主观能动性。

人本主义教育理论下的教师观要求教师与学生建立良好的师生关系。师生之间的关系以情感为纽带，创造一种宽松、和谐、民主、平等的学习氛围，建立起良好的师生关系是促进个体发展并实现教学目标的重要方式。教师应重视学生的个性差异和个人价值观，注重学生的自我发展，把学生的自我发展作为教学的目标。个性差异是由于人的先天潜质、后天成长与学习环境、知识水平、接受能力、兴趣爱好、学习方法和学习习惯等方面的不同，而表现出来的不同特点或特质，也可以说是各自的特长与区别优势。教师在教学中，应该根据每个学生的个性差异因材施教，为不同的学生创设适合其发展的学习条件，使得每个学习者的潜能都能得到自由发挥，满足不同的个性需求，让学生认识自身价值，促进他们自身的发展。教师需要始终坚持平等地对待每一个学生，重视学生在教育中的主体地位，在教学过程中尽可能地让学生保持以兴趣为导向的自主学习，根据学生的个体差异，相信学生，尊重学生。教师是学生学习的促进者，其首要任务是如何促进学生的身心和谐发展和学习不断进步，在教学过程中与学生建立融洽和谐的关系，使学生在学习中

---

① 习近平. 在同各界优秀青年代表座谈时的讲话 [N]. 人民日报，2013-05-05（2）.

充分调动自身的学习兴趣与学习动力，让学生能够生动活泼地体会到学习的乐趣，使其认识到自身的学习能动性与内在的学习潜能，并趋向自觉自为。

（四）人本主义教育理论下的学生观

人本主义教育理论下的学生是学习活动的中心，在教学过程中发挥着发动机或划桨者的作用。人本主义教育理论的影响力和生命张弛力为教育的发展提供了富有启发性意义的新观点和新思路。人本主义教育观强调人的本质是积极向上、能自我实现的，学习是学习者通过自我探究与领悟促进人格发展的社会实践活动过程，是人固有潜能的自我实现过程。人本主义教育理论主张应以学习者为中心，旨在激发学生的学习积极性，鼓励并引导学生倾注情感和思想全身心地投入到学习过程中去，为此教师的首要任务是在适当的时间引导和启发学生在自我指导、自由学习的过程中发掘自身的个性和独特性。人本主义教育理论下的教师和学生享有最大的自治权和选择权，学生有权力根据自身所希望的学习方式从不同的信息源获取学习的内容，可以在意义学习和快乐学习中实现自我。只有当学生正确定位自己在学习中所扮演的角色，认识到自身的发展潜力与能动作用，调动起自身的学习积极性与学习兴趣，才能将教育的影响力最大化。2018 年 5 月 2 日，习近平在北京大学师生座谈会上的讲话中指出“知识是每个人成才的基石，在学习阶段一定要把基石打深、打牢”，“人的潜力是无限的，只有在不断学习、不断实践中才能充分挖掘出来”，[①] 由此可以看出，人本主义教育理论下的学生具有巨大的发展潜能，具有高度的人格可塑性，只有在人本主义教育理论的指导下，才能最大限度地发掘每个学习者的发展潜力，才能为社会主义现代化的实现和教育事业的更大发展培养出大批合格的与优秀的可用人才，才能为中国特色社会主义学生观的形成奠定基础。

---

① 习近平. 在北京大学师生座谈会上的讲话 [N]. 人民日报，2018-05-03（2）.

三、传统文化典籍中的礼仁思想

中华文化积淀着中华民族最深沉的精神追求，支撑着中华民族生生不息、薪火相传的价值追求。中国是一个具有悠久文化传统和教育传统的国家，礼仁思想作为传统文化典籍中的重要组成部分，对教育内容的选择、对人的全面发展具有很大的影响，植根在中国人内心的仁礼思想是中华文化的精神宝库，千百年来潜移默化地影响着中国人的思想方式和行为方式。在新时代中国特色社会主义教育思想中，礼仁思想是社会主义核心价值观的动力和源泉，提倡和弘扬社会主义核心价值观必须从中华传统文化中撷取礼仁思想的精神力量，并为其赋予时代意义，才能将传统文化中礼仁思想的影响力和感染力最大化，才能在民族精神的传承与阐扬中稳基固本，才能最终实现中华民族的伟大复兴。所以，传统文化典籍中的礼仁思想是新时代中国特色社会主义教育思想的重要理论基础之一，对其展开论述，有利于更客观、准确地理解和贯彻落实新时代中国特色社会主义教育思想。

（一）“礼”的内涵诠释

中国素来被称为礼仪之邦，可以说礼在中国古代已成为整个国家、社会各项活动的典章制度和道德规范。作为典章制度，它是社会政治制度的综合体现，是维护上层建筑以及与之相适应的人与人交往中的礼节仪式。作为道德规范，它是统治者和贵族等一切行为的标准和要求，礼既是古代法律的渊源之一，也是古代法律的重要组成部分。在孔子以前已有夏、商、周三代之礼，到周公时代的周礼，已比较完善。从孔子“人而不仁，如礼何？人而不仁，如乐何？”①的论说中可以看出，作为观念形态的“礼”是与“仁”的思想密切联结的。孔子以恢复周礼为理想，以仁补礼，赋予礼以内在的道德和

① 陈成国. 四书五经・论语 [M]. 长沙：岳麓书社，2002：20.

情感基础，形成了礼仁统一的伦理模式。他在《论语·雍也》中论到“质胜文则野，文胜质则史。文质彬彬，然后君子”[①]，旨在说明礼乐是文，仁义是质，二者兼备，便为君子的道理。他还论到“夫子温、良、恭、俭、让以得之”[②]（《论语·学而》），强调只有内心情感仁慈、仁爱，内修温良品性才能成为有礼的君子。通过这些论述可以看到，孔子认为礼是人内在道德情感“仁”的表达方式，也是修身提升德行的重要依据与保障（“克己复礼为仁。一日克己复礼，天下归仁焉。”[③]），要成为君子，就要将外在的道德规范和社会制度（礼）与内在的道德情感和道德意志结合起来。他强调，礼体现了尊敬、节制、谦让的精神，是“礼之用，和为贵”[④]的内在要求，只有通过礼仪实现涵德养性，才能塑造君子人格。[⑤]因此，他主张“道之以德，齐之以礼，有耻且格”[⑥]的德治，这一论说强有力地打破了“礼不下庶人”的阶级限制。到了战国时期，孟子把仁、义、礼、智作为基本的道德规范，他指出礼的精神即是谦让，礼为“辞让之心”，是成为人的德行之一。荀子在性恶论的基础上，著《礼论》一书，论证了“礼”的起源和社会作用。他认为，礼使社会上每个人在贵贱、长幼、贫富等的等级制中都有恰当的地位，因此，主张“隆礼重法”，强调礼、法等社会规范体系对个体修身与维系社会秩序的重要性。在长期的历史发展中，礼长期作为中国社会的道德规范和生活准则，汉代更是将儒家的道德礼仪上升至了国家意志，充分而有力地论证了礼的合理性。在传统文化中，礼代表了一整套的社会规范和社会制度，“礼”维持社会、政治秩序，巩固等级制度，调整人与人之间的各种社会关系和权利义务的规范和准

---

① 陈成国. 四书五经 · 论语 [M]. 长沙：岳麓书社，2002：27.

② 陈成国. 四书五经 · 论语 [M]. 长沙：岳麓书社，2002：17.

③ 陈成国. 四书五经 · 论语 [M]. 长沙：岳麓书社，2002：39.

④ 陈成国. 四书五经 · 论语 [M]. 长沙：岳麓书社，2002：27.

⑤ 林崇德. 21 世纪学生发展核心素养研究 [M]. 北京：北京师范大学出版社，2016（34）：113-134.

⑥ 陈成国. 四书五经 · 论语 [M]. 长沙：岳麓书社，2002：18.

则。孔子论到:“殷因于夏礼，所损益，可知也;周因于殷礼，所损益，可知也。其或继周者，虽百世可知也。”[①]由此可知，夏、殷时代已有礼，同时，意在阐明“礼”是随着时代的变化而改变的，不能当作绝对不变的僵化内容承袭延续。对传统文化中“礼”赋予新的时代内涵，对于提升人的文明素养和保障社会秩序有着极大的积极作用。

（二）“仁”的内涵诠释

“仁”是中国古代一种含义极广的道德范畴。仁包含的范围是相当广泛的，它涉及了各种具体的宗法道德为主的行为规范，涵括了仁民爱物、孝亲爱国、诚信自律、礼敬谦和等多重内涵，在当时已经触及了人与人之间的复杂社会关系和人际细节问题。“仁”是社会关系大变动在伦理思想上的表现，是对君与臣、父与子、夫与妻、兄与弟、姐与妹、邻与里等人际关系，以及国与国等群体组织关系的伦理总结，因而具有丰富的内容。孔子正是在此基础上进一步提出了仁的伦理道德意义，提倡以爱人为核心，并把“仁”作为最高的道德准则、道德标准和道德境界。他第一个把整体的道德规范集于一体，形成了以“仁”为核心的包括孝、悌、忠、信、礼、义、廉、耻、仁、爱、和、平等内容的伦理思想结构，其中孝、悌是仁的基础，是仁学思想体系的基本支柱之一。仁学思想的产生是社会生产力与人类文明发展的结果，而“志士仁人，无求生以害仁，有杀身以成仁”[②]的观点则是人与人之间关系剧烈变化的转折点，对后世产生了很大的影响。同时，孔子还提出“当仁，不让于师”[③],以强调对仁至高无上的尊崇。孟子在孔子仁学思想的基础上提出“恻隐之心”，主张修德行教，使仁爱之心推而广之，强调以仁政统一天下，

---

① 陈成国. 四书五经・论语 [M]. 长沙：岳麓书社，2002：50.

② 陈成国. 四书五经・论语 [M]. 长沙：岳麓书社，2002：49.

③ 陈成国. 四书五经・论语 [M]. 长沙：岳麓书社，2002：50.

将仁发展到终端，提倡以德服人的“王道”政治治理，反对“霸道”与战争暴力，这是儒家仁政理论的根本出发点。儒家主张统治者以仁义严以律己、敬德保民、教化民众、友交外邦，而仁政德治的治国理政思想既是儒家思想的重要内容，更是礼仁思想的集中表现。仁政从政治治理的实践和人的生存发展实际需要出发重视人权，以满足人生存的基本物质生活需求为民生的着眼点，以先富后教，使民从善，然后政权得以稳固的思维逻辑为治国之本。“仁”的思想是中华民族生生不息的重要精神根源，千百年来历经时代的洗礼，已然成为民族精神的璀璨明珠，在人类文明的发展过程中以独特的光芒照亮了民族成长史的征程。

（三）“礼仁”思想的教育价值

礼仁思想是人文精神的主要组成部分，更是人文教育的内在要求。人文精神是人类对自己生存意义和价值的关照，包括对人的价值的至高信仰，对人类处境的无限关怀，对开放、自由、民主等准则的不懈追求，并凝结为人的价值理性、道德情操、理想人格和精神境界，其本质重在价值蕴含、追求理想境界。“仁和礼是儒家思想理论体系的基础，由仁和礼衍生出来的道德价值的观念、治国安邦的策略、处世观物的准则、修身养性的目标等是整个封建社会的价值判断总坐标,是行为活动的总原则。”[①] 以三纲五常为核心的伦理道德是“礼仁”思想的重要组成部分。这使得整个社会形成了强大的伦理道德思维定式，它的威力及其影响力甚至超越了法律法规等强制性社会制度的约束力。因此，儒家的伦理道德一直是封建社会调适、稳定、肯定人与人、人与社会、人与自然的最基本的准则，更成为人们追求自我完善的价值标尺。人及人类的生存发展是在追求功利并不断超越功利的矛盾过程中实现的。当前所倡导的礼仁精神，提倡摒弃个人主义、利己主义观念，反对个人至上或

① 谢保国. 中国古代语文教育史稿（下）[M]. 银川：宁夏人民出版社，2009：413.

人类中心主义的狭隘观念，在倡导仁爱、谦敬、秩序、廉耻、正义、公正、善良等基本美德的同时，要求与时俱进解放思想、尊重个性、合理释放和满足人的基本物质与身心需求，逐步形成良好的价值导向，促进社会在物质与精神、人与环境、人与社会等方面的协调发展，促进社会的精神文明与人际和谐，提升人的精神境界。综观教育，在人文教育中缺少对礼仁品性的培养，礼仁培养中缺少对人文素养的关照，不仅造成了当代社会人的文明与人文素养的明显缺失，而且也无益于帮助社会解决人文精神失落的问题。①

（四）“礼仁”思想的教育主张

礼仁思想指导下的教育观念，首先在于倡导立德树人，其次强调后天教育之于人的发展的重要性和教师的责任担当。

1. 立德树人的教育思想

礼仁思想的教育观更加注重品德修养的重要性。礼仁思想的实质是一种社会道德取向，是宣示价值观、凝心聚力的有效方式，将此上升至国家层面则表现为社会主义核心价值观的主流价值，这有利于增强人们的社会认同感和归属感。“仁”既是人们内在的心理意识（真实性情），又是人的行为所遵循的基本准则和道德规范，成就仁德是人生最高的价值追求和最高美德，以“己欲立而立人,己欲达而达人”②与“己所不欲,勿施于人”③的“忠恕”准则,在处理人我关系的过程中践行仁的思想。在传统文化中，“仁”是一切德行的根源，“仁民爱物”体现了古代人的宇宙情怀和价值追求，体现了利他精神和平等意识，只有用具备了广博的包容精神去仁爱一切自然与合理的存在，才是最高

---

① 全国十二所重点师范大学联合编写. 教育学基础 [M]. 北京：教育科学出版社，2014：81.

② 陈成国. 四书五经 · 论语 [M]. 长沙：岳麓书社，2002：28.

③ 陈成国. 四书五经 · 论语 [M]. 长沙：岳麓书社，2002：50.

的和谐。在礼仁的思想意识主导下，蕴含着生态伦理的思想，会促使个体产生完善自我与奉献自我的动力，从而形成自强不息的精神和责任担当意识。[①]

新时代中国特色社会主义教育思想蕴含着礼仁、仁爱的传统道德思想，习近平指出："师德是深厚的知识修养和文化品位的体现。师德需要教育培养，更需要老师自我修养。做好老师，要有仁爱之心。教育是一门'仁而爱人'的事业，爱是教育的灵魂，没有爱就没有教育，好老师应该是仁师，没有爱心的人不可能成为好老师。教育风格可以各显身手，但爱是永恒的主题。爱心是学生打开知识之门、启迪心智的开始，爱心能够滋润浇开学生美丽的心灵之花。老师的爱，既包括爱岗位、爱学生，也包括爱一切美好的事物。"[②]从习近平的教育观念中可以看出，他的教育思想是在礼仁的思想基础上形成的，主张教师应该身体力行地践行仁德，这对学生的成长有着重要作用。历史已经表明，慎终追远，民德归厚，文化、教育的落后往往是产生和盛行政治上的偏激、盲从、专制主义的原因，而教育的兴旺发达，是政治上实行民主的基础性保证。[③]面对不同人群之间贫富差距持续扩大的现实，面对大量的人物欲追求奢华度持续增高的现实，面对个人主义恶性膨胀的社会问题，面对社会诚信消解的危机，面对人与自然关系日趋紧张等诸多的社会问题，不仅需要今天的智慧和力量，而且还需要历史上储存和积蓄的力量。社会主义核心价值观时代意义下的礼仁思想的集中表达，更是社会主流道德价值取向的核心。习近平指出："中华文明绵延数千年，有其独特的价值体系。中华优秀传统文化已经成为中华民族的基因，植根在中国人内心，潜移默化影响着中国人的思想方式和行为方式。今天，我们提倡和弘扬社会主义核心价值观，

---

① 林崇德. 21 世纪学生发展核心素养研究 [M]. 北京：北京师范大学出版社，2016：113-134.

② 习近平. 做党和人民满意的好老师——同北京师范大学师生代表座谈时的讲话 [N]. 人民日报，2014-09-10（2）.

③ 叶澜. 教育概论 [M]. 北京：人民教育出版社，2006：153.

必须从中汲取丰富营养,否则就不会有生命力和影响力。”[①] 要利用好中华优秀传统文化蕴含的丰富的思想道德资源，使其成为涵养社会主义核心价值观的重要源泉和精神给养。这是礼仁思想的扩展和延伸，也是现代化治理下的道德发展要求。

2. 教育的重要性

传统文化典籍中不仅涵括了“礼仁”的智慧，更鲜明地论证了教育的重要性。传统文化中的礼仁思想蕴含着上善若水、天人合一、贵和尚中的哲学精神，表达了中华文化精髓之中世代传承的价值与生生不息的活力，表现了人类共通的情感世界，这些精神蕴藏着解决当今社会发展所遇到的普遍性难题的普遍方法和智慧。中华民族的优秀传统文化是中华文明的智慧结晶，体现了强大的凝聚性和兼容性，蕴含着经世致用之学。中华民族的传统文化突出儒家经世致用的教育智慧，它以究天人之际为出发点，以修齐治平为落脚点，力求在现实社会中实现人生价值。传统文化具有多元性和内涵复杂性，在千岩竞秀、万壑争流的中华文化中互补互渗，创造出了具有巨大张力的文化效应。[②] 而教育在传统文化“礼仁”思想的承袭中承担着重要的职责，人不能独立于社会而存在，基于“礼仁”思想下的人际交往是维护人与人之间的纽带。《孟子・尽心上》中就曾论到:“善政，不如善教之得民也。善政民畏之，善教民爱之;善政得民财，善教得民心。”[③] 这一论说深刻地阐释了教育在社会治理中的重要价值与地位。

“礼仁”思想是传统文化的重要组成部分，教育是传统文化传承与发扬的重要途径，更是弘扬并践行以“礼仁”为核心的中华民族传统美德的必然选

---

① 习近平. 坚定文化自信 创造中华文化新辉煌——党的十八大以来文化建设成就综述 [EB/OL].http: //www.xinhuanet.com/2017-10/04/c_1121762508.htm[2017-10-04].

② 许书明，徐海梅. 中国古代语文教育史 [M]. 北京：科学出版社，2016：221.

③ 陈戍国. 四书五经・孟子 [M]. 长沙：岳麓书社，2002：127.

择。习近平指出："广大青年要把正确的道德认知、自觉的道德养成、积极的道德实践紧密结合起来，自觉树立和践行社会主义核心价值观，带头倡导良好社会风气。要加强思想道德修养，自觉弘扬爱国主义、集体主义、社会主义思想，积极倡导社会公德、职业道德、家庭美德。要牢记'从善如登，从恶如崩'的道理，始终保持积极的人生态度、良好的道德品质、健康的生活情趣。"[①] 由此可以看出，广大青年是社会建设的中坚力量，只有以至善的标准严格要求自己，以"礼仁"为核心的伦理道德为参照，才能在民族振兴的过程中更好地实现自身的价值。而广大青年的成长与成才必须依靠良好的教育，通过知识技能传授、智力发展、道德培养把人类积累的真善美的精神文明成果传递给新一代，用道德的制约性多一份尊重与思考去对待传统文化典籍中积极向善的思想力量，实现传统文化的创造性转化，使其与现代文化和文明相识相通，这是中华优秀传统文化给予文化人的时代任务。

3. 教师的责任与担当

教师在教育活动中的角色是多元化的，但是无论他们充当何种角色，都应该秉持责任担当意识，尽职尽责地担负起"学高为师，身正为范"的职责使命和"塑造灵魂、塑造生命、塑造人的时代重任"[②]。个人的崇高思想境界和道德品质，是对社会具有特殊意义的重要贡献，是一个被人们普遍用来修炼自身、衡量人性和建设社会的综合价值范畴，[③] 教师需要具有更加崇高的思想境界和更加良好的道德品质。道德品质在维持个体行为倾向选择过程中，以其原则性、动力性、坚定性和情绪色彩的特点推动个体内化道德规范，积极建构道德价值，规范为人处世的进程。教师作为教育过程中最直接的有象征

① 习近平. 在同各界优秀青年代表座谈时的讲话 [N]. 人民日报，2013-05-05（2）.

② 中共中央国务院. 中共中央国务院关于全面深化新时代教师队伍建设改革的意见 [N]. 人民日报，2018-02-01（1）.

③ 李春秋. 教育伦理学概论 [M]. 北京：北京师范大学出版社，1993：56.

意义的人物，是学生可以视为榜样并拿来同自己作比较的人物。教师的言传身教是学校教育目的性得以实现的重要保障，其言行一致可以使学生认识到按照道德规范去行动的必要性和重要性。有威信的教师往往通过自己的言语行为、思想活动，把高深的伦理原则与抽象的道德标准人格化、具体化，使学生在富有形象性、感染性和现实性的具体事例中受到深刻的教育，从而促进其社会化的发展。现代倡导的师生关系以尊重学生的人格、平等地对待学生、热爱学生为基础，同时要求教师看到学生的可塑性与发展潜能，并在此基础上对学生进行正确指导。习近平认为："好老师应该把自己的温暖和情感倾注到每一个学生身上，用欣赏增强学生的信心，用信任树立学生的自尊，让每一个学生都健康成长，让每一个学生都享受成功的喜悦。有爱才有责任。好老师应该懂得，选择当老师就选择了责任，就要尽到教书育人、立德树人的责任，并把这种责任体现到平凡、普通、细微的教学管理之中。"①

由此可见，新时代中国特色社会主义教育思想中渗透着礼和仁的思想，主张教师只有建立并践行礼仪和仁爱的责任担当意识，才能成为好教师，才能更好地实现自我价值。

四、传统文化典籍中的人性论

文化是一个民族的精神家园，是一个民族区别于其他民族独特的精神标志。中华民族生生不息，饱受挫折又不断浴火重生，文明如水，润物无声，苦难卓绝的中华民族离不开中华文化的有力支撑。强基固本的传统文化彰显出了民族创造性的精神力量，为社会主义核心价值观的形成浇筑了精神滋养。蕴含在传统文化典籍中的人性论是传统文化的重要组成部分，更是中华文明

① 习近平. 做党和人民满意的好老师——同北京师范大学师生代表座谈时的讲话 [N]. 人民日报，2014-09-10（2）.

的源头活水，千百年来对中华民族精神的锻造起到了深刻的影响。中国共产党第十八次全国代表大会召开以来，无论是实施中华优秀传统文化传承和发展工程、进一步推进文化体制改革，还是提升中华文化的国际影响力和传播力，其实现文化强国的路径都愈加清晰，其实施的效果都日益明显。教育的发展重在人的发展，而深入理解人性的内涵对教育的改革发展至关重要。

（一）人性论之辩

人性的善恶之论自古以来就是中国哲学领域争论不休的重大命题，其本质是价值判断与价值取向的争论。人生来都是以自我为中心的，但从幼年开始，每个人就逐渐意识到如果要继续生存就应与他人共处，由这种根本性的自我中心主义引起的种种束缚使得其生存困境更为严重。诸多的仁人志士在面对人在发展中的各种表现和社会问题时，便试图通过对人性的分析去解决社会发展中的诸多问题。中外历史上许多思想家、教育家都曾解释过人的本质，以我国而言，从战国时起，在思想领域便展开了“性恶”与“性善”的争论，许多文化典籍中都有关于人性的论述。例如孟子论到“仁、义、礼、智，非由外铄我也，我固有之也”[①]，孟子认为人的本性天生是善的，教育就是要培养人的善良本性。而荀子则认为“人之性恶，其善者伪也”[②]，他认为人的本性天生是恶的，善良之性是通过人的努力积累起来的，主张通过教育、法治来使人的行为合乎礼仪。通过对传统文化典籍中人性善恶论的分析，不难发现，传统文化中的人性论紧紧围绕的是人本性的善恶，而非现实社会中人表现出来的外在的品性善恶。在对传统文化中的思想进行翔实梳理的基础上，可以发现，在我国古代传统的思想意识形态中存在以下几类对人性论认识的不同观点。

---

① 陈戍国. 四书五经・孟子・告子上 [M]. 长沙：岳麓书社，2002：117.

② （战国）荀况. 荀子全本注释 [M]. 周先进，编著. 北京：中国文史出版社，2013：359.

1. 性善论

孔子和孟子是性善论的典型代表人物。这里的善主要指友爱他人之本性及有利于人类发展的智慧与创造之本性。这种本性使人与人之间友爱合作，使社会和谐进步，使个人完善发展。相信人性本善者，对教育使人向善的力量充满信心，信奉人有道德的本性，认为教育就是顺乎自然地发掘人内在的善端和潜力，使人的本性充分发展，使每个人的个性得到尊重，对于教育和人的发展具有积极的指导意义。

2. 性恶论

以荀子为代表的性恶论直言道："人之性恶，其善者伪也"，[①] 此处的恶有两层含义，一层指人的自然欲望是贪婪、非理性的，因而是卑劣的恶，另一层指人天性自私，有攻击性，敌视他人，这是社会上种种恶性存在的根源。在此观点之下，荀子认为不能顺其自然本性任由人的自然发展。性恶论虽不颂扬人性，但却同样强调教育规范的重要性，他们认为教育的重要性是对人性恶的矫正、改造和控制，进而促进稳定和谐的社会秩序的形成。

3. 人性无善无恶论

告子曾论到"性无善无不善也"[②]，揭示了人性善恶之分的不合理性。该理论认为，人就其初始形态来说，是自然进化选择的过程，不能定性而论。实际上是人们试图用伦理标准来解释现实中各种社会现象，本质上体现了人们想更深入地窥探社会发展机理的奥秘，表达了人们认识世界、认识自己的发展需求。

---

① （战国）荀况. 荀子全本注释 [M]. 周先进，编著. 北京：中国文史出版社，2013：359.

② 陈戌国. 四书五经 · 孟子 · 告子上 [M]. 长沙：岳麓书社，2002：117.

4. 性亦善亦恶论

此观点以杨雄所著的《法言·修身》中的“人之性也，善恶混。修其善则为善人，修其恶则为恶人。气也者，所以适善恶之马也与？”[①]的人性论思想为主。性亦善亦恶论认为，在人的天性中，并具善恶两种混杂因素。而善人、恶人之分则取决于后天的修养；发扬善的因素则为善人，发扬恶的因素则为恶人。而人的气质，就是向善或向恶的标志。可以看出，这种论断是对孟子性善论和荀子性恶论的折中，持这种观点的人认为，人性既固有同情心而能利他，又固有自爱心而必利己，是比较全面的，避免了性善论和性恶论的片面性。

（二）人性论的教育价值

基于人性论基础上的教育活动具有使人明理向善的价值。传统文化深厚的民族精神气质凝聚着每个时代风范的精神烙印，已深深融入中华民族的血脉和灵魂。不论是哪种人性论的观点，都试图通过对人性的分析，使社会变得更加美好，其实质都反映了人们对认识自己的渴求，对美好生活的向往，而向善的宗旨始终是传统文化人性论的主流思想，表达了人们祈求用“善”的标准来实现人格修养的愿景。习近平曾借助《论语》中的“见善如不及，见不善如探汤”[②]来强调善恶的辩证关系和扬善的重要性，旨在说明求善就会避恶，避恶亦能扬善的道理。心存敬畏，立德修身，求善是人追求的必然道德境界，避恶是人应该坚守的道德底线，这也是习近平在治国理政的谋略中向善思想的重要证明。向善论的思想对现代教育具有很大的启示意义，其教育价值的拓展和延伸集中表现为教育使人向善这一取向上，而社会主义核心价值观则是向善内涵的集中呈现。习近平强调“广大教师要用好课堂讲坛，

① （汉）扬雄. 法言·修身 [M]. 北京：中华书局出版，1985：7.

② 陈戍国. 四书五经·论语·季氏 [M]. 长沙：岳麓书社，2002：52.

用好校园阵地，用自己的行动倡导社会主义核心价值观，用自己的学识、阅历、经验点燃学生对真善美的向往，使社会主义核心价值观润物细无声地浸润学生们的心田、转化为日常行为，增强学生的价值判断能力、价值选择能力、价值塑造能力，引领学生健康成长”[①]，“教师要成为学生做人的镜子，以身作则、率先垂范，以高尚的人格魅力赢得学生敬仰，以模范的言行举止为学生树立榜样，把真善美的种子不断播撒到学生心中”[②]。从这些论断中可以看到，习近平关于教师的教育理论基础是建立在性善基础上的，他重视用教育来传承真善美，尤其认为教师更应该身体力行地修身养德，用善的言行为学生的向善趋向做出表率，才能更好地将“善”植根于学生的内心世界，才能更好地将人性论的教育价值最大化地运用到立德树人的教育之中。

（三）人性论视角下的教育主张

人性论思辨下的教育主张具有前瞻性和继承性，从历史演变和社会发展的视角来看，人性论的教育主张是至善。人性论与教育的关联性并不是对人性善恶的推断，其着眼点是通过教育不断完善人的向善指向，通过教育对个体发展的偏差进行矫正或弥补缺失，使个体的品格得到理想化的发展。人性论的落脚点实则是追寻社会秩序的安定，致力于人与人之间新型、团结、友爱、相互尊重和支持的人际关系的形成。从生命的潜在发展可能性来看，人性有善恶之分，教育正是增强学生分辨善恶，并做出正确选择之能力培养的过程，其主旨在于在善性的力量基础上发挥生命价值的最大可能性。善性力量实则是人类社会文明进步的精神文化，这种文化是久经历史磨砺而凝聚成的民族骨气，只有性善的气势充沛，才能构筑和谐的共产主义社会，人类的

---

① 习近平. 做党和人民满意的好老师——同北京师范大学师生代表座谈时的讲话 [N]. 人民日报，2014-09-10（2）.

② 袁新文. 中国教育，把答卷写在人民的心上 [N]. 人民日报，2017-09-09（6）.

文明才能得以延续。习近平曾在会见中国少年先锋队第七次全国代表大会代表的讲话中谈到，“要学会做人的准则，就要学习和传承中华民族传统美德，学习和弘扬社会主义新风尚，热爱生活，懂得感恩，与人为善，明礼诚信，争当学习和实践社会主义核心价值观的小模范”。[①] 这既表达了他对国家建设人才的殷切期盼，又简明扼要地指明了修身养德以达到至善的重要途径。在深入学习传统文化的基础上，明晰民族精神的内在要领，时刻以善的标准严格要求自己，按照“吾日三省吾身”[②] 的方式培养自己的向善品性，这是个体社会化的必经之路，同时又是社会个性化的首要前提。

五、教育公平理论

教育沟通了人类群体的精神力量和每个个体的发展内驱力。教育公平是教育发展的主要目标之一，是教育现代化的一项核心指标，是实现教育民主化的内在要求，是社会文明的重要标志，更是教育改革与发展的理性与必然趋向。中国共产党第十八次全国代表大会召开以来，中国历史走过了一段不平凡的征程，人民生活发生了巨变，虽然社会的主要矛盾仍然是人民日益增长的物质文化需要同落后的社会生产之间的矛盾，但是在这一主要矛盾之中，人们对更高质量生活的追求和对公平的诉求日益突出。而高质量的教育发展，是保障人民获得感与幸福感的重要条件。当前，我国教育领域中的许多环节仍存在不公平问题，只有深刻地认识到教育公平的重要性，理解教育公平的深刻内涵，才能在教育改革的浪潮中攻坚克难，实现社会主义教育的终极目标。

---

① 张烁. 习近平在会见中国少年先锋队第七次全国代表大会代表时寄语全国各族少年儿童强调 美好的生活属于你们 美丽的中国梦属于你们 [N]. 人民日报，2015-06-02（1）.

② 陈戍国. 四书五经・论语・学而 [M]. 长沙：岳麓书社，2002：17.

（一）教育公平理论概述

教育公平是人类社会永恒追求的教育理念。早在两千多年前，中国的孔子就提出了“有教无类”的教育思想，表达了古代人类朴素的教育公平理想。西方思想史上，柏拉图最早提出了实施初等义务教育的概念，而亚里士多德则率先提出通过法律来保障自由民的教育权利，从法律意义上肯定了公民平等的受教育权利。近代自由主义先驱杜威指出，教育起初的功能并不在于促进经济增长、科技进步的功利价值，它更为原始、更为基本的功能是促进人的身心发展、自我完善的功能；在于通过给人提供平等竞争、向上流动的机会，改善处于不利地位人群的生存状态，减少社会性的不公平，从而促进社会平等化的职能。自此，教育公平成了现代教育的基本价值。① 当代自由主义思想家、哲学大师约翰·罗尔斯在其著作《正义论》中提出正义的两个基本原则：“第一个原则：每个人对与其他人所拥有的最广泛的基本自由体系相容的类似自由体系都应有一种平等的权利（民主的平等和差别原则）。第二个原则：社会的和经济的不平等应这样安排，使它们被合理地期望适合于每一个人的利益；并且依系于地位和职务向所有人开放（差别原则和机会均等原则）。”② 在一个民主和正义的社会中，公平体现为每个公民拥有平等自由的权利，并且可以因现实的不平等或实际的弱势而享受差别原则与机会均等原则的特殊保护。在教育领域中，教育公平应当保证每一位公民平等、自由地享有受教育的权利和接受教育的均等机会，对处于不利地位的受教育者需遵循差别性的原则与机会均等原则，实行特别照顾。③ 所以，有区别地对待不同的

① ［美］S. 鲍尔斯，H. 金蒂斯. 美国：经济生活与教育改革 [M]. 上海：上海教育出版社，1990：28.

② ［美］约翰·罗尔斯. 正义论 [M]. 何怀宏，何包钢，廖申白，译. 北京：中国社会科学出版社，1988：60-61.

③ 孙刚成，温保保. 教育公平视角下的农村教育资源配置策略 [J]. 延安大学学报（社会科学版），2014（2）：113-116.

人的“差别原则”与“补偿原则”是一种纵向的、不均等的公平，它突出了在不公平的社会现实中，为处境不利者提供机会或利益的“补偿性”。罗尔斯的公平观为教育公平思想奠定了思想理论基础，也是新时代中国特色社会主义教育思想需要批判借鉴的理论基础。①

1. 教育公平

所谓教育公平，并不意味着绝对意义上的教育平等和平均，教育平等倾向于在事实上和形式上对公民受教育权利以及受教育机会的相同性、一致性进行判断，而教育公平的内在价值则是倾向于用正义原则对利益关系的调整以及教育资源配置的合理性的价值判断，即通过国家合理地配置教育资源而实现有教育差距的地区之间、城乡之间、民族之间以及个体之间的均衡发展，从而实现对更高教育品质的追求。教育公平的内涵一般被分为起点的公平、过程的公平以及结果的公平。起点的公平包括教育权利平等和教育机会均等两个基本方面，体现的是“有教无类”的平等入学思想，即让每一个适龄儿童无差别地实现入学梦想；过程的公平是指个体在受教育过程中都能受到平等的教育对待，蕴含的是“因材施教”的艺术；教育结果旨在让每个个体都能获得“人尽其才”的学业成功机会。教育公平主要体现以下四种原则：①平等性原则。平等性原则蕴含着“同一尺度的公平”和“多元尺度的公平”两个层面的公平，“同一尺度的公平”意味着人人有权利接受教育，这是对教育机会均等在“量”上的规定性，体现了平等的原则，是浅层次的公平；“多元尺度的公平”意味着人人有权利接受与参与平等的、高质量的教育的机会，这是教育机会均等在“质”上的规定性，是建立在自由原则基础上的实质性的公平。②差别性原则。差别性原则强调的并不是平等地、平均地分配教育资源，而是根据个体的禀赋、个性、能力及需求的不同而差异性地提供多样

① 孙刚成，王莹. 教育公平视阈下的个性化教育取向 [J]. 现代教育论丛，2014（6）：17-20.

化的、适合个体需要的教育资源。③补偿性原则。补偿性原则更加关注在不公平的社会现实中对经济处境不利的受教育者给予资源配置上补偿，通过完善的补偿机制对教育机会与教育资源的再分配，使最少受惠者获得最方便、体面的最大利益。④发展性原则。发展性原则关注的是教育结果的公平，即教育并不是要求每个人都能获得相同的教育结果，而是通过教育能够保证每个人都有获得成功的机会，缩小个体间存在的过大的教育差距，使每个受教育者都达到与其自身潜能相适应的最大限度的发展。①

教育公平理论是在教育平等基础上形成的，有着深厚的历史渊源。以孔子为代表的古代朴素教育平等思想主张“富而后教”“因材施教”“有教无类”的教育思想，这集中反映了中国古代思想者对扩大教育平等的追求。以“教育要普及每一个人”“教一切人以一切知识”为中心思想的古典自由主义教育平等观，突出了教育乃是“天赋人权”的思想，但这种教育平等实际上只是在“资本”面前的平等。以杜威为代表的民主主义教育平等观认为教育具有整合、平等与发展的三大功能，将其看成是延续社会生命的工具，缩小贫富差距的利器，同时也是促进个体心灵发展与道德发展的工具。这种以强调“个人自由”为核心的民主主义是人类的最高理想，强调了教育平等是实现个人自由与社会民主的基本途径，这使得人们有了比较广泛的分享教育的机会，更接近现代意义上的教育平等思想，在 20 世纪初乃至更长的时期内产生了广泛的影响。但不论是哪种教育公平的思想，都着重反映了教育公平对促进社会文明发展的重要性，深刻地表达了实现教育公平的发展诉求。

教育公平是人类社会发展的基本理念之一，是教育价值的基本尺度，也是衡量一个社会公正程度的基本标准。习近平指出，“中国将继续响应联合国的倡议……努力让每个孩子享有受教育的机会，努力让 13 亿人民享有更好更

① 孙刚成，王莹. 教育公平视阈下的个性化教育取向 [J]. 现代教育论丛，2014（6）：17-20.

公平的教育，获得发展自身、奉献社会、造福人民的能力”①。可以看出，教育公平是我国孜孜以求的重要政策目标，是个体获得相同的受教育机会、过程和结果的历史追求，其核心是消除因性别、种族、区域、社会经济条件、文化状态、社会地位等所导致的对不同受教育者的发展需求在教育过程中受到的种种歧视和阻碍。②教育公平包含了如下四重含义。第一，人本身即是教育的目的。人受教育的最终目标是个体自由和谐的发展，只有尊重每一个个体的基本人权与自由的发展，才符合教育公平的原则。第二，教育权利公平原则，即“受教育”权利。这是相对于政治上、经济上的平等权利而论的公平原则。第三，教育机会公平原则。这是让每一个人都有公平的入学机会，在教育过程中都能获得公正的对待，在教育发展中都有公平的学业成功机会和才尽其用的发展状态。第四，差别性对待原则。其内在要旨是使社会中处于最不利地位的人获得和其他人同等的权益。由于个体发展的需求与特质不同，所以教育的效果不可能一致，机会均等并不是机械式的整齐划一，而是要以因材施教的方式满足个体的发展需求。

2. 教育不公平

探求教育公平，需要意识到教育的不公平，两者是相对而言的。教育的不公平指的是不同的个体由于政治、经济、文化、心理等原因，不能享有同等的受教育机会或不能享受同等的公共教育资源。随着社会和时代的发展，教育公平的呼声愈发强劲，将其付诸教育实践的可能性与现实性愈加紧迫。自正规的学校教育产生以后，教育的不公平性才渐趋扩大，并成为被严厉指责和批评的对象。教育不平等的根本原因在于经济上的不平等和贫富差距的

① 习近平主席在联合国“教育第一”全球倡议行动一周年纪念活动上发表视频贺词 [N]. 人民日报，2013-09-27（3）.

② 袁振国. 当代教育学 [M]. 北京：教育科学出版社，2010：32.

扩大，使得受教育机会受限于家庭经济状况和自身的社会地位。习近平指出："我国是世界上最大的发展中国家，还处在社会主义初级阶段，各种教育资源历史积累不足，地区之间教育发展不平衡，教育总体条件还不是很理想，教师特别是基层教师收入总体水平不高，办学条件标准不高，教育管理水平亟待提高。这就要求我们坚持科教兴国战略和人才强国战略，坚持把教育放在优先发展的战略位置，继续大力推动教育改革发展，使我国教育越办越好、越办越强。"① 由此说明，我国的教育发展仍处于不均衡、不公平的阶段和状态之中。我国教育的不公平是经济发展不平衡和人们对教育目标的错误理解造成的，其表现有如下三个方面。第一，地区间的经济发展不平衡必然导致教育上的不平等。尤其是城乡经济与教育的差距表现突出，农村教育因其经费不足，师资匮乏，青少年受教育的机会和水平难以得到持续性的保障，因而成了教育发展的薄弱环节，这种不平等的发展态势是经济社会发展中不可避免的，但其负面影响力却不容小觑。第二，教育选拔和甄别功能的曲解，长期以来应试教育所造成的不公平严重阻碍了素质教育的推进。第三，社会发展条件有限，任何教育都不可能脱离社会独立存在，当前的社会发展无法完全满足每个个体的充分发展需求，造成了不公平问题的产生。现代人对教育所持的基本观点是每个人、每个阶层都有平等接受教育的权利，现代社会的成功是建立在全体公民的努力之上的，所以教育的公平首先要保障最广大群体的公平发展。但是，如果不能够逐步解决教育公平问题，它不仅会给经济发展带来难以估量的损失，更会导致社会结构与社会治理的不稳定。

（二）教育公平民主制度化的必要性

教育系统不可能无止境地满足迅速增加的教育公平需求，因此应该使教

① 习近平. 做党和人民满意的好老师——同北京师范大学师生代表座谈时的讲话 [N]. 人民日报，2014-09-10（2）.

育公平按照民主的程序以制度化的形式展示出来。平等是关于人的尊严与自由的，也是关乎人与人之间的平等和个性尊重的，还关系到程序的公正与权利义务的对等。从历史发展角度看，制度化教育是实现教育公平的基本途径；从现实来看，制度化教育又可能成为实现教育平等的制度障碍，因此教育制度的创新极其重要。中央全面深化改革领导小组第十五次会议强调，“要依法依规开展对全面改善贫困地区义务教育薄弱学校基本办学条件工作的专项督导，明确督导内容、程序、结果应用方式，重点监督经费保障、质量管理、进展成效、社会监督等情况，建立评价、激励、问责机制，推动地方政府履行责任，保障工作进度和成效”①，这是党中央针对教育公平所采取的有效措施。教育系统要为所有人提供同等的受教育机会，既要尊重兴趣和文化的多样性，又要满足各种各样的需求，考虑到财政上的困难，不得不以最佳方式来分配资金，以使数量与针对性、公正与质量相互平衡。既然短时间内无法满足所有的需求，教育的公平性愈加显得艰难，其窘境加剧了教育问题的突出，这些需求不是对个人利益进行的某种裁断，而是反映了种种正当的期待，且与教育的基本使命相符。② 因此，只有将教育公平上升到国家的制度层面，才能有效地保障教育公共资源的合理配置。

解决教育公平问题的政策应具有持续的可操作性。教育政策应该是长期性的政策，这意味着在选择和实行改革方面应保证其连续性。从公正和尊重受教育权利这一角度看，至少应避免某些个人或某些社会群体享受教育的需求遭到拒绝，尤为重要的是国家应发挥其重新分配的作用，特别是对少数人群体或处境不利群体能起到这种作用。③ 经验表明，在社会上达成协商一致的

---

① 新华社. 增强改革定力保持改革韧劲 扎扎实实把改革举措落到实处 [N]. 人民日报，2015-08-19（1）.

② 联合国教科文组织，编. 联合国教科文组织总部中文科，译. 教育——财富蕴藏其中 [M]. 北京：教育科学出版社，2014：116.

③ 联合国教科文组织，编. 联合国教科文组织总部中文科，译. 教育——财富蕴藏其中 [M]. 北京：教育科学出版社，2014：121.

共识对于任何改革进程都是必要的，而且它很少是自发达成的。为保证教育公平计划的稳定性和持久性，有必要对教育系统各个组成部分的相互依存关系有计划地进行梳理，深入探究各级教育之间的有机联系。无论是从数量还是质量上说，各级教育都是一个不可分割的整体，在调整学生人数、确定课程内容和评估方法时应考虑全面，保证教育系统的协调一致，考虑终身教育的新需求，确保教育事业的持续稳步发展。

（三）教育公平理论下的学校教育

学校教育在教育公平的实现中发挥着重大作用。学校活动场所与设施的特殊性在于它不仅反映了一个国家的经济、技术发展水平，而且反映了国家或人民对教育的重视程度，同时也反映了教育作为特殊的社会活动的专门化程度和一定的教育观，在某种意义上是一定教育观的物质体现。在现代社会中，学校教育已经开始贯穿到人的终身，学校教育对象的年龄限制也在逐步消除中。好的教育对个体人生积极价值取向的形成、才华、能力的培养和适应各种社会生活并在适应中找到发展的可能，以满足自己的需要进而创造幸福人生，都可能产生极其重要的积极效应。在一定的社会条件下，人可以通过教育改变自己的职业与所处的社会地位，这种地位的改变必然对人的发展产生影响，学校有必要为教育公平的实现做出更大的努力，有必要为更好的教育做出更大的努力。[①]

（四）教育公平理论下的农村教育振兴

当代世界教育的发展格局呈现出了规模迅速增长、体制和结构显著变化、内涵逐渐扩大、不平等严重存在的特征。在人口众多、经济发展水平不均衡不协调的情况下，教育要获得大规模的发展，就必须采取多种形式，以保障

① 叶澜. 教育概论 [M]. 北京：人民教育出版社，2006：35.

其相对公平。农村教育因其所在地域生产力与经济状况的不平衡性，其教育发展存在固有的劣势，伴随着教育民主化和教育发展资源化的不断扩大，人口政策的不断调整以及各层级教育的贯通性与连续性的不断优化，农村教育的不公平性更加凸显。习近平指出“现在，很多地方做老师还比较清苦，特别是农村基层小学老师很辛苦，收入不高，物质生活不是很宽裕，有些家庭负担较重的老师生活还比较困难。各级党委和政府都要关心广大老师特别是生活工作有困难的老师，努力为他们排忧解难”[①]，“要切实办好农村义务教育，让农村下一代掌握更多知识和技能”[②]，“要制定切实可行的政策措施，鼓励有志青年到农村、到边远地区为国家教育事业建功立业”[③]。这些倡议表明了习近平对农村教育发展所面临困境的重视，更指明了借助农村教育振兴实现教育公平的正确出路。

农村教育作为教育发展的薄弱环节，对实现教育公平有着很大的影响。中央全面深化改革领导小组第十一次会议指出：“到2020年全面建成小康社会、基本实现教育现代化，薄弱环节和短板在乡村，在中西部老少边穷岛等边远贫困地区。发展乡村教育，让每个乡村孩子都能接受公平、有质量的教育，阻止贫困现象代际传递，是功在当代、利在千秋的大事。要把乡村教师队伍建设摆在优先发展的战略位置，多措并举，定向施策，精准发力，通过全面提高乡村教师思想政治素质和师德水平、拓展乡村教师补充渠道、提高乡村教师生活待遇、统一城乡教职工编制标准并在编制上适当向乡村学校倾斜、坚持职称（职务）评聘向乡村学校倾斜、推动城市优秀教师向乡村学校流动、全面提升乡村教师能力素质、建立乡村教师荣誉制度等关键举措，努

① 习近平. 做党和人民满意的好老师——同北京师范大学师生代表座谈时的讲话 [N]. 人民日报，2014-09-10（2）.

② 新华社. 深化改革开放推进创新驱动 实现全年经济社会发展目标 [N]. 人民日报，2013-11-06（1）.

③ 习近平. 做党和人民满意的好老师——同北京师范大学师生代表座谈时的讲话 [N]. 人民日报，2014-09-10（2）.

力造就一支素质优良、甘于奉献、扎根乡村的教师队伍。各级党委和政府要加强组织领导，因地制宜制定符合乡村学校实际的有效措施，把准支持重点，着力改革体制机制,鼓励和引导社会力量参与支持乡村教师队伍建设。”[①] 由此可以看出，农村教育在整个社会发展中的重要性，只有切实推进农村教育的振兴，才能实现教育公平的终极目标。教育公平问题与社会制度有着密切的关系，当代世界教育发展的总趋势为全民化、终身化、民主化、信息化和国际化，这使得各级各类教育在招生、办学形式、专业设置乃至教育内容等方面都必须考虑到教育公平的因素，尤其是要加强保障以女性、少数族裔和偏远贫困地区子女为主的弱势群体接受教育权利的落实，这不仅关系到教育公平的实现，更关系到通过提高母亲修养的方式促进下一代的健康成长。

六、个性化教育理论

当今社会在不断趋向文明和进步的过程中，不仅注重整体的凝聚和一致，也注重增强自身发展的内在活力，这就使得人的个性化发展成为教育目的和教育基本价值取向不可忽视的重要问题之一。人的发展完善就在于社会化和个性化二者的和谐与统一，人的个性化发展意味着个人自主能力、独立能力、创造能力与自觉自控能力的提高。个性化教育可以更好地激发并调动人自身发展的潜能和自我实现的能力，它是社会发展与个体发展的需求，更是教育改革与发展的总趋势。

个性，顾名思义，是指一个人区别于他人的、独特的、稳定的心理特征，个性化教育则是与传统划一性教育相对立的教育，“它以尊重差异为前提，以提供多样化教育资源和自主选择为手段，以促进个体生命的自由而充分的发

① 新华社. 深刻把握全面深化改革关键地位 自觉运用改革精神谋划推动工作 [N]. 人民日报，2015-04-02（1）.

展为目的”[①]。个性化教育是教育公平最佳的实现形式,它要求人人都能获得适切的教育机会与教育资源，人人都能够在教育过程中得到平等的对待，获得个体差异性、独特性、自主性和创造性的尊重，使每个学生能够在自己已有的基础上尽可能得到充分的发展，最终达到使每个人各得其所、人尽其才的教育目的。[②]

（一）个性化教育概论

个性化教育是家庭、学校和社会三大教育系统的融合和统一。个性化教育理论从“前提、目的、过程、结果”四个方面阐述了个性化教育的内涵。个性化教育根据社会未来发展趋势和职业前景、被教育对象的个人潜质特征、自我价值倾向以及家长（监护人）的目标与要求，通过自由、灵活和富有人性化的方式对被教育对象进行个别化的综合考量，对被教育对象的各项发展潜能实施量身定制的教育培养。个性化教育不仅可以促进个体的个性化发展，可以促进学校教育的个性化发展，可以促进家庭教育的专业化发展，还可以促进社会教育的系统化发展。这种教育与现代教育全民化、终身化的发展趋势相契合，是真正意义上的泛在教育，突破了时间和地点的限制，满足了不同学习者的学习需求，使得受教育者人格完整、知识全面、能力突出，并且能够有效防止“学科知识教育”和“分数、升学与文凭教育”对人产生的严重“束缚”和异化。因此，个性化教育将有利于改进学校教育、家庭教育和社会教育的自身缺陷和不足。

（二）个性化教育理论下的教育教学观

个性化的教育不仅使个体在受教育的当下获得一种幸福的体验，而且还

① 冯建军. 试论个性化教育的原则 [J]. 江西教育科研，2004，(5)：3—5.

② 孙刚成，王莹. 教育公平视阈下的个性化教育取向 [J]. 现代教育论丛，2014（6）：17-20.

可以培养人的高尚情趣和感受幸福的能力，为他们的终身发展和享用终身创造条件。[①] 人之所以需要教育不仅是为了满足谋生的需求，更是为了更好的生活与发展，教育要培养学生的个性，就必须以生命独特性为基础，为个性的发展创造条件。生命的独特性为教育培养学生的个性提供了潜在的基础，但这并不意味着教育必然能培养出与众不同的人。综观教育发展历程，整齐划一的教育无疑是扼杀个性的元凶。为此，个性化的教育需求便成了个体生活的需要，同时在个性化教育的过程中受教育者的求知欲得到实现，获得更高层次的精神享受，进而获得自由和幸福。

个性化教育的主要作用不再是培养少数精英与专门人才，更在于提高全民族的综合素质与个体能力，为国家源源不断地提供各具特色与特长的人才。对于每个人来说，不仅需要接受一定程度的普通教育，还需要接受与自身发展需求相适应的不同程度的专业训练。从一定角度来讲，一个人受教育越多，对外界必然性的认识就越深刻，越能按照事物本身的规律体现自己的意志和自由。个性化的教育通过知识的传授，教人“求真、向善、粹美”，促进人知、情、意、德、智、体的全面发展，从而造就一种自由人格，造就活动中的自由人。因此可以说，受过教育的人，应该是自由之人，也应该是幸福之人。

个性化教学的实质是尊重学生个性的因需施教。个性化教学的模式是“多对一”，即多个优秀教师教一个学生。习近平曾指出“要深化人才培养模式、教学内容及方式方法等方面的改革，使各级各类教育更加符合教育规律、更加符合人才成长规律”[②],这是符合个性化教育理论的正确论断。个性化的教学要求每个教师都能意识到“个性化”的重要性，能够为每个学生定制一套因材施教的教学计划，最大限度地尊重并关注学生的个性差异，把学生从繁

① 全国十二所重点师范大学联合编写. 教育学基础 [M]. 北京：教育科学出版社，2014：39.

② 刘弈湛. 努力培养出更多更好的人才 [N]. 人民日报，2016-09-11（1）.

重的课业负担中解放出来，让学生有更多独立思考问题的机会，在提升素质并发挥潜能的同时促进学生的全面发展。中国经济的高速发展，信息技术在教育领域的迅速发展，全面推动了人才的激烈角逐，这对教育的发展提出了挑战。个性化教育教学为学生的发展需求提供了高质量、适切化的教育资源，从而可以有效推进人才的培养质量的提升和中国建设教育强国的步伐，更是中华民族实现伟大复兴中国梦的强大动力和有效抓手。

（三）个性化教育理论下的学校观

学校教育是个性化教育培养人才的主渠道，学校教育的发展对个性化教育有极大的导向作用。在当今社会中，学校工作发展规划总方案的制定离不开对社会经济结构的分析和预测，离不开社会对人才需求的前瞻性思考，离不开社会各部门的协作与支持。同时，要考虑不同地区教育水平和区域发展需要，要有所侧重、因地制宜，更要建立在研究学校自身特殊性、历史、经验和已有成效与发展可能性的基础之上，因为它不是上级行政要求简单演绎的结果。正如叶澜教授所指出的，一个缺乏学校自身研究和自我认识支撑的学校工作总方案是缺乏活力和前景的方案，不可能调动学校全体师生的积极性为实现方案而创造性地工作。[①] 要实现个性化教育，满足不同群体的受教育需求，学校教育必须立于教育发展的制高点，必须充分理解个性化教育的深刻内涵，努力满足每个个体在个性化成长道路上的发展需求，充分满足学生的个性化发展需要。

（四）个性化教育理论下的教师观

个性化教育要求教育者应该引导学生建立积极的自我概念，掌握正确的归因方式，形成合理的控制点结构，以促进学生学习的全面发展。只有在学

① 叶澜. 教育概论 [M]. 北京：人民教育出版社，2006.6：31.

习者接受教育者的要求并积极主动参与、付出努力后，教育要求才可能转化为受教育者的现实发展。学习者群体既有共性，又有个体差异性，当学生有较强的自我教育意识和能力积极主动参与到教育活动中来，把学校与教师教的要求转化为自己的学习与成长需求时，才能真正成为学习的主人，成为自觉实现自身发展的主体。教育部党组在传达学习习近平教师节重要讲话精神时强调："培养造就高素质专业化教师队伍。持之以恒抓好师德建设，构筑覆盖各级各类学校的师德建设制度体系。切实落实乡村教师支持计划，研制出台推动教师教育发展的政策举措，让一批又一批好老师源源不断涌现。进一步优化教师管理服务，全面推开中小学教师资格考试和定期注册制度改革，加快建立符合教育行业特点的教师选聘和任用制度，深入推进教师职称制度改革，切实改善教师待遇和工作条件，让教师成为让人羡慕的职业。"① 这一论断表明了个性化教育对教师的要求，教师在教学中的作用更多的是作为一个组织者、辅助者、协调者、合作者和教学过程总体进展的调控者，其行为目的不再是学生的统一步伐与较好的成绩，而是每个学生自己的最佳学习状态与效果。

（五）个性化教育理论下的学生观

个性化教育理论下的学生作为发展中的人，具有每一个个体个性化的发展需求。人是社会的主体，正视人的主体性需求，满足人的主体性需要的教育目的，才更有利于人的价值提升和人的本质力量增强，才能对培养人的实际教育赋予根本的活动宗旨或活动追求。学生直接参加到教育活动中，教育的目标和内容将通过学生参与的各项教育实践，由外部的、社会的存在向学生内部的、个体的需求与成长的方向转变。人的发展有其特殊的规定性，必须经历一定的阶段，教育不仅要把握社会发展的趋势与特征，还要懂得人的

① 柴葳，董鲁皖龙. 落实立德树人根本任务 多方协调形成教育合力 [N]. 中国教育报，2016-09-13（1）.

自然性和社会性发展的基本路线。社会与人是密切相关但并非同质的领域，推动这两个领域在教育中实现独特的聚合，是形成个性化教育独特性的基本保障。个体发展呈现出历史性与社会性、顺序性与阶段性、共同性与差异性等特征，个体发展既可现实地展开，又具有无限的发展可能性。发展个性是教育长期追求的目标，教育可以发现人的价值、发掘人的潜能、发挥人的力量、塑造人的品性。个性化教育是个体发展与周围多元环境互动的相互作用，是通过生命主体的各种实践活动实现的，其实质是个体生命多种潜在发展可能性逐渐转化为现实个性的社会实践过程。

第二章　新时代中国特色社会主义教育思想的基本理念

自中国共产党第十八次全国代表大会召开以来，以习近平同志为核心的党中央曾多次对国家教育事业的发展作出重要论述，深入地阐述了新时代中国特色社会主义教育改革发展的理论和实践问题。新时代中国特色社会主义教育的理念内容非常厚实，不仅可以在宏观上指导教育实践提升和引导民众发展，也在细微处显露其对个体成人的教育愿景，是指导新时代中国特色社会主义教育发展的理论导向和行动指南。新时代中国特色社会主义教育理念是对老一辈中国共产党主要领导人思想一脉相承，是马克思主义教育思想与我国当代教育实践碰撞的产物，同时，它继承了中华民族优秀传统文化，吸收了世界各国的优秀文明成果，是新时代中国教育实践过程中逐步形成的教育智慧结晶。[①]新时代中国特色社会主义教育理念是顺应时代发展潮流的理性表达，它符合社会的建设要求，契合人的成长需要。当下，中国要实现中华民族伟大复兴的中国梦，必须笃定目标，坚定方向，始终以马克思主义理论为精神引领，以新时代中国特色社会主义教育理念为理论指导，坚持社会主义办学方向，大力弘扬中华优秀传统文化，培育刚正不阿、气度恢宏、胸怀大志的新时代中国特色社会主义建设者和接班人。习近平在中国共产党第十九次全国代表大会上的报告中提出："建设教育强国是中华民族伟大复兴的基

① 刘伟. 习近平新时代中国特色社会主义高等教育思想研究 [J]. 中国高教研究，2018（4）：1-4.

础工程，必须把教育事业放在优先位置，深化教育改革，加快教育现代化，办好人民满意的教育。”① 教育是立国之本，是国家实现长远发展的基础工程，因此要实现国家的强盛与繁荣就必须从根本上注重教育、发展教育。具体来说，新时代中国特色社会主义教育理念主要包括胸怀天下、乐于担当的教育信念与信仰、立足现实、实事求是的教育态度、虚怀若谷、躬身自问的教育气度、匍匐为民、心存诗性的教育情怀、持之以恒、方得始终的教育行动等几个方面。

一、胸怀天下、乐于担当的教育信念与信仰

教育信念是一种源自人内在世界的力量，是教育事业发展的重要力量源泉，是个体心灵力量的外露。它是教育者个人对现实社会的理想期望和预设，是对理想社会的构想，是时代的重要诉求。② 当下，中国特色社会主义进入新时代，建设教育强国是时代精神的召唤，广大教育工作者需要形成胸怀天下、勇于担当、爱智好学、为仁爱人的教育信念。果戈理说过：“为了国家的利益，使自己的一生变为有用的一生，纵然只能效绵薄之力，我也会热血沸腾。”（《果戈理传》）所以，教育信念一旦形成，就会催生一种强大的精神力量，促进教育者对家国天下的思考与忧虑，促使教育者不断以丰厚的中华文化提升自我，追求以现代文化精神育人著书，使教育者成为具备新时代中国特色社会主义核心价值观的有理想、有灵魂、有激情、爱奉献的现代人。

---

① 习近平. 决胜全面建成小康社会 夺取新时代中国特色社会主义伟大胜利——在中国共产党第十九次全国代表大会上的报告 [N]. 人民日报，2017-10-28（1-5）.

② 肖川. 教育信念确立的基石 [J]. 当代教育论坛（校长教育研究），2008（9）：1.

（一）胸怀天下、乐于担当式教育信念与信仰的养成

教育信念一般指从事教育工作者所崇尚的价值理念，不仅形塑教育者的内在思想和精神世界，也影响其在教育实践活动中的教学态度、行为和习惯，对学生的成长和发展具有重要的引领作用。俄国著名教育家乌申斯基曾说："任何教学大纲，任何教育方法，不管它是多么完善，但如果不能变为教育者的信念，那就只能成为一纸空文，而实际上不能起到任何作用。"① 也就是说，教育信念是教学大纲和教学方法得以有效实施的灵魂所在。教育者的教育信念的形成是教师教学行为和教学手段获得发展的一个过程，也是对教育者本身的一种内在提升，它能够有效促进教育活动的丰富与饱满，提升课堂教学的生命力与活力。当教育信念成为一种内化于教育者自身的一种精神品格时，教育活动对教育者的成长与激励也会由内而外发生在学生身上，促使学生形成一种积极向上的生活信念。

教育信念是教育者在长期的教学与科研工作中的思想升华与理论精粹，是教育者坚定不移追求的教育理想和教育意义以及教育发展的价值取向，是表达教育者对自我工作的追求和价值弘扬，是教育事业发展的精神动力和内在支撑。教育者的信念以其强大的向心力和凝聚力，维系着教育者与学校的发展目标，协调着教育者之间的人际关系和教育学术差异，鼓励他们进行教育事业和教育学术的对话与思想交流，推动他们依据一定的规范进行有序的教学与研究，从而作为教育实施的强大动力推进教育目标的实现。② 对此，习近平曾在庆祝建党 95 周年大会上发表讲话时说："志不立，天下无可成之事。"③ 立志是成就事业的第一步，正如心中笃定的信念一般，只有坚定志向，

---

① 郑文樾. 乌申斯基教育文选 [M]. 张佩珍，冯天向，郑文樾，译. 北京：人民教育出版社，1991：100-101.

② 郭大成，孙刚成. 大学精神是大学素质教育之魂 [J]. 教育研究，2013，34（10）：50-54，110.

③ 习近平. 在庆祝中国共产党成立 95 周年大会上的讲话 [N]. 人民日报，2016-07-02（2）.

形成强大的意志力量才能成就一番事业。落实在教育上就是要求教育者树立正确的教育信念，坚定中国特色社会主义教育信念，始终把握正确的教育理想，立足本土，面向国际，立志以教育振兴为己任，敢于担当、乐于担当，在百舸争流的国际教育背景中寻求中国教育改革创新的突破点，构建中华教育强国。同时，习近平在十八届中央纪律检查委员会第六次全会上讲话时以古语“将教天下，必定其家，必正其身”告诫广大领导干部要在现实生活中端正自身品格，注重家风教育，形成良好的家庭风尚。[①] 这句话的原文是：“古之人将教天下，必定其家，必正其身；将正其身，必治其心；将治其心，必固其道。”[②] 就是说，古人认为要想治理好天下，就一定要安定好自家的内部，形成良好的家庭风气，端正自我品德，修养身心；要想形成崇高的品格和德行，就一定要督促自我树立端正、积极向上的思想；要端正自身的思想品格，就必须要坚定自我固有的信念与信仰。就教育事业而言，就是要求教育者能够端正自己的德行，形成积极向上的教育思想，立命于天地，立身如磐石，在现实的千锤百炼中始终坚守自己的教育信念，把教育事业的发展当作自己终生奋斗的目标和永不松懈的行动。

教育信念是教育者开展工作的重要精神支柱，是教育者的职业信念，对学生个体的教化与培养具有重要的影响。教师教育信念的形成有赖于社会主义核心价值观的领航，中国共产党第十八次全国代表大会上的报告明确指出，“马克思主义信仰、社会主义和共产主义信念是共产党人的政治灵魂”。[③] 所以，教师的教育信念必须以马克思主义信仰和社会主义核心价值观为基本底蕴，学校应当引导教师树立为共产主义远大理想和中国特色社会主义共同理想而奋斗的教育信念，激励教育者把自身的教育理想融入国家和民族的宏伟

---

① 习近平. 在第十八届中央纪律检查委员会第六次全体会议上的讲话 [N]. 人民日报，2016-05-03（2）.

② （宋）赵湘，南阳集 [M]. 北京：商务印书馆，1936：49.

③ 胡锦涛. 坚定不移沿着中国特色社会主义道路前进　为全面建成小康社会而奋斗 [N]. 人民日报，2012-11-18（1）.

教育事业中，为实现中华民族伟大复兴“中国梦”而在自己的岗位上不懈奋斗，形成胸怀天下、心系国家的教育信念，并勇于肩负新时代中国特色社会主义教育使命。2013 年 6 月 28 日，习近平在全国组织工作会议上的讲话中说到，理想信念就是人的志向。同时，引用古语“志之所趋，无远勿届，穷山距海，不能限也。志之所向，无坚不入，锐兵精甲，不能御也”来告诉人们理想信念之于个人求索奋进的重要作用。[①] 作为教育者必须通过自身榜样的影响作用使学生能够在少年时期树立远大的志向，形成坚韧不拔的性格特征，在内心深处蕴藏一股强大的精神力量。精神意志对个人克服艰难困苦、跨越荆棘挫折发挥着不可忽视的重要力量，一个人在志向所归的驱使下就没有不能达成的目标，没有走不到的地方，山海尽头也不能限制其前进的步伐，精兵坚甲也不能抵御其奋进的决心。正如《左传》所言：“志以发言，言以出信，信以立志，参以定之。”[②] 即个人的志向、言辞和实际行为要协调一致，如此才能以君子的姿态安存于世。立志是为自己确立一个发展的方向，在个体的心里笃定一个信念，并不断通过外在的实践不懈努力，使自己的志向得以实现，使自己所信奉的理念成为现实。2018 年 5 月 2 日，习近平在北京大学师生座谈会上的讲话中提到，“古之立大事者，不惟有超世之才，亦必有坚忍不拔之志”[③]。可见内在的志向和信念对个人成长的重要作用，只有在内心树立远大的理想，以理想之光芒指引个体通向修身、正己、立德之路，唯有如此，个体才能在艰难困苦的奋斗中不迷茫、不恐慌，最终在理想信念的支撑下越过荆棘，成就自我，实现梦想。教育者教育信念的形成需要正确的价值观为引领，这一价值观的取向决定教育者育人的方向和目标，对教育事业的发展所产生的影响是不可替代的。在新时代，教育者应以自己的教育信念影响学

① 习近平. 建设一支宏大高素质干部队伍　确保党始终成为坚强领导核心 [N]. 人民日报，2013-06-30（1）.

② 陈戍国. 四书五经・春秋左传・襄公 [M]. 长沙：岳麓书社，2002：1020.

③ 习近平. 在北京大学师生座谈会上的讲话 [N]. 人民日报，2018-05-03（1）.

生，使学生树立远大的理想，胸怀大志，为实现中华民族伟大复兴的中国梦而不懈奋斗，努力成为有理想、有情怀、有责任、敢担当的有志青年。2013年9月9日，习近平在致广大教师的慰问信中说到，“百年大计，教育为本。教师是立教之本、兴教之源，承担着让每个孩子健康成长、办好人民满意教育的重任”[①]。为了实现教育强国的梦想,为了年轻一代的更好发展,广大教师要形成不懈奋斗的精神，坚定正确的教育理想，执着于伟大的教育信念，不畏现实中的艰难困苦，勇于开创教育革新，以中华民族勤劳勇敢、坚韧不拔的美好品德锐意进取、奋勇直前，同时引导学生立鸿鹄之志，担当起新时代赋予中华儿女的伟大使命。

（二）胸怀天下、乐于担当式教育信念与信仰的坚守

雅斯贝尔斯说：“教育须有信仰，没有信仰就不成其为教育，而只是教学的技术而已。教育的目的在于让自己清楚当下的教育本质和自己的意志，除此之外，是找不到教育的宗旨的。”[②]朱自清也说：“教育者须对于教育有信仰心，如宗教徒对于他的上帝一样；教育者须有健全的人格，尤须有深广的爱；教育者须能牺牲自己，任劳任怨。我斥责那班以教育为手段的人！我劝勉那班以教育为功利的人！我愿我们都努力，努力做到那以教育为信仰的人！”[③]所以，教育者一定要努力形成坚定的教育信仰，而教育者教育信仰的形成基于教师的教育信念，缺乏教育信念指引的教师很难成为一名优秀教育者，教育信念对教育者而言是一种超越于现实之上的精神力量，教育信念是教育信仰的雏形，没有教育信念的支撑，没有教育信仰的指引，教育的真谛就无法得以显现，教育的理想也难以实现。当下，人们面对的诱惑越来越复杂多样，

① 习近平. 习近平向全国广大教师致慰问信 [N]. 人民日报，2013-09-10（1）.

② [德] 雅斯贝尔斯. 什么是教育 [M]. 邹进，译. 北京：生活. 读书. 新知三联书店，1991：44.

③ 朱自清. 教育的信仰 [J]. 春晖，1924（34）.

这就要求教育者能躬身自省，恪守淡泊，沉心静气，拒绝浮躁，排斥谄媚，坚守本心，抵制一切不良因素对自身教育信念的腐蚀。唯有守住初心，坚定自我教育信念，才能成就自我，才能实现自身的教育理想。缺失教育信念的教育者可能在教育教学的过程中掩盖教育的本质，贪婪物质的享受，遮蔽纯真本心，导致师德衰落，从而难以实现立德树人的教育理念。所以，教育者必须坚定自我、坚守本心，以教育信念指引自身行为。

坚守本心，需要教育者铭记教育之本质，遵循教育规律，抵制教育中存在的不良风气。2013 年 6 月 28 日，习近平在全国组织工作会议上的讲话提到，“要时刻用党章，用共产党员标准要求自己，要有‘与人不求备，检身若不及’的精神，时刻自重自省自警自励，努力做到‘心不动于微利之诱，目不眩于五色之惑’，老老实实做人，踏踏实实干事，清清白白为官”①。习近平讲话中所引用的这些经典名言，对解决当下的很多问题具有很强的现实意义和适切性，只有真正理解了习近平的辞中典，才能深刻理解他的牵挂、嘱托与期待，才能将他的谆谆教诲内化于心，外践于行。习近平的这句“心不动于微利之诱，目不眩于五色之惑”化用了我国古代“慎微”“节欲”这两种思想，告诫人们要高风亮节、淡泊名利，能够淡定自如，“从心所欲而不逾矩”②。前半句思想源于《论语》:“无欲速，无见小利。欲速，则不达;见小利，则大事不成。”③后半句出自老子《道德经》第十二章，即“五色令人目盲，五音令人耳聋，五味令人口爽”。④“慎微”指向小事、细节的重要性，细节决定成败，所以，对于再小的事情都要谨慎小心处理。《尚书》中有：“不矜细行，

① 习近平. 建设一支宏大高素质干部队伍　确保党始终成为坚强领导核心 [N]. 人民日报，2013-06-30（1）.

② 陈戍国. 四书五经 · 论语 [M]. 长沙：岳麓书社，2002：18.

③ 陈戍国. 四书五经 · 论语 · 子路 [M]. 长沙：岳麓书社，2002：43.

④（汉）河上公，（唐）杜光庭，等，注. 道德经集释 [M]. 北京：中国书店，2015：15.

终累大德。”[①]《太公金匮》中有:“道自微而生,祸自微而成。”[②] 这些至理名言都向世人说明了“慎微”之于个人追求远大理想的重要作用，也鲜明地指出“慎微”在个人事业成败中发挥着重要的作用。2018 年 3 月，习近平在参加十三届全国人大一次会议重庆代表团审议时强调，要牢记“堤溃蚁孔，气泄针芒”的古训，坚持从小事小节上加强修养，从一点一滴中完善自己，严以修身，正心明道，防微杜渐，时刻保持人民公仆本色。[③] 这就要求教育者在日常生活中能守住自我心性，在教育教学的过程中注重细节，关注学生的一举一动和一言一行；在点滴小事中严格规范自己的言行举止，彰显自身的教育品格，为学生树立一个刚正不阿的好榜样，在潜移默化中熏陶学生的品行，使学生也能懂得“勿以善小而不为，勿以恶小而为之”[④] 的人生道理，形成“不畏人知畏己知”的道德戒律，从而对自己的内在心灵世界做到严格自律。

俗话说:“意志创造人。”教育者要坚守信念就要善于抵挡现实中不可避免的诱惑，节制自己的欲望，在不断地磨炼中形成强大的意志力，将自己的教育信念转化为教育意志，通过教育意志来调节、支配自己的教育行为和教学手段，使教育能够真正促进学生个体的成长与完善。意志力是一个开放的系统，它指引个体的精神生活，又通过这种精神生活来影响个体的外在行为。意志力的形成需要教育者在教育实践中经过不断的探索与反思加以饱满和巩固，意志力既有静态的一面，也有动态的一面。教育意志是一种心理状态，是一种精神力量。它能转化为一定的自制力来调节教育主体的行为，通过心理力量的壮大转化为一种能够对教师和学生产生影响的、实在的实践活动力

① 陈成国. 四书五经・尚书・旅獒 [M]. 长沙：岳麓书社，2002：249.

② 吕尚. 太公金匮二卷 [EB/OL].https：//ctext.org/text.pl?node=566547&if=gb&remap=gb（中国哲学书电子化计划）[2018-07-28].

③ 新华社. 习近平李克强栗战书赵乐际分别参加全国人大会议一些代表团审议 [N]. 人民日报，2018-03-11（1）.

④ （晋）陈寿，（宋）裴松之，注. 三国志 [M]. 北京：中华书局，2006：532.

与行为自觉。换言之，强大的教育意志能帮助教育者坚定理想追求，坚定自己的教育信念，以自我严格的要求来抵制一切外在的不良诱惑。它不仅能帮助教育者修养心性，也能在现实的生活世界中为教育者增加克服困难的勇气，使教育者以更加坚定的心态完善自己的教育信念，追求自己的教育信仰，践行自己的教育理念。习近平曾在多次讲话中引用孟子的“故天将降大任于斯人也，必先苦其心志，劳其筋骨，饿其体肤，空乏其身，行拂乱其所为，所以动心忍性，曾益其所不能”① 来教导广大人民，告诉人们要想成就一番事业就要形成强大的意志力，能够忍受他人不能忍受之苦痛，要尝遍人生的酸甜苦辣，经得起各种艰难困苦的考验，然后才能担大任、行大事，实现胸怀天下的抱负。意志的力量潜藏在每个人的体内，意志力可以在实践锻炼中通过调控自己的注意力、情绪和欲望得以不断提高，从而提高人的免疫力和抗拒诱惑的能力。马克思曾说：“在科学上没有平坦的大道，只有不畏劳苦沿着陡峭山路攀登的人，才有希望达到光辉的顶点。”② 教育者要想坚定自己的教育信念，在教育事业上获得成功，成长为教育家，就要有“咬定青山不放松，千磨万击还坚劲”③ 的意志与韧劲。教育信念转变为教育行为需要教育者持之以恒的努力，只有不断地坚持与完善自我教育行为，教育信念才会在日复一日锲而不舍的践行中更加坚定。

坚守教育信念，需要教育者不断增加自身的教育理论知识，通过科学理论的熏陶不断提升自己的精神境界，坚定自己所信奉的教育信念。2013 年 3 月 1 日，习近平在中央党校建校 80 周年庆祝大会暨 2013 年春季学期开学典礼上的讲话中提到：“‘学者非必为仕，而仕者必为学。’只有加强学习，才能

① （战）孟轲. 八圣贤书　孟子传世作品精选 [M]. 秦学颀，注译. 重庆：西南师范大学出版社，1995：267.

② 欧阳新. 不畏劳苦攀登顶点——马克思勤奋从事科学研究的事迹简介 [J]. 南昌大学学报（人文社会科学版），1978，9（1）：27-31.

③ 毛雨先. 古诗文诵读三百篇 [M]. 南昌：江西高校出版社，1997：467.

增强工作的科学性、预见性、主动性，才能使领导和决策体现时代性、把握规律性、富于创造性，避免陷入少知而迷、不知而盲、无知而乱的困境，才能克服本领不足、本领恐慌、本领落后的问题。”[①] 教育者与“仕”虽有不同，但却胜似“仕”，教育者培养和教化的是年轻一代，他们的活动实实在在地影响着青年一代的思想，教育者教育工作的展开与实践必须以科学的教育理论为基础，教育者必须通过不断的学习与探究提升自我，从而更加坚定自己的教育信念。同时，教育者在润物细无声的滋养中陶冶学生的心性，使学生能够有效避免不良诱惑的影响。习近平还提到：“兴趣是激励学习的最好老师。‘知之者不如好之者，好之者不如乐之者。’”[②] 因此，真正的学习是一种发自内在的追求与爱好，是个体自我选择的一种生活方式，是日渐强化的喜好，是因好之而乐在其中。同理，真正的教育者也必是能够沉浸于学究之乐，能体验“学有所得”之乐的。只有真正将自己的情感、意志融于学习过程并感受到其中的快乐时，其所信奉的教育信念才能够日渐深厚通达，其胸怀天下的理想才可能在修己的基础上得到实现。

（三）胸怀天下、乐于担当式教育信念与信仰的价值[③]

胸怀天下、乐于担当式的教育信念与信仰一旦形成，就会具有强大的价值呈现，而且可以支撑和推动人一生的发展与幸福生活的实现。

① 习近平. 在中央党校建校 80 周年庆祝大会暨 2013 年春季学期开学典礼上的讲话 [N]. 人民日报，2013-03-03（2）.

② 习近平. 在中央党校建校 80 周年庆祝大会暨 2013 年春季学期开学典礼上的讲话 [N]. 人民日报，2013-03-03（2）.

③ 孙刚成，寇晶，田伏虎. 乌托邦教育与信仰教育支撑下的精神超越 [J]. 思想政治教育研究，2015（5）：27-31.

1. 胸怀天下、乐于担当式的教育信念与信仰是教育者的灵魂核心和教育事业的强大动力

教育信仰是对教育由衷的灵魂式的热爱与忠诚，是对教育应然状态的追求，常常表现为“价值对事实的超越”“应然对实然的超越”。① 教育信仰的养成经历了从相信到信念，再到信仰的过程。所谓相信，就是肯定教育的价值应该在于培养人成为“人”，理解和创造人的价值。而信念就是教育工作者能够将教育的本体价值作为自己教学活动的准则，自觉遵守，自觉坚持。到达信仰阶段则是“对教育促进个体和社会发展的极度信服和尊崇，是一种极其强烈而深沉的情感状态，它能把教育观念或理念转化到自己的教育行为中并贯彻始终，矢志不渝”②。

“教育信仰是对人的信仰和对爱的教育信仰的统一。”③ 对人的信仰，体现为在以人为本思想的指导下，教育要以学生为出发点，尊重学生的本体价值，使每一位学生成为臻于完美的人，成为最好的自己。把受教育者培养成为“臻于完美的人”和“最好的自己”虽然很难实现，但是这是一种有望实现的美好理想和教育诉求，可以鼓舞人们不断前进、不断追求，并在越来越靠近的状态下成就自我、实现自我。人正是在这样的理想指引下，按照理想的要求不断创新、改造，从而超越自己的。正如赫舍尔所说的：“我们认为人是什么样的，我们就会成为什么样的人。”④ 信仰“完美的人”就意味着教育不是要实现预设的目标，而是追求不断成长的过程。若要追求不断的成长，唯有爱的教育才能达到。爱的教育是真正的教育，是使人成为“人”的教育。“深刻

① 韩歌萍. 大学教师如何确立教育信仰 [J]. 理论导刊，2009（10）：91.

② 黄乾玉. 论教师的教育信仰及教师的教育幸福 [J]. 黔东南民族师范高等专科学校学报，2006（1）：60-62.

③ 黄乾玉. 论教师的教育信仰及教师的教育幸福 [J]. 黔东南民族师范高等专科学校学报，2006(1)：60-62.

④ [美]A. J. 赫舍尔. 人是谁 [M]. 隗仁莲，安希孟，译. 贵阳：贵州人民出版社，1995：7.

的爱存在于从‘生存’到‘生存’的关系中，对于爱者来说，一切‘实存’都变得人化了。一块风景的灵魂，诸种事物的精神以及每个地方的精神风貌都在自然的爱的目光中呈现出来。”① 爱能够使教育工作者抵御现实的诱惑，脱离现实生活的痛苦，不断追求自由的发展。拥有爱的信仰，就能使教师平等地对待每一位学生，全身心地为学生付出，并将学生的成长和发展作为自己的最大幸福。

教育需要胸怀天下、乐于担当式的信念与信仰的支撑。“教育若没有教育信仰作为灵魂，就会陷入盲目、浮躁、平庸状态，难以发挥出价值作用；教师若没有教育信仰导航，就会迷失方向，精神匮乏，不能有效地发挥陶冶情感、提升人格、开发潜能的作用。”② 教育过程“在人与人之间展开一种精神历程与心灵对话。在此过程中，教育信仰是一种巨大的教育力量，是教育价值实现的条件。”③ 形成教育信念与信仰是每一位热爱教育的教育工作者能够快乐投入的持久动力和价值追求，在这种信念与信仰的支撑下，人们到达高级阶段的时候就可以超越现实社会的流俗，以出世的心态快乐地活在现实世界中。

当每一位教育工作者对教育都树立了坚定不移的信念与信仰时，教育真正的价值也就得到了实现。教师若是加强了对教育信念与信仰的理解，就会从低层次的职业境界、事业境界发展到高层次的理想境界。也就是从以教书作为自己的谋生手段发展到以育人来体现自己的价值，实现自己的追求，最终上升到对“求真、尚善、信美”境界的追求。除此之外，对于教育信念与信仰的笃定也为教师专业发展提供了强大的内部动力，即人们对自己所崇尚的事物的绝对追求所形成的信念与信仰之力。根据马斯洛的需求层次理论，

---

① 方朝晖. 重建价值主体 [M]. 北京：中央广播电视大学出版社，1993：174.

② 吴恒山. 教育需要信仰 [N]. 中国教育报，2013-01-25（5）.

③ 严奉林. 教育信仰浅议 [J]. 教育科学研究，2002（1）：62.

初级的需求是生存的需求，最高层次的需求则是对自我实现的追求。教师的专业发展就是自我实现的一种表现形式，若想达到自我实现，提升专业发展，外部动力只能作为助力或推手，由信念与信仰支撑的内部动力才是决定力量和恒久动力。

2. 胸怀天下、乐于担当式的教育信念与信仰是教育者与受教育者获得心灵宁静的法宝

在胸怀天下、乐于担当式的教育信念与信仰的支撑下，教师通过对学生进行爱的教育，培养学生发展成为一定意义上完美的人。与此同时，“当教师以自己高尚的情感换得受教育者发自内心的纯真友谊时，教师自己的内心也会产生积极的情绪体验；他感到学生们理解并接受了自己的心意之后，仿佛从中得到一种保证，确知自己是学生所需要的，坚信自己是团体中受欢迎的人。因而产生愉快、自信、充实等情绪，得到情感上的满足”①，获得了精神上的满足感，得到了对自身价值的肯定，就能激发起对教育事业的无限热爱和激情。对教育信念与信仰的坚定不移让教师淡化物欲的影响，获得了精神的宁静，同时向着更高的精神追求迈进，使教师成为一个完全自由的人。

在胸怀天下、乐于担当式的教育信念与信仰的支撑下，教育将更能发挥自身的本体性价值，培养学生成为真正的人，使学生具有完美的人格，成为自由之人。同时，拥有了教育信念与信仰，教育将更好地融入生活之中，实现真正的价值。“孔子在弟子衣食住行的诸多细节中，读出了他们的思想品质，及时地褒奖正直和高尚、批判平庸和邪恶，将教育淋漓尽致地融进生活之中；陶行知通过一支弹弓、几块糖果，使学生明白了真善美、摒弃了假恶丑，悟出了‘生活即教育’的教育真谛；苏霍姆林斯基将学生带到大自然中，

---

① ［苏］安・谢・马卡连柯. 论共产主义教育 [M]. 刘长松，杨慕之，译. 北京：人民教育出版社，1979：400-401.

在他们认识美妙无比的大自然的过程中，完美地让教育清泉流进他们天真纯洁的心灵。大师们的教育风景，经历了岁月沧桑，却魅力不减，光辉依旧”①，只因他们都拥有坚定的教育信念与信仰。

在胸怀天下、乐于担当式的教育信念与信仰的支撑下，整个社会将会以乐观的心态面对当下的种种教育问题，以发展的眼光看待教育的现状，以积极的态度共同推动教育改革，在不断追求“绝对”的好教育的过程中提升现实教育的品质。因为，拥有教育信念与信仰支撑的教育改革理想并非远离现实，“躲进小楼成一统，管它冬夏与春秋”并不是逃避，而是基于现实的考虑，以乐观的心态、睿智的思维、发展的眼光来进行超脱性学术追求的境界。胸怀天下、乐于担当式的教育信念与信仰必将成为一种精神，引领教育工作者向着教育事业更好的明天努力。

“教育是灵魂的教育，教育本身意味着：一棵树摇动另一棵树，一朵云推动另一朵云，一个灵魂唤醒另一个灵魂。”②教育需要信念与信仰的支撑，缺失教育信念与信仰的教育，就是没有灵魂的教育，也就不能称为真正的教育。

3. 胸怀天下、乐于担当式的教育信念与信仰是教育者与受教育者实现精神超越的前提

信念与信仰的高层境界即是超越与超脱，而超越与超脱需要自由的境界。马克思主义认为，自由就是对必然的正确认识和对客观世界的改造，是合理驾驭制度与规范的自觉与自为。③人在多大范围和程度上取得自由，是以人对客观世界的本质与规律的认识、理解和把握的范围与程度为前提的。人对客

① 朱永新，等. 中国教育缺什么 [M]. 苏州：苏州大学出版社，2003：118.

② 黄乾玉. 论教师的教育信仰及教师的教育幸福 [J]. 黔东南民族师范高等专科学校学报，2006 (1)：61.

③ 毛泽东. 毛泽东著作选读 [M]. 北京：人民出版社，1986：845.

观规律的把握就表现为理念或精神。由此推论，人们对教育规律的把握就表现为教育理念或精神，就表现为一种合乎规律、合乎规范之下的精神超越。[①]所以，设计完美的教育，“其目的应该是使纪律成为自由选择的自发的结果，而自由则应该因为纪律而得到丰富的机会”[②]。这样,教育者与受教育者才能够成为有信仰、能超脱的自我实现者，才能够成为敢担当、有责任感和使命感的教育理想追求者。

坚定的教育信念与信仰是教育者基于对教育事业的狂热与追求，坚定不移地从事教育事业，并致力于教育发展与完善的永动力；对于受教育者而言，教育信仰是其自愿接受教育，并坚信通过教育可以更好地认识自我，更充分地完善自我，从而获得个体生命价值的提升，是对教育力量的笃定。有了坚定的教育信念与信仰，并执着于对教育的热爱，教育者渴望获得自由，渴望自己能够在教育领域获得更好的发展，推动教育事业的进步；受教育者渴望拥有自由，渴望自己在参与教育教学活动中充分展现自我，发挥自己无限的创造才能。然而，自由，是在最适宜的条件下，以不损害他人与社会的利益为前提的合规律的习惯性自觉[③]，并非恣意妄为。只要获得了真正的自由，无论是教育者还是受教育者都可以在自己热衷的领域创造出越来越多的奇迹。

在胸怀天下、乐于担当式的教育信念与信仰的支撑下，教育者追求的最高境界是为了获得教育自由，而受教育者所追求的最高境界是为了获得自由教育。教育自由是指教育者能够拥有举办教育、管理教育、进行教育教学的自由，属于实践范畴。自由教育是指受教育者可以自由学习，自由思考，自由探索，属于认识范畴。二者结合正是教与学的最高境界。然而，自由教育并非毫无节制的随心所欲，更不是专制教育，它“必须是作为灵魂的事件，

① 王志刚. 大学精神是高校办学特色的灵魂 [J]. 中国高教研究，2003（7）：14-17.

② [英] 怀特海. 教育的目的 [M]. 徐汝舟，译. 北京：生活 · 读书 · 新知三联书店，2002：55.

③ 郝文武. 自由教育的价值和实现方式 [J]. 高等教育研究，2009，30（9）：18-22.

发生在人的心灵世界之中，不仅仅是人对现实生活的适应，而且是对现实生活的超越”[①]。实现自由教育的前提是处理好自由与纪律二者的关系，因为“通往智慧的唯一的道路是在知识面前享有自由，但通往知识的唯一途径是在获取有条理的事实时保持纪律”[②]。教育教学有其特定的规律，正确认识并掌握了它的规律，就能够游刃有余地游弋于自由与纪律之间。正如怀特海所说的“教育的开始阶段和结束阶段的主要特征是自由，但是有一个纪律占主导地位的中间阶段，这时自由从属于纪律”[③]。教育是由浪漫阶段、精确阶段和综合运用阶段组成的不断循环的周期。在浪漫阶段和综合运用阶段，教育应该给学生提供自由的学习模式；而精确阶段是进行知识的增加、补充和规范，需要有一定的纪律来保证学习。自由与纪律看似矛盾，实际绝非是二元对立的两个概念，而更应是和谐共生、相得益彰的一体两翼或者是互补共进的协作伙伴。纪律可以在有形约束的基础上通过向无形自觉的提升促进真正自由的实现，自由可以通过自觉让纪律无处不在地发挥作用并臻于完善却让人毫无负担之累。

“自由既是人追求的目标，又是人追求目的的手段；既是对必然的认识，又是对应然的追求和实然的创造。”[④]“教育者在其整个生活现实中寻找不到完满，于是他便超越生活，为自己建立第二个世界，即心灵世界。作为一个精神性的存在，他同样紧紧地被束缚在他的生活现实中，但他以思想的翱翔超越了生活。他摆脱了现实的束缚，通过心灵的想象力和创造力找到了回归存在的道路。”[⑤]教育者就更能够从纷繁复杂的现实中超脱出来，实现自我的精神超越与

① 刘铁芳. 古典传统的回归与教养性教育的重建 [M]. 北京：北京师范大学出版社，2010：267.

② [英] 怀特海. 教育的目的 [M]. 徐汝舟，译. 北京：生活·读书·新知三联书店，2002：54.

③ [英] 怀特海. 教育的目的 [M]. 徐汝舟，译. 北京：生活·读书·新知三联书店，2002：55.

④ 郝文武. 自由教育的价值和实现方式 [J]. 高等教育研究，2009（9）：18.

⑤ [德] 雅斯贝尔斯. 存在与超越——雅斯贝尔斯文集 [M]. 余灵灵，徐信华，译. 上海：上海三联书店，1988：170.

超脱。此时的教育者可以清楚地分辨教育的理想与现实，并游弋于二者之间，用对教育美好的理想去改变现实的教育。受教育者在自由的保障下接受教育，使其成为自己的主人。同时，学生将更清楚地知道自己想要成为怎样的人，并且依据自身的兴趣，让自己向着自己所向往的更完美的方向发展。

二、立足现实、实事求是的教育态度

自20世纪80年代以来，中国的经济实力得到持续快速的提升，中国在国际上的地位也得到大幅提高。相较而言，中国的教育体系却发展较慢，各类人才短缺问题突出，发展后劲明显不足。教育是民族振兴和社会进步的基石，教育的发展关系着民族的兴旺、人民的福祉和国家的未来，对实现中华民族的伟大复兴具有重要的影响。以习近平同志为核心的党中央对中国乃至世界教育事业的改革与发展十分重视，习近平曾在十八届中央政治局常委与中外记者见面会上提到，要把“期盼有更好的教育”作为今后教育发展的奋斗目标，并在多次讲话中提到“百年大计，教育为本”。教育是促进国家发展的最基础和最根本的事业，教育所关涉的是每一个个体的成长与发展，涉及每一个家庭的事业与前景；同时关乎着国家政治的进步、经济的发展、文化的传承以及社会的和谐与稳定。中国共产党第十九次全国代表大会召开以来，以习近平同志为核心的党中央始终坚持优先发展教育事业的战略目光，把教育事业的发展置于十分重要的位置。中国最早的教育专著《学记》有言，“建国君民，教学为先”，“欲化民成俗，其必由学乎”[①]。不论是建设国家还是教化人民，都需从教育入手，因此教育的重要作用在任何时候都是不可忽略的。21世纪以来，中国的教育事业得到迅速发展，义务教育的入学率和巩固率持续上升，高等教育的毛入学率在达到大众化水平之后不断前进，已经在2019

① 陈成国. 四书五经·礼记·学记 [M]. 长沙：岳麓书社，2002：562.

年下半年进入普及化阶段，人民的整体受教育水平不断提升，但在这一片欣欣向荣的背后也存在着一些问题。当下，国家要继续发展教育事业，就要始终把教育放在优先发展的重要位置，立足现实，认清现状，遵循教育发展规律，坚持实事求是。

（一）厘清教育现状，立足现实勇往直前

中国共产党第十八次全国代表大会召开以来，全国教育系统坚持深入学习贯彻习近平系列重要讲话精神和治国理政新理念新思想新战略，坚持不懈地追求更好的教育，教育事业的发展取得了可喜的进展。据教育部发展规划司《2018 年全国教育事业发展基本情况年度发布》显示，中国各级各类教育普及水平进一步提高，学前教育毛入学率已经达到 81.7%；小学学龄儿童净入学率进一步提高，已经达到 99.95%；初中阶段毛入学率更是达到了 100.9%；高中阶段的毛入学率达到了 88.8%；同时，全国各种形式和各类高等教育在学总规模达到 3833 万人，高等教育毛入学率攀升到了 48.1%，比上年提高 2.4 个百分点。[①] 实际上，中国在 2019 年下半年高等教育毛入学率达到 51.6%，已经提前进入高等教育普及化阶段，进一步提高了为最广大人民群众提供更多、更好的受教育机会的能力。所以，宏观上来说，中国的教育事业在近年来取得了巨大的进步，但仍然存在很多现实问题，具体表现为，教育活动的异化和学习活动的功利化；教育的发展走向背离了人的基本价值取向；推行素质教育的步伐已走过了 30 多个年头，但素质教育却并没有真正在教学实践中落地生根，就像无源之水一样，只能保持新鲜一时，却不能做到活水常新越聚越多；教育的人文性被追名逐利的现状所冲淡，学生个体沦为传统意识形态的传播工具而缺失了应有的创新能力。中国共产党第十九次全国代表大会

① 教育部发展规划司. 2018 年全国教育事业发展基本情况年度发布 [EB/OL].https：//www.eol.cn/yidong/ydsjxx/201902/t20190226_1646186.shtml?source=yidong[2019-02-26].

上的报告提出，要全面贯彻党的教育方针，落实立德树人根本任务，发展素质教育，推进教育公平，培养德智体美劳全面发展的社会主义建设者和接班人。[①]2018 年 9 月 10 日，习近平在全国教育大会上强调，要“全面贯彻党的教育方针，坚持马克思主义指导地位，坚持中国特色社会主义教育发展道路，坚持社会主义办学方向，立足基本国情，遵循教育规律，坚持改革创新，以凝聚人心、完善人格、开发人力、培育人才、造福人民为工作目标，培养德智体美劳全面发展的社会主义建设者和接班人，加快推进教育现代化、建设教育强国、办好人民满意的教育”[②]，进一步完善了新时代中国特色社会主义教育方针与人才培养目标。这一论述继承和发展了中国共产党第十八次全国代表大会以来中国共产党对教育的指引方针，把落实立德树人作为教育发展的根本任务，体现了国家育人的第一价值取向是让学生获得“德行”，德行之规范是个体成人的基础。现实的教育状况是，教育的功利化倾向越来越凸显，德育的价值变得乏力而低效，各种教育乱象频频发生，逐渐脱离了教育本质。人们越来越少追求德行的健全与完善，越来越多地在计较学习某知识能否为其带来现实的价值资本等眼前利益问题。一直以来，国家的教育政策导向始终坚持“德育为先”的教育理念，但在实践层面上“德育”的落实却遭到冷落与忽视。可以说，教育的理论立意与其现实的发展之间产生了较为严重的偏离，教育的功利化背离了教育的人本取向和教育对人的终极关怀。学生的学习负担越来越重，减压减负的口号也喊得越来越响，但学生的厌学情绪却还在持续上升。学习本身变成了学生的一种负担，并且失去了其本该承载的快乐意蕴。因此，大多数学生处于被迫学习的状态中，学生普遍失去了发自内心的向学天性和为学之乐，新的教育改革迫在眉睫。

---

① 习近平. 决胜全面建成小康社会 夺取新时代中国特色社会主义伟大胜利——在中国共产党第十九次全国代表大会上的报告 [N]. 人民日报，2017-10-28（1）-005.

② 张烁. 坚持中国特色社会主义教育发展道路 培养德智体美劳全面发展的社会主义建设者和接班人 [N]. 人民日报,2018-09-11（1）.

与其他事物的发展相似，教育的功利也是有层次的。蒋冀骋教授将教育的功利分为三个层面：一是形上功利，即灵魂教育；二是形中功利，即道德教育；三是形下功利，即知识教育。[①] 当下存在的问题是，教育过多地倾向于形下功利的层面，过多地关注纯粹知识的传递，缺乏对道德教育和灵魂教育的追求，导致了教育的工具化、制度化、机械化。单纯追求形下功利的教育只能制造出一批批呆板的“工具人”，并不能培养出独具个性的活生生的健全之人，教育需要协调发展知识教育、道德教育、灵魂教育三种不同层次的教育，只有促成这三者关系的平衡，实现这三个层面的和谐共进，教育才能塑造真正的全面发展的人。教育的进一步发展需要人们改变现实境遇中重成才、轻成人的教育目标和重经济效益、轻教育质量的价值取向，必须遵循教育规律，注重教育过程，不以单一的成绩判断教育的是与非。

（二）坚守初心，让教育回归本质

习近平在中国共产党第十九次全国代表大会上的报告中提出，要全面贯彻党的教育方针，落实立德树人根本任务，发展素质教育，推进教育公平。无论是发展素质教育，还是推进教育公平，抑或是落实立德树人根本任务，都需要扭转功利化的教育价值取向，实现教育活动的正本清源，让教育回归本质，才能真正办好让人民满意的教育。单纯追求形下的功利化教育并不能体现教育活动的本质特征，教育必须关注人的精神，关注人本身的完善，它是一场灵魂的修行。2018 年 3 月 21 日，教育部印发公告，全面清理规范管理面向基础教育领域的竞赛、挂牌、命名、表彰等活动。公告提出，面向基础教育阶段学生开展的竞赛、挂牌、表彰等活动的结果只能视为个人荣誉，

① 蒋冀骋. 论教育功利的三个层次 [J]. 大学教育科学，2013，1（01）：3-5.

不得作为中小学招生入学依据。[①] 这一举措进一步向教育领域发出强烈的呼吁，真正的教育所关注的不是浮华的表面，不是一场场功利性的竞争，更不是盲目的攀比。真正的教育关注的是人的心灵，是个体的德行和素质的生成，是人自身的完善与进步，是人精神生活品质的提升，是人驾驭自我和获取并享受幸福生活能力的提升。

教育要回归本质就是要去掉其庸俗而华丽的外衣，好的教育不是有“名校”二字傍身，也不是外在的荣誉标榜。教育本身是静默的，是润物于无声的，聒噪的喧哗不是教育的本质属性。好的教育滋养人的精神，陶冶人的灵魂，于潜移默化中感染个体的心灵，促使个体实现由内而外的生长。习近平曾在《之江新语》的《做人做事要力戒浮躁》一文中引用《大学》中的“静而后能安，安而后能虑，虑而后能得”来提醒人们镇静不躁、清心寡欲、恬淡自然对于做人从政的重要作用。[②] 教育就是要力戒浮躁，淡泊宁静的心理氛围是教育不受俗尘感染的前提条件，良好的教育环境促进人们对教育过程的反省与思虑，周全的思虑使教育的发展取得进步。教育一旦变得浮躁，就会迷失育人的本质，在功利的诱惑中变得喧嚣，在追逐浮华的名利中丢失朴实，教育主体也会在追风逐浪中失去独立思考的能力，在贪图虚名中走向媚俗。教育必须要守住自身的一方净土，抵住世俗的诱惑，确保教育活动的生命与精神活力，传承教育的育人使命，承担起“传播知识、传播思想、传播真理的历史使命”，肩负起“塑造灵魂、塑造生命、塑造人的时代重任”[③]。2014 年 9 月 9 日，习近平在同北京师范大学师生代表座谈时的讲话中提到：“教育是

① 教育部. 教育部印发公告清理规范基础教育领域竞赛挂牌命名表彰活动 [EB/OL].http://www.moe.gov.cn/jyb_xwfb/gzdt_gzdt/s5987/201803/t20180321_330797.html[2018-03-21].

② 习近平. 之江新语 [M]. 杭州：浙江人民出版社，2007：179.

③ 中共中央国务院. 中共中央国务院关于全面深化新时代教师队伍建设改革的意见 [N]. 人民日报，2018-02-01（1）.

一门‘仁而爱人’的事业，爱是教育的灵魂，没有爱就没有教育。”[①] 爱是教育活动的源头活水，爱是滋润个体生命、延续教育发展的核心元素。爱是教育主体间对话与沟通的桥梁，爱是教育行为不可或缺的重要因子，但现行的功利主义教育和应试教育本身却在一定层面和程度上加剧着对爱的排斥与消解，不利于培养仁爱之人和具有大德之人。爱体现在教育主体间真实的交往中，爱显露于师生彼此相互之间的尊重与理解、关注与期待的行为中，爱总能唤起爱，激活爱，从而构成一种生命的激励。[②] 爱使人与人之间产生一种密切的关联，教育中的爱促进师生双方生命的敞开，使自我本性得到最大的舒展，这种开怀与释放可以有效地促进个体的成长与完善。这种充满爱的教育能有效孕育个体健康的生命形态，促进个体潜能的发挥与显现。习近平还曾提到：“好老师要用爱培育爱、激发爱、传播爱，通过真情、真心、真诚拉近同学生的距离，滋润学生的心田，使自己成为学生的好朋友和贴心人。”[③] 爱是教育生成的灵魂，教育的生命体现在其对个体爱欲的培育之中。缺乏爱的教育是机械的、冰冷的，爱的缺失将会导致个体生命活力的匮乏和心灵情感的残缺。习近平曾多次强调：“好老师应该把自己的温暖和情感倾注到每一个学生身上，用欣赏增强学生的信心，用信任树立学生的自尊，让每一个学生都健康成长，让每一个学生都享受成功的喜悦。”[④] 教育是主体双方在人格平等的基础上，在求知识获智慧的过程中进行的富有爱心的交流活动，这一过程不仅传递知识文化，也促进个体的自由生长，帮助学生获得最适合自我的成长与发展。教育需要尊重生命，依托生命，热爱生命，只有充分尊重个体生命的价

① 习近平. 做党和人民满意的好老师——同北京师范大学师生代表座谈时的讲话 [N]. 人民日报，2014-09-10（2）.

② 刘铁芳. 爱与丰富：重新认识基础教育的两个基本维度 [J]. 教育研究，2016，37（7）：52-60.

③ 习近平. 做党和人民满意的好老师——同北京师范大学师生代表座谈时的讲话 [N]. 人民日报，2014-09-10（2）.

④ 习近平. 做党和人民满意的好老师——同北京师范大学师生代表座谈时的讲话 [N]. 人民日报，2014-09-10（2）.

值，才能真正落实和践行以人为本的教育取向。

（三）教育现实的本质内涵乃是实现人的幸福追求①

教育是关于人的事业，人作为有主观能动性的客体存在，是教育存在及发展的关键与核心。雅斯贝尔斯指出“教育是极其严肃的伟大事业，通过教育培养能够不断地将新生的一代带入到人类优秀文化精神世界之中，让他们在完整的精神中生活、工作和交往”②，让他们成为精神富足的文明人，从而实现整个社会的文明与和谐。因此教育的价值关乎人能否有价值、有意义地存在于大千世界之中，关乎人类社会是否能够顺利走向与自然协调双赢的理想状态。人的生命在这个宇宙中存在的时间有限，但是在有限的光阴里创造出的价值却是无限的。所以人只有在生命存在的时间范围内，尽最大努力发挥自身的能量，去不断地充实自己的灵魂，生命的价值与意义才会得到完美诠释。要想拥有幸福而有价值的人生，拥有饱满而充实的精神世界，必须有追求本体价值的教育参与其中。

在教育的本体价值层面，“教育的本质目标乃是用知识守护人性并孕育德性，开启生命个体存在的完满性，并提升人生的尊严感和幸福感”③，其“本质是借助对基本知识和技能的传递，不断增强人的学习技能，推动人的发展进程，激发个体内部的探索欲望，逐步丰富人的思想情感，完善人的品德修养，培育人的成长与发展”④。所以人“接受教育乃是一种幸福，而人的幸福又是教育目的的终极归宿。”⑤通过教育使人的人格不断得到完善和整合，不断提高生命个体对世界、社会、自身的认知能力，逐步去追寻和实现人类自身的幸福

---

① 孙刚成，张丹. 教育与人的幸福 [J]. 教学与管理（理论版），2017（4）: 1-4.

② [德] 雅斯贝尔斯. 什么是教育 [M]. 邹进，译. 北京：生活. 读书. 新知三联书店，（1991）: 44.

③ 刘铁芳. 古典传统的回归与教养性教育的重建 [M]. 北京：北京师范大学出版社，2010：12.

④ 孙刚成. 教育让人成为最好的自己 [M]. 北京：中国科学技术出版社，2015：4.

⑤ 杨明明. 辨析教育与幸福之间的几组关系 [J]. 教育与考试，2014（3）: 88-92.

追求。如此行动，无论是结果还是过程，教育与受教育活动本身都是一种幸福。由此推论，教育的重要价值在于最大限度地唤醒生命个体的觉悟能力，在于“尽善尽美地将每一个受教育者培养成心智相对完满，具有恬静心灵和完整人格的最好的自己”[①],即教育是基于人的发展,追寻与探析人的内在发展潜力和可塑之处，使之朝向最佳状态的实践活动。

（四）立足现实实实在在做教育的态度集中体现于参与者幸福累积的教育实践中[②]

个体的受教育过程，既是自我发展需求得到满足的过程，又是自身的文化深度和智慧逐渐升华的过程，进而获得更多的自由和幸福。教育培育个体高尚的情趣和感受幸福的能力，使人们不仅在当下获得一种幸福体验，而且还为谋取终身的福祉创造了条件。所以立足现实、实实在在做教育的态度集中体现于快乐学习的教育过程本身，集中体现于个体快乐成长的实践历程，集中体现于人生幸福累积的实践活动之中。

1. 教育过程中的快乐学习是拥有幸福人生的初步基础

教育的过程“首先是一个精神成长的过程，然后才成为科学获知过程的一部分”[③]。所以教育中的快乐学习是精神成长、幸福形成的过程,而幸福则是快乐学习的完美结果。快乐学习是教育过程中精神成长的重要方面，只有把教育变成快乐的学习过程，最终才会收获人生的幸福果实。

在这一过程之中，必须首先认清，自由是快乐学习的首要前提。

“教育的过程是让受教育者在实践中自我练习、自我学习和成长，而实践

① 孙刚成. 教育让人成为最好的自己 [M]. 北京：中国科学技术出版社，2015：66.

② 孙刚成，张丹. 教育与人的幸福 [J]. 教学与管理（理论版），2017（4）：1-4.

③ [德] 雅斯贝尔斯. 什么是教育 [M]. 邹进，译. 北京：生活. 读书. 新知三联书店，1991：30.

的特性是自由游戏和不断尝试。”[①] 只有建立在兴趣、自由基础之上的学习才是真正意义上的快乐学习。自由作为快乐学习的基础，“既是人追求的目标，又是人追求目的的手段；既是对必然的认识，又是对应然的追求和实然的创造”[②]；“只有自由的生活才符合人性的自然状态；只有符合人性的自然状态，人才会感到幸福和快乐；人一定要在自由的天地里，才能翱翔天际，没有自由，人便不是真正意义上的人”[③]。所以，真正的学习过程是思想自由驰骋的过程，也是快乐的情绪体验不断饱和的过程。健康向上的幸福观形成依赖于自由基础上的快乐因子，这种幸福观的树立是人们对未来持有无限的希冀和充满美好愿景的重要保障，也是收获完满人生的根基。

在教育过程中只有给予孩子充分的自由，才能保障快乐学习的实现，才能促成幸福人生的实现。“教育诉诸自由，并以从自由中不断获得的东西为内容，进而帮助个人成为他自己。”[④] 理想的教育是给予孩子在未成年时充分的自由，给予孩子充分的积极关注，促使孩子形成发展的不定向性，挖掘出孩子身上更多潜在的可塑之处。未来社会是学习型的社会，给予孩子自由，让孩子在试误中经历困难与挫折，孩子才能不断反思，才会有更多的自由选择空间和发挥自身能力的领域，才能在学习型社会当中闯出自己的幸福天地。

给予孩子自由，是快乐学习的源泉，是孩子提高主观能动性的重要渠道。“真正拥有自由的人，只倾尽全力去做那些他喜欢做、能做、想做的事情，而不是把生命的时光和精力浪费在于他而言毫无价值和意义的事务之上。”[⑤] 只有在自由的思想国度里，没有不良事物的干扰，才可以极大地发挥个体的思想自由，启迪人们创造性思维的充分形成以及创造灵感的产生，在自由的思想

① [德]雅斯贝尔斯. 什么是教育 [M]. 邹进，译. 北京：生活. 读书. 新知三联书店，1991：4.

② 郝文武. 自由教育的价值和实现方式 [J]. 高等教育研究，2009，30（9）：18-22.

③ 金生鈜. 论教育自由 [J]. 南京师范大学学报（社会科学版），2004（6）：65-70.

④ [德]雅斯贝尔斯. 什么是教育 [M]. 邹进，译. 北京：生活. 读书. 新知三联书店，1991：55.

⑤ 刘铁芳. 古典传统的回归与教养性教育的重建 [M]. 北京：北京师范大学出版社，2010：81.

领域里，文化才能更好地发展，人才能更真实地享受人生的快乐。

其次需要认清的是，快乐学习需要兴趣的指引。

兴趣是保持学习者充满勃勃生机的学习动力的重要保障，“一个基于兴趣而不断奋斗的人，可以毫不迟疑地去完成他做出的各种决定，而且会沉浸在取得成功的欢心愉悦之中，在这个过程中，他并不会由于外界事物的干扰而随之取消他所执着追求的兴趣爱好”①。兴趣是一个人快乐学习、追逐幸福的人生导师。它带来的“积极向上的情绪会给受教育者带来无与伦比的幸福体验，使其久久地沉湎于学习所带来的快乐之中”②。一个人能够自由地按照自己的兴趣爱好，遵循自己内心的追求与向往，才能与知识对话，和思想交流，才能不断思索与积极进取，最终达到自我价值的实现。纯粹的知识或信息的堆积，并不能真正地成为一个知识广博的人。有组织的系统性知识，会促使人们的认知图式不断优化，这有助于让人们高效率习得新的知识和技能，从而更快速、更便捷地实现人生的幸福追寻。只有依据个人的兴趣爱好，积极主动将获取的信息经过头脑的加工与思考，才能将零碎的知识逐步整合，使得头脑中的知识系统化，从而获得更多的价值体验，进而把学习变成一种快乐的体验与累积，在学习中增强快乐体验，在快乐中收获幸福感受。

再次需要认清的方面是，快乐学习是求真、向善、至美的过程。

真、善、美闪烁着人性的光辉，快乐学习的过程是求真、向善、至美的过程，更是积累幸福、收获幸福的过程。“个体在受教育的历程中，其精神将始终感悟到教育所带来的欣慰与幸福的悸动，而非痛苦和悲怆。”③对真、善、美的追寻将成为在学习中保持快乐情感与愉悦心境的必需品，只有如此，才能将学习过程中饱含的快乐情愫升华为幸福人生的厚实积淀。

---

① [德]赫尔巴特. 普通教育学[M]. 李其龙，译. 北京：人民教育出版社，2015：49.

② 杨明明. 辨析教育与幸福之间的几组关系[J]. 教育与考试，2014（3）：88-92.

③ 杨明明. 辨析教育与幸福之间的几组关系[J]. 教育与考试，2014（3）：88-92.

没有一劳永逸和不劳而获的事情，学习的过程是发展的过程，在学习中付出辛勤的努力和经历一定的困惑与探索是必需的。所谓的快乐学习也就是人们在学习的过程中不断提高自己的认知能力和解决问题能力的同时，收获了精神上的愉悦满足之感，这种快乐是奠定人们造就幸福人生能力与素养的基石。在快乐学习的过程中，在困惑与探索的过程中，只有拥有真、善、美的情怀才能“用真理之光照耀远行的征途，内心的情感满足才会充实而饱满，生存的信念才能在生命的安详与人性向上的力量中得到陶冶，才能抵抗住世俗的偏狭意念，幸福的光泽才会普惠人生的路途”①。

将学习过程中的快乐逐渐内化为自身的幸福源泉，使教育过程中的快乐学习成为筑建人生幸福的基石。人生不可能都是平坦大道，一帆风顺，总是会有或多或少的磨难。也正是这些磨难与坎坷才塑造了人们刚毅的品性，练就了人们不畏困难、意志坚定的品格。学习的过程正如人生的成长，同样会遇到很多困惑，只有不断去求索、去尝试，才会深刻体会到自身存在的力量和价值感，只有经历了这些磨难，才能深刻体验到生命价值感带来的幸福。

真、善、美是幸福的完美诠释，而幸福则是完美人性的展示和表现，这种人性融智慧、情感、道德于一体，使人们体验到精神上的幸福。受过真教育的人，必定拥有更多的自由，能感触到更多的幸福悸动。在快乐自主的学习中，一个人所受的教育程度越高，所领会的知识越广博，就越能按照事物本身的规律体现自己的意志自由；精神文化生活越丰富，自身的素养内涵就越深厚，对待幸福的态度和认识层次也就越高。

2. 在快乐学习中实现本我、自我到超我的跨越正是人之幸福的追求之路

快乐学习的受教育过程是本我、自我、超我三者之间不断超越的过程。快乐是幸福的过程，幸福是快乐的最终结果。只有过程美好，才可能勾勒出

---

① 刘铁芳. 古典传统的回归与教养性教育的重建 [M]. 北京：北京师范大学出版社，2010：349.

人生最终的美丽图景。“优秀的教育并非让个体生活愈加容易，更易收获审美愉悦之情，而是让人们在此基础上，能够更多地理解并感悟生命存在的价值。”① 只有在不断的超越当中，才能发掘自身的潜力，进而有力地佐证生命存在的价值，才能实现灵魂的幸福追寻。

本我、自我到超我的跨越正是人之幸福的追求之路。本我是人的生物学基础体现，是潜意识的需求反映，也是作为一个社会人所应具有的基本科学素养和人文素养，符合社会人的基本准则和要求。本我是自我形成的基础，每个个体在达到社会人的过程中逐步发现自我的个体兴趣倾向并形成相对独特的个体心理特征，发现自身存在的生命价值以及社会意义，做出适合自己发展需求的最佳选择，体现个体的魅力。超我是个体发展的最高境界，实际上指的是个体所达到的最终的自我实现目标，是对个体生命存在的价值做出的完美诠释。本我、自我到超我的跨越正是自由与快乐实现的过程，只有在拥有自由的前提下，才能产生自觉的意识并进一步有所自为，个体的幸福才是真正的幸福。

快乐学习的教育过程是本我、自我到超我跨越的过程，也是人们不断认识自身，努力成为最好的自己的过程。人们通过接受教育，依据所学习的知识和自身所接触、所经历的生活经验形成具有个性倾向性的全人人格品质，从而在实现自身发展目标的同时，根据自己的目标不断反思自己，用全人的目标来衡量自己的所作所为，不断与自己进行心与心的对话、灵魂与灵魂的沟通、思想与思想的交锋，明晰自身的努力程度以及奋斗途径，进一步坚定实现目标的决心，从而一步步在社会中达到自我实现。当自我实现在人的需求发展中得到满足时，人们也就获得了他们的精神观念领域中所特有的幸福恬适感，也就成了幸福的全人。这也是本我、自我到超我的实现过程。只有快乐学习才能完成本我、自我到超我的跨越，才能促成快乐集聚下的人生幸

① 刘铁芳. 古典传统的回归与教养性教育的重建 [M]. 北京：北京师范大学出版社，2010：161.

福实现。

帮助参与教育之中的所有人逐步实现从本我、自我到超我的跨越，让人实现自我的超越和幸福的驾驭，正是立足现实、实实在在做教育的态度的集中体现和实践。

三、虚怀若谷、躬身自问的教育气度

教育气度是教育者自身胸怀和信念的体现，源于教育者自身的智慧及其对教育事业的热爱，体现为教育者对学生发展的深切关怀以及对国家教育事业发展的殷殷期望。虚怀若谷的学习精神不仅是对教育者的寄望，更是对学生的期望，教育者需以自身之品质感染学生、感化学生，使学生在潜移默化的熏陶中逐渐走向自我心灵的整全与完善。“虚怀若谷”源自《老子》第十五章:“古之善为士者，微妙玄通，深不可识。夫唯不可识，故强为之容。豫焉若冬涉川，犹兮若畏四邻，俨兮其若客，涣兮若冰之将释，敦兮其若朴，旷兮其若谷，浑兮其若浊。”[①]又:“知其荣，守其辱，为天下谷。为天下谷，常德乃足,复归于朴。”[②]“上德若谷”。王弼注:“不德其德,无所怀也。”[③]作为教育者，就应该具有忘却自我的胸怀，坚持躬身自问、薄责于人的行事之道，求上德以虚怀，虚怀之后方可接纳每一位学生，洞悉每一位学生，赏识每一位学生，继而以自我崇高的德行教化学生，不知不觉地影响每一位学生，并始终如苏格拉底般虚心向学，在不断的自我反省中提升自我、完善自我，在因材施教中成就学生，最终达到“桃李不言下自成蹊”的美好境界，实现教师与学生相互融入之后的不言之教。

---

① （魏）王弼 注, 楼宇烈 校译, 老子道德经注 [M]. 北京：中国书局,2011：7.

② （魏）王弼 注, 楼宇烈 校译, 老子道德经注 [M]. 北京：中国书局,2011：75.

③ （魏）王弼 注, 楼宇烈 校译, 老子道德经注 [M]. 北京：中国书局,2011：115.

（一）以众人之智成就自我感染学生

毛泽东说："谦虚使人进步，骄傲使人落后。"教育学生最重要的一点就是要使其形成谦和礼让的品格、海纳百川的胸怀，在不断的学习与体验中学会宽识、宽容、宽待万事万物，在精神上永远虚怀若谷，始终保持良好的学习状态。为人师者，更需形成终生学习的习惯和内在追求，在教育学生的过程中不以一人之智为智，而以众人之智为智，始终以谦逊的态度追求学问，追问真理，以众人之智丰富自我涵养，以卓越的自我感染和教化学生。北齐魏收《枕中篇》有言："月满如规，后夜则亏……如山之大，无不有也；如谷之虚，无不受也。"[①] 古人深邃的智慧告诉人们，在任何时候都不能自满自大，不炫耀既以取得的成就，始终以谦虚谨慎的态度虚心向学，摆正自己的位置，在不断的学习中充实自我、丰富自我。老子曰："以其终不自为大，故能成其大。"[②] 只有懂得谦虚的人才能真正在岁月的磨炼与洗礼中成就伟大。谦虚是心灵修养的一种深远境界，是个人对待生活的一种可贵品质，谦虚是心灵宁静的表现，是自我省察的结果。

在错综复杂的现实社会中总是存在太多峰峦叠嶂的迷雾，个体的存在被置于一种浮躁喧嚣的氛围中，人们的利欲之心正在日渐膨胀，人与人之间的关系变得越来越淡漠疏远，这在很大程度上是由于个体的骄傲自满使人与人之间的沟通与交流变得困难。换言之，即个体缺乏谦虚的品格，从而增加了主体间心灵沟通的屏障。教育中最重要的便是教育主体间心灵的沟通与交流，缺乏交流的教育终将导致压迫与"非人性化"的现实遭遇。虚怀若谷、谦虚向学的品质是个体克服浮躁情绪、摒弃功利心态的必要品质，只有在不断的学习中才能不断地反省，才能认识到自己的无知。古希腊哲学家芝诺曾叙述过这样一个故事，一位学生问老师："您所掌握的知识比我多许多倍，可是为

---

① 康金声. 汉魏六朝小赋骈文选 [M]. 太原：三晋出版社，2008：105.

② （汉）河上公，（唐）杜光庭，等，注，道德经集注 [M]. 北京：中国书店，2015：312.

什么您对自己的解答总是有点怀疑呢？”老师用手杖在沙土上画了个大圆圈，又画了个小圆圈，然后说：“大圆圈的面积代表我掌握的知识，小圆圈的面积代表你掌握的知识，这两个圆圈以外的地方就是你和我无知的部分。因为大圆圈比小圆圈大，因而接触的无知的部分也比小圆圈多，这就是我常常怀疑自己的原因。”[①]这个故事告诉人们，只有在学识很少的时候才有肯定的知识，一个人的知识越多，其怀疑的也就越多，越是有知识的人往往更谦虚，更愿意向他人学习。2017 年 10 月 25 日，习近平在中国共产党第十九届中央委员会第一次全体会议上的讲话中说：“中央委员会的每一位同志都要勤于学习、善于学习，始终保持虚怀若谷、如饥似渴的学习状态，努力打造又博又专、推陈出新的素养结构。既要向书本学又要向实践学，既要向领导和同事学又要向专家、基层和群众学，既要向传统学又要向现代学，努力成为兼收并蓄、融会贯通的通达之才。”[②]这不仅是习近平对国家干部的要求，更是对每一个公民的期望。教育者作为培养新一代社会主义接班人的核心力量更要走在广大人民群众的前面，不断地学习，提升自我，丰富自我。在教育事业上，教育者必须形成朝斯夕斯、念兹在兹的勤奋精神与专注精神，对教育事业的进步怀有舍我其谁的使命感，始终保持夙夜在公、勤勉工作的教学与科研精神，为新生代学子的成长展现最佳的榜样教育，为教育事业最大限度地奉献自己的热心和激情。

（二）于个人省思中完善自我成就学生

世间万物都有其自然属性。教育者自身的完善同样有其自然规律可循，坚定的教育信仰是教育者的立身之本，虚怀若谷、一心向学的态度是教育者必要的品质，躬身自省、追索真理的处世原则是教育者完善自我的必要途径。

① 邱翼东.“圆圈说”是芝诺所言 [J]. 咬文嚼字，2011（5）：40.

② 习近平. 在党的十九届一中全会上的讲话 [N]. 人民日报，2018-01-01（1）.

教师与学生之间的关系不仅是“教”与“学”的契约关系，教师自身的人格魅力对学生的成长具有重要的影响，教师不断地自我省思与完善是教育学生、成就学生的重要因素。曾子曰：“吾日三省吾身：为人谋而不忠乎？与朋友交而不信乎？传不习乎？”[①]反躬自问是个体成人的普遍原理，也是个体正确认识自己的最佳途径，也只有真正地认识自己，才能切实了解自己所处的环境。作为教育者必须要有反躬自问的意识与习惯，是否领悟了教育的真谛？是否寻得了行之有效的教育方法？作为学生的榜样示范是否合格？教育者需要不断地自问，不断地反省，以持续的反思来提升自己的修养，增加教学智慧，获得真知，在不断地自省中接近生命的本源，领悟生命的价值和生活的意义。对教育者而言，莫过于孟子所说的天下三乐的其中一乐。孟子曰：“君子有三乐，而王天下不与存焉。父母俱存，兄弟无故，一乐也；仰不愧于天，俯不怍于人，二乐也；得天下英才而教育之，三乐也。”[②]“得天下英才（此处的英才应该指教师眼中每一位学生各有所长，皆为可塑之才之意）而教育之”应该成为每个教育者追求的人生乐事，以自己的学问和修养去教化学生，用自己的智慧和行动去培养学生、成就学生，把教育学生成人成才当作自己义不容辞的使命。

古人言：“君子博学而日参省乎己，则知明而行无过矣。”[③]反观自身，正确地认识自己需以深厚的学识为前提。没有广博的学识，个体剖析自我的行为就会遭遇阻碍，个体也难以在自我反省中获得真正的成长，不断地求索与问知是个体反省自身的原动力。恰如苏格拉底所说的，认识自己就是要不断地认识到自己的无知，在认识自己的过程中逐渐形成强烈的自我意识，以自我之意识思索人生的价值，因为未经审察的人生是不值得过的。在不断的追

① 陈成国. 四书五经·论语·学而 [M]. 长沙：岳麓书社，2002：17.

② 陈成国. 四书五经·孟子·尽心上 [M]. 长沙：岳麓书社，2002：128.

③ 安继民，注. 荀子 [M]. 郑州：中州古籍出版社，2006：1.

问中，个体认识到自己始终是无知的，唯有不断地追求智慧、吸取知识才能寻得人生的意义。习近平曾讲到：“在新的时代条件下，领导干部要不断提高自己、完善自己，经受住各种经验，就要坚持在读书学习中坚定理想信念、提升政治素养、锤炼道德操守、提升思想境界，坚持在读书学习中把握人生道理、领悟人生真谛、体会人生价值、实践人生追求，努力使自己成为一个高尚的人，一个纯粹的人，一个有道德的人，一个脱离了低级趣味的人，一个有益于人民的人。”[①] 这不仅是习近平对国家领导干部的要求，也是对每一个中华儿女的殷殷期望。苏格拉底告知世人“知识即美德”，以追求真善美之知识来不断丰富自我，以追求道德智慧为自我存在的意义，将关注的首要焦点放在自我灵魂的最高福祉上。教育者需要不断地追求科学真知，在持续的自我反省中达到最好的自己，从而帮助学生个体追求一种更好、更幸福的生活。2015 年 12 月 11 日，习近平在全国党校工作会议上的讲话中指出：“党的各级领导干部特别是高级干部，要原原本本学习和研读经典著作，努力把马克思主义立场、观点、方法学到手，作为自己的看家本领。”[②] 作为教育者，更要不断地反复研读经典教育名著，从经典教育名著中探求教育的根本问题，了解人的基本内涵与特点，增强自己理解学生和他人的基本能力。在经典教育名著的研读中，教育者可以自觉地联系教育思想发展的谱系，不知不觉地进入这些伟大教育家对教育问题的思考中，并在潜移默化中受到这种伟大思想的熏陶，从而不断提升自我对教育的认识与理解。真正的教育是与学生心灵的沟通与交流，在与学生持续的对话中唤醒个体成长的渴望，打开追求真理与智慧的大门，使学生的心智得到温润的滋养。[③] 通过对经典教育名著的研读，可以使教育者建构自身的教育理念，坚固自我教育信念，宽广自己的胸怀，

---

① 李章军. 领导干部要爱读书读好书善读书推动学习型政党学习型社会建设 [N]. 人民日报，2009-05-14（4）.

② 习近平. 在全国党校工作会议上的讲话 [N]. 人民日报，2016-06-24（1）.

③ 魏峰. 阅读教育经典 养成教育信念 [J]. 教育科学研究，2010（11）：77-78.

在陪伴学生不断成长与变化的过程中体验到教育的幸福和快乐。

四、匍匐为民、心存诗性的教育情怀

教育的真谛在于引发学生内心的向学精神，唤醒学生的自觉意识，触发学生的内在潜能，使学生形成强烈的自我教育的心性，并在这种导向教育的自我强迫中实现自我生命存在的价值。雅斯贝尔斯说："人要想从感性生活转入精神生活，那他就必须学习和获知。"[①] 教育者是个体达到精神生活的启发者和引领者，教育者通过爱的交流和无私的奉献精神来成全学生。这种精神可用古语"凡民有丧，匍匐救之"[②] 来形容，可以理解为只要学生有需要帮助的地方，教育者就会不顾一切、拼尽全力地去援助。教育的宗旨在于爱智求真，教育本身是一件崇高的事业，这在很大程度上要求和决定教育者自身也需具备高尚的品质和情怀。伟大的情怀只能通过相似的情感来激发，教育者的胸怀在很大程度上影响着学生的气度和眼界，这也从内在精神上对教育者提出了更高的要求。

（一）恪尽职责，为学生的发展奉献自我

教育事业是传承人类文明的伟大事业，教育者承载着为社会主义事业培养新生力量的重要使命。教师职业的神圣与崇高不仅在于促进人类文明的发展，也在于教育者自身所具备的奉献精神和崇高理想。教育关乎下一代的成长与发展方向，关乎个体精神的形塑和内在世界的养成，教育需要教师对学生具有高度的责任心，对社会具有深刻的责任感。教师的一切行为和活动都应以学生的发展为中心，培育学生积极的生命理想，为整个民族教育事业的

① ［德］雅斯贝尔斯. 什么是教育 [M]. 邹进，译. 北京：生活・读书・新知三联书店，1991：4.

② 陈成国. 四书五经・诗经・邶风 [M]. 长沙：岳麓书社，2002：298.

进步而贡献自己的力量。邓小平曾说过："一个学校能不能为社会主义建设培养合格的人才，培养德智体全面发展、有社会主义觉悟的有文化的劳动者，关键在教师。"① 新时代下，教师的重要作用，就在于教师能够在教育教学的过程中把中国梦的精神深深地植入学生的心中，在于其工作性质的崇高与神圣，教育活动不仅塑造个体的灵魂生命，也影响甚至决定整个民族的文化向度和精神取向。2013 年 9 月 9 日，习近平在向全国广大教师致慰问信时说："教师是立教之本、兴教之源，承担着让每个孩子健康成长、办好人民满意教育的重任。"② 教师作为太阳底下最崇高的职业，必须坚守社会主义教育信念，形成恪尽职守、孜孜以求的伟大情操，秉持热爱学生、无私奉献的崇高风范，坚持改革创新、积极进取的时代精神，为中华民族的伟大复兴和中国梦的实现筑牢根基。马克思在《青年在选择职业时的考虑》中指出："在选择职业时，我们应该遵循的主要方针是人类的幸福和我们自身的完美。"③ 教师职业的意义不仅仅在于造福他人，贡献社会，更是教师个体根据自我意愿所遵循的人生活动的方向，教师将因从事教育活动而感到自己的人生变得更有价值、更有意义。

人们常说："一日为师，终身为父。"教师对学生之心恰如父母对待子女之心，只要与学生相关的事情教师都牢记心中，像父母一样关爱学生，培养学生。关爱学生和呵护学生是教育的永恒主题，促进学生的全面发展是教育工作始终坚持的出发点和落脚点，只有发自内心地关爱学生、尊重学生，与学生进行心灵的对话与交流，才能真正落实以人为本的教育理念，才能真正尽到作为教师的职责。2014 年 1 月 20 日，习近平在党的群众路线教育实践活动第一批总结暨第二批部署会上的讲话中以古语"利民之事，丝发必兴；厉民之事，毫末必去"来告诫人们群众利益无小事，关系到群众的事要细致

① 邓小平. 邓小平文选（第 2 卷）[M]. 北京：人民出版社，1994：108.

② 习近平. 习近平向全国广大教师致慰问信 [N]. 人民日报，2013-09-10（1）.

③ 马克思，恩格斯. 马克思恩格斯全集（第 1 卷）[M]. 北京：人民出版社，1995：459.

到“丝发”和“毫末”的程度，点点滴滴都要热切关注。[①]作为教育者，也应当对学生怀有这样一份细心、热心和公心，只要是能促进学生进步的，即使是很细小的事情也要尽心去做，只要是不利于学生发展的，即便是很微不足道的事也不能去做。教师应给予学生阳光般的温暖和慈母般无微不至的关怀，在其力所能及的范围内给予他们身体和心灵的一切需要。教育者对学生的爱是一种责任感、使命感的自然流露，是对学生主体潜在发展可能性的坚定信念，是一种真挚的、全心全意的、毫无保留的关怀与热爱。教师对学生的这种超越血缘、超越私利的崇高情感，是激发学生内在成长热情的力量源泉，爱是一种可以相互传递的力量，教师对学生无私的爱不仅可以帮助他们成为一个个心灵完整的人，也能促进他们成为社会的有用之才，并让他们在走向社会时怀有感恩之心，将爱的情感延展至他人身上，向社会释放自己的爱与积极情感，从而造福人类社会。毛泽东在谈及教师职业时说到“做教师的好好教，要教得青出于蓝而胜于蓝”，要“忠诚党的教育事业，为教育新后代而努力”。[②]这就意味着，教师职业本身就是一种为后代成长而无私奉献的事业，因此，教育者须有甘为人梯的高尚情操，以培养更强大、更具智慧、更具爱心的新一代为己任，从而推进人类个体和群体走向追求真善美的更高境界。

（二）诗意栖居，培养心怀诗性的丰富个体

人类进入工业社会以来，科学技术的理性光辉逐渐掩盖了自然人文的价值和意蕴，实用主义盛行的现实世界使个人的感知和体验越来越被忽视，围绕在个体心灵周围的是冰冷的器具和功利的现实。一直以来，马克思关于人的全面发展学说都是中国教育发展的理论基础和根本方向，但教育的现实状况使个体作为人的主体价值难以得到显现，个体生命的涵养未得到重视。马克思

① 习近平. 紧紧扭住“四风”监督执纪问责 [N]. 人民日报，2014-01-22（4）.

② 毛泽东. 苏维埃中国 [M]. 中国现代史资料编辑委员会翻印，1934：20.

关于人的全面发展学说的基本内涵是旨在消除脑力劳动和体力劳动之间的隔离，实现脑力劳动和体力劳动的有机结合，使人的智力和体力能够统一发展协调共进。①经过在中国半个多世纪的发展，人的全面发展学说被赋予了新的时代内涵，它不仅是指生产者的体力和脑力的充分发展，而且指所有人的体魄、智识、精神、兴趣、爱好以及人格等各种能力得到完美的发展，也就是指人的素质的全面提高。②马克思强调："人的全面发展意味着自己真正获得解放，外部世界对个人才能的实际发展所起的推动作用为个人本身所驾驭。"③中国特色社会主义教育的最终目标是要实现人的全面发展，实现人的解放，为国家更好的发展培养更多德智体美全面发展的社会主义建设者和接班人。

人的全面发展要求个体实现各项素质和功能的协调发展，学习主体的感性和理性应得到同等的重视，单纯智力的发展是片面发展而不是全面发展。教育应更多关注个体的心灵状况，致力于培养心灵丰富的个体，美好的心灵是个体获得生命整全的前提和基础。教育的功利主义导向致使教育束缚了个体的自由发展，压抑了个体生长的天性，个体生命的意义遭遇到现实功利的消解，人文教育逐渐被推向边缘地带。科学技术的发展在丰富了人的物质生活的同时也俘虏了人的心灵，工具性的教育取向把人培养成了没有思想的工具，个体沉迷于物质享受和感官刺激，追求消费和享乐，对干涸的心灵和精神视而不见。人的全面发展及其个性的和谐发展要求教育和教育者对学生给予个体心灵的关怀和对生命价值的尊重，教育者必须关注受教育者各方面的发展和完善，而对个体心灵的滋养是首要的。一颗健康的心灵是博大无边、无所不能的，它能带领个体通往智慧之门，在广阔的自然万物中吸取一切能使自己获得发展的知识。对个体实施心灵教育，是对个体个性和心理状况的

---

① 王北生，刘隽华，张琼. 马克思主义自由观的含义及实现自由所需的条件 [J]. 河南社会科学，1998（6）：15-20.

② 顾相伟. 马克思人的全面发展思想的当代价值研究 [D]. 上海师范大学，2010.

③ 马克思，恩格斯. 马克思恩格斯全集（第 3 卷）[M]. 北京：人民出版社，1972：286.

省察。它尊重个体生命的价值，通过充实个体的心灵而使其获得丰富的人性。所谓丰富的人性，就是个体生存于现实社会中体现出来的心理素养和认知涵养，即不论在什么情况下，在任何时候，个体都能坚定本心，拥有独立的人格，能够坚持学习、独立思考，自主决定自我追求的人生价值，并在群体中能够严以律己，和谐地与他人相处，对他人他物怀有同情之心、博爱之心。教育就是要致力于培养心灵丰富的个体，心灵的完善是个体身上其他素养生长的力量源泉，若是个体缺乏滋养心灵的教育，也终将难以形成健全的人格或获得全面发展。关注心灵的教育就是要充分地关注受教育者情感的需求，关注个体的直觉和体验，使教育与学生的生活以及生命的状态深刻融合，在心灵上获得全面的发展，在现实社会中获得整体性的生活体验，让人的灵魂和躯体找到诗意栖居之所，让个体能够心怀诗性踏歌而行。

五、持之以恒、方得始终的教育行动

习近平说："教育强则国家强，人才兴则民族兴。"[①] 一个国家教育的发展水平在很大程度上影响着国家整体的发展水平和发展潜力。建设教育强国是实现中华民族伟大复兴的前提和必要条件，而实现教育强国的建设并非朝夕之事，推动教育发展的进程是一项永恒的事业。正如习近平所述："实现中华民族的伟大复兴，需要一代又一代人为之努力。"[②] 换言之，教育事业需要的正是一代又一代教育家的坚守与努力，没有持续不断的探索与变革就不会有教育的成功，也无法实现"办好人民满意的教育"这一目标。古语有言："凡应天下之事，一切行之以诚，持之以久。"[③] 教育事业的成功不是一蹴而就的，所

① 习近平. 在全国高校思想政治工作会议上的讲话 [N]. 人民日报，2016-12-09（1）.

② 习近平. 习近平在纪念中国人民抗日战争暨世界反法西斯战争胜利 70 周年大会上的讲话 [N]. 人民日报，2015-09-07（1）.

③ 钱莲生，刘玉杰. 汉语成语英译词典 [M]. 哈尔滨：北方文艺出版社，1999：65.

谓“合抱之木，生于毫末；九层之台，起于累土”[①]，建设教育强国需要教育者怀有一颗锲而不舍、坚持不懈的奋斗之心，通过持续不断的艰辛努力逐步提升教育的发展水平和人的生存状态。这时候就需要教育者坚定自己的教育信念，坚守初心，不为外物所诱惑，始终着眼于教育本真事业的发展。教育信念是教育者内心的一种信仰，它可以在关键时刻放射出一股强大的精神力量支持教育者继续向前，是教育者不断获取行动力量的源泉。

（一）在锲而不舍的教育实践中播种思想

在人类教育的发展史上，出现过成千上万卓有成就的教育家，他们倾尽一生奉献于教育事业，为教育研究留下了丰硕的学术成果，而且在治学的道路上不畏艰难执着于自己的追求，终生践行自己的教育理念。这样的教育者古往今来数不胜数，如我国古代有推行有教无类、因材施教的孔子，有敢于突破传统、批判权威的王充，还有著有《颜氏家训》的颜之推；现代有推崇教育独立的蔡元培，有人民教育家陶行知；西方有苏格拉底、柏拉图、亚里士多德，还有裴斯泰洛齐、杜威等等。他们在教育领域的甘苦之言、殷切之谈是他们全部智慧的结晶，是人类宝贵的文化遗产和精神给养。在育人治学的道路上，他们为了践行自己的教育理念和实现自己的教育理想竭尽所能，无怨无悔。他们淡泊名利、无私奉献，在锲而不舍的教育追求中兢兢业业、呕心沥血。孔子有弟子三千，而且成就了七十二贤人，他的弟子将他的思想一代一代地传承下来，并不断融入新知，使儒家思想成为我国的主流思想。柏拉图学园一直持续存在了 900 多年，它的存在对整个欧洲产生的影响直到今天仍具有重要的意义。他们无不怀有一种“知其不可而为之”[②]的积极精神，为了心中的信念孜孜不倦、终身不弃，这是一种以天下苍生的生命和价值实

① （汉）河上公，（唐）杜光庭，注. 道德经集注 [M]. 北京：中国书店，2015：265.

② 陈戍国. 四书五经 [M]. 长沙：岳麓书社，2002：47.

现为己任的担当。他们这种崇高的奉献精神不论是过去还是现在对教育的发展来说都是必不可少的，他们的精神值得所有教育者去学习和效法。当下，中华民族要建设教育强国，办人民满意的教育，就更需要这样一批批乐于献身教育的仁人志士。

2013 年，习近平和奥巴马致信祝贺清华大学苏世民学者项目在京启动时，习近平指出："教育决定着人类的今天，也决定着人类的未来。人类社会需要通过教育不断培养社会需要的人才，需要通过教育来传授已知、更新旧知、开掘新知、探索未知，从而使人们能够更好认识世界和改造世界、更好创造人类的美好未来。"① 西汉思想家董仲舒在其《对贤良策》中也指出："古之王者明于此，是故南面而治天下，莫不以教化为大务。"② 只有当教育者真正热心于教育事业，把自己的一片赤诚之心奉献于学习者时，教育的重要作用才能转化为一股强大的力量促进国家的发展。这就要求教育者在任何时候都坚定自己的教育信念，不放弃任何一个能帮助学生成长的机会，始终将学生的发展当作自己奋斗的目标，把教育研究当作自己毕生的事业。子曰："学而不厌，诲人不倦。"③ 教育者要不断地通过学习来提升自己、丰富自己；教育学生需要有耐心，有恒心。所谓"居之无倦，行之以忠"④，本意是指为官者居于官位不懈怠，执行君令要忠实。对于教育者而言，既然做了教师就要忠于教育事业，在教育学生上永不懈怠，在教学研究上尽心竭力、孜孜不倦，养成夙夜在公、乐此不疲的敬业精神，以有限的生命去体验无限的生命意义和价值追求，实现自我生命的升华和价值超越，努力做一个学生亲之、敬之、爱之的好教师。习近平说："在几千年历史长河中，中国人民始终心怀梦想、不

---

① 赵婀娜. 清华大学苏世民学者项目启动仪式在京举行　习近平和奥巴马致信祝贺 [N]. 人民日报，2013-04-22（1）.

② 贾玉明. 中国历代教育哲学文论选注 [M]. 沈阳：辽宁大学出版社，2006：120.

③ 陈戍国. 四书五经 · 论语 · 述而 [M]. 长沙：岳麓书社，2008：28.

④ 陈戍国. 四书五经 · 论语 · 颜渊 [M]. 长沙：岳麓书社，2008：41.

懈追求，我们不仅形成了小康生活的理念，而且秉持天下为公的情怀，盘古开天、女娲补天、伏羲画卦、神农尝草、夸父追日、精卫填海、愚公移山等我国古代神话深刻反映了中国人民勇于追求和实现梦想的执着精神。中国人民相信，山再高，往上攀，总能登顶；路再长，走下去，定能到达。”① 只要广大的教育者们能够坚定自己的教育信念与信仰，始终坚持党的领导，践行正确的教育发展方向，不论在什么情况下都砥砺前行，奋勇前进，为促进教育的发展而终生践履，并影响一代又一代的人共同为此努力，中华民族的教育强国梦终将会实现。

（二）在孜孜不辍的学习活动中走向未来

习近平在中国共产党第十九次全国代表大会上的报告中强调，领导干部要增强学习本领、政治领导本领、改革创新本领等“八种本领”，而增强学习本领被放在第一位，充分凸显了学习对于一个国家、社会和个人发展的重要作用。习近平说：“要增强学习本领，在全党营造善于学习、勇于实践的浓厚氛围，建设马克思主义学习型政党，推动建设学习大国。”② 教育的本真目的不仅是向学生传递人类积累的文化知识，还要让学生通过对人类文化遗产的认知而学会学习、乐于学习、善于学习、终身学习，通过持续广泛的学习充实自我、丰富自我、完善自我、超越自我，以终生的学习活动实现自我教育与自我超越。《论语》开篇第一句话便讲到：“学而时习之，不亦乐乎？”③ 这恰恰符合习近平对国民“善于学习、勇于实践”的殷殷期望，学习要和实践活动巧妙地结合起来，既要学，也要习，并且要勇于习。也就是说，通过永无止息的学习追求无限的知识，在无穷无尽的学习中提升自我道德修养、增长

① 习近平. 在第十三届全国人民代表大会第一次会议上的讲话 [N]. 人民日报，2018-03-21（2）.

② 习近平. 决胜全面建成小康社会 夺取新时代中国特色社会主义伟大胜利——在中国共产党第十九次全国代表大会上的报告 [N]. 人民日报，2017-10-28（1-5）.

③ 陈戍国. 四书五经 · 论语 · 学而 [M]. 长沙：岳麓书社，2002：17.

学识，在社会实践中实现自己的人生价值，为他人、为社会、为国家建设奉献自己的力量，从而感到发自内心的幸福与快乐。可以说，学习是个人提升自己价值的有效手段，学习也是个人通往幸福人生的绿色通道。

正如教育者对教育事业的执着一般，学习者也要形成孜孜不倦、始终如一的学习品格，怀有铁杵成针、滴水穿石的学习毅力，在日雕月琢、永不停滞的坚持中磨炼心性，为实现自己的人生理想成就一个最好的自我。学习需要持之以恒的信念，需要十年如一日的坚持，需要在现实的诱惑与阻碍中把握住本心，需要在黑夜的迷雾中看清前进的方向和目标，需要将自我心灵完全融入认知活动之中，从而悟得学习的真谛。古语有言："学如逆水行舟，不进则退。"习近平还多次强调"要苟日新，日日新，又日新"[①]，"天行健，君子以自强不息"[②]。"苟日新，日日新，又日新"是习近平对人们学习与创新的殷殷期望，是鼓励人们奋斗的目标，"自强不息"是指引人们奋勇前进的动力。"苟日新，日日新，又日新"的本义是指通过沐浴去除身上的污垢，使身体焕然一新，引申义则是指个体精神上的弃旧图新。习近平是在激励人们要以自强不息之精神不断创新，以创新求进，以创新求发展。在教育之中，也可以理解为人们要以自强不息、奋发图强的求学精神，不断更新自己的知识，坚持每天都吸纳新知识，在永不停息的学习活动中实现创新实践，使自己永不落后于时代的发展。子谓颜渊，曰："惜乎！吾见其进也，未见其止也。"[③]求学做学问就需要有这样一股勇往直前的韧性，形成生命不息、学习不止的求学情怀，切不可盲目自大、中道而废，在学得一知半解时便故步自封、裹足不前。人的生命在于学习，不再学习时生命便会干枯，灵魂便会死亡，即使气息尚存也只是一具蠕动的躯壳。

---

① 陈成国. 四书五经・礼记・大学 [M]. 长沙：岳麓书社，2002：662.

② 陈成国. 四书五经・周易・乾卦・象传 [M]. 长沙：岳麓书社，2002：141.

③ 李泽厚. 论语今读 [M]. 北京：中华书局，2015：178.

学习的人生也是奋斗的人生。习近平说："奋斗本身就是一种幸福。只有奋斗的人生才称得上幸福的人生。奋斗是艰辛的，艰难困苦、玉汝于成，没有艰辛就不是真正的奋斗，我们要勇于在艰苦奋斗中净化灵魂、磨砺意志、坚定信念。奋斗是长期的，前人栽树、后人乘凉，伟大事业需要几代人、十几代人、几十代人持续奋斗。无畏、无私是奋斗者的根本素质。正因为如此，奋斗者是精神最为富足的人，也是最懂得幸福、最享受幸福的人。"① 为了实现中华民族的伟大复兴，为了在新时期早日实现中国梦，每个人都要形成百折不挠、坚忍不拔的奋斗精神，时刻准备好投身于社会建设中，为社会、为国家尽一份职责。"学而优则仕"② 并不是一种功利的学习思想，是一种让生命变得更充实、更丰富的追求方向，是一种为社会奉献、实现自我价值的人生理想，是致力于成为有用之人、有才之人的热切渴望。

品味新时代中国特色社会主义教育的种种理念，既能够帮助人们加深对教育本真意蕴的理解，也能让人们在践行教育实践的道路上进行自省、反思、匡正以及不断地重构、更新，逐渐在理论上形成科学的、正确的教育理念，在实践中更加有效地开展教育工作。

---

① 习近平. 幸福都是奋斗出来的 [N]. 人民日报，2018-03-04（1）.

② 杨逢彬，注译. 论语 [M]. 武汉：长江文艺出版社，2015：187.

第三章　新时代中国特色教师观

新时代，以习近平同志为核心的中央领导集体带领中国在长期的自我学习实践和治国理政过程之中，不断完善和丰富中国特色的教师观，在教师的作用、品质和地位等方面提出了独到的见解，为新时代中国特色社会主义制度下的教师发展指明了方向，为让教师职业成为令人羡慕的职业注入了希望。

中国共产党第十八次全国代表大会召开以来，习近平阐释的一系列关于教育革新与发展的重大论断，对中国当前教育事业的开展具有深远的影响。尤其是习近平的教师观及其对教师的重要性的深刻认识激励着广大教师的行动，成为千千万万教师强化教师信念的强大动力。在中国共产党第十九次全国代表大会精神的春风吹拂下，从教师作为“立教之本、兴教之源”① 的重要性出发，逐步建构教师以理想、道德、学识和仁爱为核心的基本品质，以及使教师成为社会上最受尊重的职业等方面解读新时代中国特色的教师观，可以发现，以习近平同志为核心的中央领导集体带领中国以自己独到的教师观拓宽了教师教育理论与实践研究的广度和深度，并且引起了人们对教师职业的社会价值以及个人价值的高度关注，对中国特色社会主义教育的发展起到了很好的促进作用。②

教师观是指人们对教师职业及其群体的了解与认识，泛指人们对于教育工作者职业角色的认知、理解和期待的一种观念呈现。随着历史的发展、社会的进步，人们对教育者的职业以及教师的价值都有了进一步的认识。中国

---

① 习近平. 习近平向全国广大教师致慰问信 [N]. 人民日报，2013-09-10（1）.

② 孙刚成，左晶晶. 习近平的教师观解读 [J]. 教育文化论坛，2018，10（1）：1-6.

共产党第十八次全国代表大会召开以后，习近平顺应时代发展的潮流，在中国特色社会主义道路的指引下，提出了一系列关于教育革新与发展的重大论断，用他独到的教育理念为现代化教师职业的发展提供了思想与行动的指导。对新时代中国特色教师观进行学习与研究，解读关于教师的作用、教师的品质和教师的地位等相关内容，并基于新时代中国特色教师观对教师的职业价值与发展取向进行系统分析，可以帮助广大教师和社会各界更加认可与认同教师这一职业，更加明白在社会主义建设的新阶段优秀教师需要具备的基本素养。①

一、教师的作用：立教之本、兴教之源②

在 2013 年教师节的前一天，习近平向全国处在教育事业一线、为中国教育作出贡献的广大教师表达了诚挚的慰问，他在信中真切地称教师为“立教之本、兴教之源”③。时隔一年，习近平在参加北京师范大学师生座谈会时再次重申了教师的重要作用，他强调：“百年大计，教育为本；教育大计，教师为本。”④可见，教育是人类社会发展的根本，而教师是立教之本、兴教之源。

（一）百年大计，教育为本

中华民族的发展史充分地证明，要想在现今这个科技发展迅猛、信息更新不断的时代立足、发展、强大，直至获得世界的广泛认可并且拥有足够的话语权，必须使中国的教育事业不断发展，使中国的大学跻身世界一流大学

① 孙刚成，左晶晶. 习近平的教师观解读 [J]. 教育文化论坛，2018，10（1）：1-6.

② 孙刚成，左晶晶. 习近平的教师观解读 [J]. 教育文化论坛，2018，10（1）：1-6.

③ 习近平. 习近平向全国广大教师致慰问信 [N]. 人民日报，2013-09-10（1）.

④ 习近平. 做党和人民满意的好老师——同北京师范大学师生代表座谈时的讲话 [N]. 人民日报，2014-09-10（2）.

之列，使中国的高等教育学科发展成为真正的世界一流学科，使中国的青年成为各行各业拔尖的一流人才。只有这样，教育才能为科技的发展和创新提供知识积累，才能为理论转化为实践提供指导，才能为社会进步、民族振兴创造条件，才能促使中国由教育大国转变为教育强国。之所以如此强调教育的作用，并不是要有意地否定经济、政治、文化以及其他事业发展的重要性，而是因为它们都是以教育的发展为基础。同时，教育的历史定位也已经在其他国家的发展与社会进步中得到了验证，并为相应国家的发展奠定了坚实的基础。中国著名的思想家、教育家梁启超先生曾在《少年中国说》一文中喊出："少年智则国智，少年强则国强……少年胜于欧洲则国胜于欧洲"[①]的豪言壮志。不管是现在还是将来，在现实的社会中青年都是最具有理想、最具有生气、最具有精力、最具有想象力的一个群体。习近平也强调："今天的学生就是未来实现中华民族伟大复兴中国梦的主力军，广大教师就是打造这支中华民族'梦之队'的筑梦人。"[②]由此可见，要想使得社会稳定幸福、民族繁荣昌盛，就要促使教育不断发展。正如习近平所说的："国家繁荣、民族振兴、教育发展，需要我们大力培养造就一支师德高尚、业务精湛、结构合理、充满活力的高素质专业化教师队伍，需要涌现一大批好老师。"[③]只有这样，才能使中国的青年越来越优秀，才能使中国的教育越办越好，才能使中国的国力越来越强。

（二）教师是立教之本、兴教之源

习近平说："教师是立教之本、兴教之源，承担着让每个孩子健康成长、

---

① 梁启超. 饮冰室合集（一）· 少年中国说 [M]. 北京：中华书局，1989：10.

② 习近平. 做党和人民满意的好老师——同北京师范大学师生代表座谈时的讲话 [N]. 人民日报，2014-09-10（2）.

③ 习近平. 做党和人民满意的好老师——同北京师范大学师生代表座谈时的讲话 [N]. 人民日报，2014-09-10（2）.

办好人民满意教育的重任。”[①] 所谓本，就是事物的本源。突出教育者的地位与作用可以使用很多华丽的辞藻，而用“本”“源”来形容教师在教育事业中的位置，可见其角色的重要性。首先，习近平称教育工作者为立教之本、兴教之源不仅仅是因为教师能够传授给学生知识，解答学生的疑惑，更在于教育者能够有效地开发人的潜能，为受教育者的思想、品行、道德、智力、能力的发展打下坚实的基础。其次，一个国家要想经济繁荣、社会稳定、国力昌盛，需要普遍提升公民素养以及大力培养合格的公民和优秀的人才，而提升公民素养与培育大批人才与是否拥有一支高水准的教师队伍息息相关。只有依靠一流的教师，才能培育出一流的人才；只有高水准的教育者，才能创办出让人民大众满意的教育。教师作为立教之本，更是承担着振兴中华、传播教化、承袭经典、塑造生命的时代使命。由此可见，教育工作者在教育发展、社会进步和国家繁荣中起着无可替代的作用。因而，全国广大教师要以立德树人为教学职责，以培养优秀的创新人才为核心任务，使教育回归常识、回归本分、回归初心、回归梦想、回归教育之道，把培养全面发展的人才摆在学校建设发展的核心位置。同时，广大教师还要牢牢记住习近平的谆谆教诲：“牢固树立中国特色社会主义理想信念，带头践行社会主义核心价值观，自觉增强立德树人、教书育人的荣誉感和责任感，学为人师，行为世范，做学生健康成长的指导者和引路人；牢固树立终身学习理念，加强学习，拓宽视野，更新知识，不断提高业务能力和教育教学质量，努力成为业务精湛、学生喜爱的高素质教师；牢固树立改革创新意识，踊跃投身教育创新实践，为发展具有中国特色、世界水平的现代教育作出贡献。”[②] 近年来，习近平多角度、多层次地强调了教育工作者在教育发展中的作用和地位，为广大教育工作者提供了奋斗的目标和前进的方向，也为他们进行自我提高、自我完善提供了源

① 习近平. 习近平向全国广大教师致慰问信 [N]. 人民日报，2013-09-10（1）.

② 习近平. 习近平向全国广大教师致慰问信 [N]. 人民日报，2013-09-10（1）.

源不断的动力，更为新时代中国特色社会主义教育观的形成奠定了基础。

二、教师的品质：理想、道德、学识、仁爱①

2014年教师节，习近平在参加北京师范大学师生座谈会时表达了他对好老师的理解，他说："每个人心目中都有自己好老师的形象。做好老师，是每一个老师应该认真思考和探索的问题，也是每一个老师的理想和追求。我想，好老师没有统一的模式，可以各有千秋、各显身手，但有一些共同的、必不可少的特质。"② 好老师具有理想信念、有道德情操、有扎实学识和有仁爱之心。"四有"好老师所要具备的四个方面的核心素养实际上与中国古代知识分子的核心素养暗合，尤其与张载的"横渠四句"暗合，即有理想信念很好地对应了"为万世开太平"；有道德情操就是要做到"修道之谓教"，要"为天地立心"，继续追溯则可以上溯到"存其心，养其性，所以事天也。夭寿不二，修身以俟之，所以立命也"③；有扎实学识自然对应"为往圣继绝学"；有仁爱之心则可对应"为生民立命"，即"仁者爱人""天地无心而成化，圣人有心而无为"④，同时呼应了中国特色社会主义教育思想的理论基础。

（一）一名优秀教师应该抱有坚定的理想信念

理想、信念是一对既能彼此独立又可以互相并存的词。在古代，理想叫作"志"，所谓"三军可夺帅也，匹夫不可夺志也"，⑤ 这里面的"志"即是理

---

① 孙刚成，左晶晶. 习近平的教师观解读 [J]. 教育文化论坛，2018，10（1）：1-6.

② 习近平. 做党和人民满意的好老师——同北京师范大学师生代表座谈时的讲话 [N]. 人民日报，2014-09-10（2）.

③ 陈戍国. 四书五经・孟子・尽心上 [M]. 长沙：岳麓书社，2002：126.

④（宋）朱熹. 朱子语类 [M]. 武汉：崇文书局，2018：4.

⑤ 陈戍国. 四书五经・论语・子罕 [M]. 长沙：岳麓书社，2002：34.

想的意思。在今天，理想则是指在实践中树立的，有可能实现的，是对国家及个人发展的憧憬和期待，是人们的价值观在奋斗目标上的显现。[①] 与理想相互依存的信念则是指实现抱负和信念相应的行为意向，是一个人潜在的心理活动，是决心，是坚持。而作为传承中华民族优秀文化、塑造灵魂、塑造生命的太阳底下最光辉的教育工作者，坚定中国特色社会主义理想信念更是至关重要。原因有三，一是抱有理想信念的教师会把个人的事业与社会、国家和民族相联系，会心系家国，情系学生。纵观历史，能够被时间与后人记住的良师，毫无例外都是把自己的事业与国家的理想目标、前程命运关联在一起，如不拘一格降人才的教育家蔡元培；两袖清风悉心为清华的好校长梅贻琦；捧着一颗心来、不带半根草去的人民教育家陶行知；兢兢业业、无私奉献的教育家张伯苓等。虽然，他们都出生在一个国家落后、知识不被重视的年代，但这也是我国教育史上罕见的大师云集、名家辈出、群星璀璨的时期。他们个个心怀天下，无私奉献，将社会发展、民族命运视为己任。正是由于他们伟大无私的奉献精神，才能引领中国教育的发展，才可以为中国教育的发展打下坚实的基础。二是抱有理想信念的教师才能更好地履行和传播核心价值观。只有具备崇高的理想和坚定的信念才会使得教师从多角度、多方面全面深入地理解社会主义核心价值观的意义，从而有针对性地且言行一致地对学习者进行传播和示范。三是抱有理想信念的教师，也必将以传正道、授专业、解疑惑为人生追求。孟子认为人生的三大乐趣之一就是“得天下英才而教育之”[②]。如果社会主义现代化建设进程中的人民教师都以为国家进步、社会稳定和学生发展作贡献为人生一大乐趣，他的生命就有了宝贵的价值，他所奉献的教育事业就获得了巨大的意义。正如习近平所说：“一个优秀的老师，应该是‘经师’和‘人师’的统一，既要精于‘授业’、‘解惑’，更要以

---

① 孔玉芬. 论社会主义核心价值体系 [J]. 科学社会主义，2008（2）：78-80.

② 陈戌国. 四书五经・孟子・尽心上 [M]. 长沙：岳麓书社，2002：128.

‘传道’为责任和使命。”[①] 同时，“好老师应该做中国特色社会主义共同理想和中华民族伟大复兴中国梦的积极传播者，帮助学生筑梦、追梦、圆梦，让一代又一代年轻人都成为实现我们民族梦想的正能量。”[②]

（二）一名优秀老师应该具有良好的道德情操

乌申斯基曾经说过：“教师的人格，就是教育工作者的一切。”习近平同北京师范大学师生代表座谈时也曾谈到：“‘师者，人之模范也。’教师的职业特性决定了教师必须是道德高尚的人群。合格的老师首先应该是道德上的合格者，好老师首先应该是以德施教、以德立身的楷模。”[③] 由于教师是学生道德修养的镜子，这就要求教育者要具备良好的道德情操，而好老师更应该不断提高自身的德行素养，锤炼自己的品质，把正确的观念传递给学生。所谓立德先立师，只有教育者自身具备高尚的德行操守，拥有良好的思想品德，才能上行下效，学生才会有样学样。首先，好老师的道德情操体现在他热爱党、热爱国家、忠于人民，并且把培育身心健康、品行高尚和全面发展的学生作为自己的责任。其次，好老师的道德情操还体现在其人格魅力上。所谓“其身正，不令而行；其身不正，虽令不从”[④]。“人格魅力”是教师在教育教学过程中强大的隐性功能，所以为人师表者更应重视其对受教育者产生的无形影响。在现代化的教育中，人们经常倡导教师职业道德建设，强化师德师风修养，重视教师素质培养，强调教师品德塑造，都是因为良好的职业道德、正确的三观、坦荡的胸怀、高尚的言行等优良的道德情操能够对受教育者产生

---

① 习近平. 做党和人民满意的好老师——同北京师范大学师生代表座谈时的讲话 [N]. 人民日报，2014-09-10（2）.

② 习近平. 做党和人民满意的好老师——同北京师范大学师生代表座谈时的讲话 [N]. 人民日报，2014-09-10（2）.

③ 习近平. 做党和人民满意的好老师——同北京师范大学师生代表座谈时的讲话 [N]. 人民日报，2014-09-10（2）.

④ 陈戍国. 四书五经 · 论语 · 子路 [M]. 长沙：岳麓书社，2002：42.

潜移默化的影响。最后，好老师的道德情操更体现在他们热爱并忠诚于自己从事的教育事业上。这样的教育者才会努力践行陶行知先生所说的“捧着一颗心来，不带半根草去”的奉献精神，挥洒着“春蚕到死丝方尽，蜡炬成灰泪始干”的豪情壮志，会披星戴月，不求回报地在教育事业上尽情地燃烧自己，会在别人眼中的枯燥无味的工作上干得有滋有味。

（三）一名优秀老师应该满腹学识

习近平说：“扎实的知识功底、过硬的教学能力、勤勉的教学态度、科学的教学方法是老师的基本素质，其中知识是根本基础。”① 正如苏霍姆林斯基所说：“为了使学生获得一点知识的光亮，教师应吸取整个光的海洋。”②2014 年 9 月 9 日，习近平同北京师范大学师生代表座谈时指出：“水之积也不厚，则其负大舟也无力。”③ 教育者本身的知识存储不足，视野短浅，能力欠缺，在实际的教育教学过程中自然会应接不暇，表现乏力。孔子云：“学而不已，阖棺而止。”④ 这就要求教师必须秉持终身学习的理念，要有“书山有路踏歌而行，学海无涯泛舟横渡”的精神，只有这样，教师才能走在知识发展的前沿，才能不断拓宽知识的深度，才能引领学术发展理念和实践路径，才能更好地承担起教书育人的历史使命和国家责任。在现代化信息极度发达的社会中，要想成为好的教师，教育者不但需要建构广博的专业知识，形成理想的专业人格，提高灵活能动的专业能力，完善敬业守信的专业态度，形成具有高度文化自觉性的专业自我，而且需要付出更多的时间和精力去学习各方面的知识与技能，不断拓展自己的跨学科、跨领域的综合能力与视野。只有这样，教

① 习近平. 做党和人民满意的好老师——同北京师范大学师生代表座谈时的讲话 [N]. 人民日报，2014-09-10（2）.

② ［苏］索洛韦伊奇克. 苏霍姆林斯基论教育 [M]. 合肥：安徽大学苏联问题研究所，1984：104.

③ 人民日报评论部. 习近平用典 [M]. 北京：人民日报出版社，2015：253.

④ （汉）韩婴. 韩诗外传集释 [M]. 北京：中华书局出版，1980：295.

育者才能做到将各门学科的知识融会贯通，才能更好地为学生答疑解惑。此外，好老师还应是智慧型的教师，懂得生活、娱乐、学习、工作、情感等各方面的内容，追求工作、学习、生活、娱乐四位一体的生活，既要教给学生知识，又要教会学生学习的方式方法，能够在各个方面做学生成长道路中的引路人。为此，广大教师要遵循习近平的指示，要“牢固树立终身学习理念，加强学习，拓宽视野，更新知识，不断提高业务能力和教育教学质量，努力成为业务精湛、学生喜爱的高素质教师”[①]。

（四）一名优秀教师应该富有仁爱之心

关于“仁爱”，习近平是这样说的：“教育是一门‘仁而爱人’的事业，爱是教育的灵魂，没有爱就没有教育。好老师应该是仁师，没有爱心的人不可能成为好老师。”[②]仁爱作为教育发展不可或缺的精神基础，是教育事业不断前行、进步的关键，好老师应该用诚挚的爱去关心学生、感动学生，用醇厚而细腻的爱拉近与学生之间的距离，用炙热而睿智的爱点亮学生的心灵，让他们在爱的海洋里健康欢愉地成长。好老师应该是有同情心和同理心的，他们会主动地站在学生的角度去感受他们的失落与不快，用真挚的情感去感动学生，用真切的眼神去鼓励学生。一名教师是否具有仁爱之心大致可以体现在以下几个方面。一是心中、眼中要有个体的人，能够真正做到以人的发展为本，心中、眼中要有学生的优点和长处，能够在赏识学生的基础上做到以学生的发展为本，充分地呵护、关心、信任学习者，在教育教学过程中以恰当的方式引导他们，不把成绩作为评价学生能力的首要标准，尊重他们的个体独立性，鼓励学生，让他们积极地参与到学习中来。二是教师要充分地了

① 习近平. 习近平向全国广大教师致慰问信 [N]. 人民日报，2013-09-10（1）.

② 习近平. 做党和人民满意的好老师——同北京师范大学师生代表座谈时的讲话 [N]. 人民日报，2014-09-10（2）.

解学生，了解他们在学业、情感、生活等各方面的需求，善于倾听，不伤害学生的自尊，从学习者的角度用自己的经验给予中肯的建议；要理解学生，懂得用专业的知识帮助受教育者分析其所处阶段的困惑与不解；同时学会与学生平等相处，平等交流，作他们精神上的良师益友。三是教师要爱护学生，要做到宽严相济，要言传身教，用平等的、科学的、轻松的、适合学生的方法与学生沟通交流，不体罚或变相体罚学生，不讽刺、挖苦学生，不鄙视、嫌弃学生，并在学习与解决问题的过程中使学生感受到师生和谐相处的温馨的氛围。最后，由于教师的工作性质决定了他们在实际的教育教学过程中情绪波动容易起伏，而负面的情绪是不利于学生身心健康发展的，这就要求教师在任何时候都应该以一种正面的阳光的心态投入到教育活动中去，要学会积极地调适自己可能产生的负面情感，绝不能因为自身的情绪问题而让学生产生恐惧心理，因为这是与仁爱教育相悖而行的。

三、教师的地位：尊师重道，使教育者成为社会上最受尊重的职业①

《礼记》中说道："凡学之道，严师为难。师严然后道尊。道尊然后民知敬学。"②意指凡是为学之道，以教师尊严和威严为重，教师树立了威严和权威的形象之后，就会让自己和所授之道受到尊敬，所授之道受到尊重了，然后人们才会知道学问的可贵之处，才可能敬重学问，认真学习。这不仅要求人们的言行举止体现出对教师的敬重和礼貌，更要求他们从内心里发自肺腑地尊崇教师，尊重真理。程门立雪、百世之师、门墙桃李、经师人师……此类尊师重道的例子数不胜数，至今仍为人们所津津乐道。时至今日，尊师重道的观念依旧毫不过时，对教育发展仍然具有重要的意义。

① 孙刚成，左晶晶. 习近平的教师观解读 [J]. 教育文化论坛，2018，10（1）：1-6.

② 陈戍国. 四书五经・礼记・学记 [M]. 长沙：岳麓书社，2002：564.

2013 年教师节，习近平在向全国广大教师致慰问信中明确提出：“全社会要大力弘扬尊师重教的良好风尚，使教师成为最受社会尊重的职业。”[①] 次年 6 月，习近平就职业教育的发展也提出了一些具有建设性的建议，他指出：“要加大对农村地区、民族地区、贫困地区职业教育支持力度，努力让每个人都有人生出彩的机会。”[②]2014 年，在同北京师范大学师生代表座谈会时，习近平又一次表明了“要制定切实可行的政策措施，鼓励有志青年到农村、到边远地区为国家教育事业建功立业”[③] 和“要让全社会广泛了解教师工作的重要性和特殊性，让尊师重教蔚然成风”[④] 的期盼。2018 年，中共中央国务院发布《中共中央 国务院关于全面深化新时代教师队伍建设改革的意见》，提出“到 2035 年……尊师重教蔚然成风，广大教师在岗位上有幸福感、事业上有成就感、社会上有荣誉感，教师成为让人羡慕的职业”[⑤]。

（一）尊师重道是道德修养的基础

古语有云：“人有三等，君、父、师。”[⑥] 自古以来就有人把教师、国家君主以及养育自己的父母相提并论，可见教师地位的重要程度。另有“师道立，则善人多”[⑦]，意指只有形成尊重教师、敬重知识的社会风气，品行高尚的人才会越来越多，善行善德才能得到普及。从个人角度分析，尊师重道是个人品

① 习近平. 习近平向全国广大教师致慰问信 [N]. 人民日报，2013-09-10（1）.

② 习近平. 习近平就加快发展职业教育作出重要指示 [N]. 人民日报，2014-06-24（1）.

③ 习近平. 做党和人民满意的好老师——同北京师范大学师生代表座谈时的讲话 [N]. 人民日报，2014-09-10（2）.

④ 习近平. 做党和人民满意的好老师——同北京师范大学师生代表座谈时的讲话 [N]. 人民日报，2014-09-10（2）.

⑤ 中共中央国务院. 中共中央国务院关于全面深化新时代教师队伍建设改革的意见 [N]. 人民日报，2018-02-01（1）.

⑥（汉）班固. 白虎通义（卷四）· 封公侯 [M]. 青苹果电子书系列（http：//vdisk.weibo.com/s/aMy-ABi7XmnW4m）：61.

⑦（宋）周敦颐. 周子通书 · 师第七 [M]. 上海：上海古籍出版社，2000：34.

德的外在表现，是一个人素质修养的基础，更是一个人内在心理活动的显现。从社会角度分析，尊师重道有利于形成良好的社会氛围，营造一种和谐的社会气氛，会使人们自觉地由尊师上升到重道的层次。这不但有利于教育的发展，而且会促进社会整体素质的提高。由此可见，尊师重道不仅仅是个人道德修养的基石，更是社会整体素质提升的标志。试想，一个人如果连传授知识、美化心灵、给予精神和文化双重底色的“人类工程师”都不尊敬的话，还能期待他对社会、对国家有所贡献吗？

（二）尊师重道与国家发展息息相关

《荀子大略》中说道：“国将兴，必贵师而重傅；贵师而重傅，则法度存。国将衰，必贱师而轻傅；贱师而轻傅，则人有快；人有快则法度坏。”[①] 这句话意指国家繁荣昌盛的基本标志就是敬重教师的风气日盛，尊重教授专业知识与技能的教师才能使国家治理有序；国家如果趋于衰败，教师就会受到轻视，国家也将因此秩序混乱，礼崩乐坏。可见，一个社会能否形成尊师重道的风气，事关国家兴衰存亡和长治久安。反观当下，世界上的发达国家，毫无例外地都十分重视教育、尊重教师。甚至有些发达国家，对于教师行业的入职门槛要求极高，只有高素质、高学历的人才才有机会成为教育者。因为他们深知高水平的师资才是教学质量的有力保证。在中国，历届国家领导人都在倡导尊师重教，2012 年习近平当选中共中央总书记之后，更加充分地认识到了教育对国家发展的作用，并曾多次在重大场合提出教育兴国、人才强国的战略。国务院制定印发的《关于加强教师队伍建设的意见》中也提到：到 2020 年，形成一支师德高尚、业务精湛、结构合理、充满活力的高素质专业化教师队伍。[②]2018 年 1 月 20 日，中共中央、国务院印发的《中共中央 国务

① （战国）荀况. 荀子全本注释 [M]. 周先进，编著. 北京：中国文史出版社，2013：423.

② 国务院. 国务院关于加强教师队伍建设的意见（国发 [2012]41 号）[Z].2012-08-20.

院关于全面深化新时代教师队伍建设改革的意见》（中发 [2018]4 号）更是提出："坚持兴国必先强师"，提出"教师承担着传播知识、传播思想、传播真理的历史使命，肩负着塑造灵魂、塑造生命、塑造人的时代重任，是教育发展的第一资源，是国家富强、民族振兴、人民幸福的重要基石"[①]。为了尽快实现这个宏伟目标，国家不但要从经济上提高教师的待遇水平，解决教师的生活问题，而且要让他们无后顾之忧，不遗余力地潜心尽力做教育、搞学问；广大人民更要从思想上重视教育者的付出和价值，努力形成敬重教师、尊重知识、重视教育、追求真理的社会风气，让教师成为全社会最受尊重的职业。

四、新时代中国特色教师观视域下的教师职业价值[②]

教师的职业价值主要体现在教师以教书育人为本和以为教育发展作贡献为追求目标的教育实践活动之中，并将教育教学过程中的职业幸福感上升到人生价值和生命价值的层次上来，所以，教师的职业价值按照承载对象的不同可以分为教师职业的社会价值和教师职业的个人价值。

（一）教师职业的社会价值

教师职业的社会价值主要是指教师职业群体作为社会万千职业工作群体中的一个群体，他们以自身独特的工作方式，为个人、集体、国家培养满足社会发展要求的各行各业的合格人才的过程中所体现出来的价值。此种社会价值能否顺利实现主要由教育者的专业素养和能力高度、教育者的德行高度、教育者的责任心强弱以及他们的社会地位所决定，它是教师的教育活动对学

① 中共中央国务院. 中共中央 国务院关于全面深化新时代教师队伍建设改革的意见 [N]. 人民日报，2018-02-01（1）.

② 孙刚成，左晶晶. 习近平的教师观解读 [J]. 教育文化论坛，2018，10（1）：1-6.

习者及国家需要满足程度的评判与考量。通常来说，教师的社会价值可以通过以下几个方面体现。第一，教师是中华民族五千余年优秀传统文化的传播者和创造者，是过去与现在之间的文化桥梁或连通器。众所周知，中华文化博大精深，源远流长，而这些沉淀了数千年的文化需要教师这一人类伟大的职业群体去继承、传播和创新。第二，教师是现代化知识与文化的播种者与创造者，可以为教育与现代文化的发展作出巨大贡献。作为现代知识与文化播种者与创造者的教师群体在贡献知识的同时，还承担着为社会培育人才和输送人才的重要职责与使命，是一个国家和整个世界教育发展的第一资源，是一个国家能否长期持续发展的关键因素。第三，教师是人类灵魂的工程师，起着塑造生命、美化心灵、塑造灵魂的重要作用。好老师就像是冬日里的阳光，温暖学生的心灵，让学生终身受益。他们会在教育教学过程中通过各种方式，有意无意地塑造学生群体的生命价值，丰富学生的生命内涵，增加学生的精神厚度和灵魂深度，从而对其未来性格与品行的形成产生重大影响。

（二）教师职业的个人价值

教师职业的个人价值主要是指教师职业不但可以解决教师个体生存与自我发展的需要，而且可以在这一过程中使教师获得自我满足与认同，并逐步趋向自我实现和自我超越。教师个人价值的实现是以教师社会价值的实现为前提的，没有社会价值就没有所谓个人价值的实现；但是，社会价值的实现又离不开个人价值的实现，所以两者是和谐统一、相互促进、互补共赢的。

马克思主义学说认为人的价值首先表现为其社会价值的实现，而后才是其个人价值的实现。现代教育者的个人职业价值首先表现为能否最大限度地使学习者和国家的需求得到满足，让学习者、同行业教育者以及社会各界人士对其表示肯定。所谓“十年树木，百年树人”就是说教育的发展具有滞后性，教育的作用不能被立竿见影地显现出来。优秀的教育者必须通过培养在各行各业发光发热的优秀人才，借助他们为社会所作出的实际贡献来呈现其重要的社会价值，而后使得教师的个人职业价值得到体现。其次，教师在实际的教育教学过程中通过合理地运用专业知识与素养来促进学生的进步与发展，从而满足学习者渴求知识、发展身心、获得爱与被爱能力的需求。在这样一个教与学的过程中，教育者能够充分地得到学生的敬重与热爱，从而使得其个人精神需求得到满足，个人职业价值得以实现。最后，教育过程也是一个“教学相长”的过程，是教育者与学习者互相学习、共同进步的过程，因此教师在教授学生的过程中不但可以促进学生的发展，而且可以使自己的专业知识得到拓展，既满足了终身学习的需要，又实现了个人价值。简而言之，教育者是在与学习者互相切磋、共同进步中得到满足的。只有倾注身心去关心、爱护学生，并且乐于帮助、引导学生进步的教育者，才是能够真正实现个人职业价值的优秀教师。

习近平说：“一个人遇到好老师是人生的幸运，一个学校拥有好老师是学校的光荣，一个民族源源不断涌现出一批又一批好老师则是民族的希望。国家繁荣、民族振兴、教育发展，需要我们大力培养造就一支师德高尚、业务精湛、结构合理、充满活力的高素质专业化教师队伍，需要涌现一大批好老师。”[①] 因此，广大教育者应该牢记习近平的教诲，争做有理想、有道德、有学识、有爱心的“四有”好老师，只有这样，教育者的社会价值与个人价值才能得以实现，尊师重教才能在社会上蔚然成风，教师职业才能成为社会上最受尊重的职业和令人羡慕的职业，知识才能得到重视，国家才能繁荣昌盛。

---

① 习近平. 做党和人民满意的好老师——同北京师范大学师生代表座谈时的讲话 [N]. 人民日报，2014-09-10（2）.

五、新时代中国特色乡村教师发展思想及其实现路径①

振兴乡村和乡村学校必须有懂乡村、爱乡村的智力支持和人才支撑，优秀的乡村教师正是这一行动和计划的强大支柱和领跑者。从乡村教师要做教育改革的奋进者、学生成长的引导者和教育扶贫的先行者的伟大使命诠释着手，认清新时代中国特色的乡村教师发展思想内涵，继而实施四项改革，以“国培计划”为主实施对乡村教师的三至五年递进式全员培训，以“地方免费师范生”的方式实施乡村教师专项培养计划，以对在地教师实施“精准扶贫”为途径培养一批乡村种子教师，以乡土文化资源课程开发与实施专家为目标打造一批乡村教育发展的专家，是实现城乡教育均衡发展、缩小城乡教育差距、达到乡村教师质量的提高与乡村学校振兴、乡村振兴的关键所在。

从2015年习近平接见在北京师范大学参加教师培训的乡村教师并发表指导意见至2018年，中国不仅出台了乡村教师支持计划，形成了乡村振兴战略，还在努力落实乡村振兴战略和乡村教育的优质化发展目标。其中，新时代中国特色的乡村教师发展思想具有较强的引导作用，这一思想的落实是乡村学校和乡村自身振兴的基础和智力保障。

（一）新时代中国特色的乡村教师发展思想解读

乡村教师是推动中国教育事业均衡发展的主力军，一支高质量、高水平的乡村教师队伍是促进中国乡村社会教育发展、传承乡村特色文化的重要内部驱动力和生力军。中国共产党第十八次全国代表大会召开以来，为实现“两个一百年”奋斗目标和中华民族伟大复兴的中国梦，为提高中国综合国力，我们日益深刻地认识到造就一批优秀教师的重要性和迫切性，所以以习近平同志为核心的中央领导集体对于乡村教师的重视程度不断加深，针对乡

① 孙刚成，高文文. 习近平乡村教师发展思想及其实现路径 [J]. 教育文化论坛，2018，10（5）：1-7.

村教师发展所实施的行动也在逐步推进。[①] 习近平强调："到 2020 年（中国将）全面建成小康社会，最艰巨的任务在贫困地区，我们必须补上这个短板。扶贫必扶智。让贫困地区的孩子们接受良好教育，是扶贫开发的重要任务，也是阻断贫困代际传递的重要途径"，"发展教育事业，广大教师责任重大、使命光荣。希望你们牢记使命、不忘初衷，扎根西部、服务学生，努力做教育改革的奋进者、教育扶贫的先行者、学生成长的引导者，为贫困地区教育事业发展、为祖国下一代健康成长继续作出自己的贡献。"[②]2018 年 1 月 20 日中共中央、国务院发布的《中共中央 国务院关于全面深化新时代教师队伍建设改革的意见》中提出教师队伍建设目标，即"经过五年左右努力，教师培养培训体系基本健全，职业发展通道比较畅通，事权人权财权相统一的教师管理体制普遍建立，待遇提升保障机制更加完善，教师职业吸引力明显增强。到 2035 年，教师综合素质、专业化水平和创新能力大幅提升"[③]。从中可见，以习近平同志为核心的中央领导集体关于教师发展的思想在新的历史起点上更进一步地强调了教师的重要性以及实现办好人民满意教育的重要意义。

1. 对新时代乡村教师队伍建设的新要求

新时代中国特色的乡村教师教育思想在教师队伍建设方面主要强调以下四个方面。

（1）加强师德师风建设

教师队伍建设就是教育改革的"牛鼻子"，任何教育改革都要依靠优秀教

① 习近平. 习近平向全国广大教师致慰问信 [N]. 人民日报，2013-09-10（1）.

② 习近平总书记给"国培计划（2014）"北京师范大学贵州研修班参训教师的回信 [N]. 人民日报，2015-09-10（1）.

③ 中共中央国务院. 中共中央 国务院关于全面深化新时代教师队伍建设改革的意见 [N]. 人民日报，2018-02-01（1）.

师队伍才可能实现。[①] 在崭新的时代下，紧跟习近平新时代中国特色社会主义思想的步伐，严格建设教师党支部以及党员教师队伍，突出教师党支部的监督管理效能，选取提拔四能优秀党员教师，主要是乐于奉献、爱国爱党、业务能力强、威信高的党员教师来建设这支教师队伍。[②] 培养党员教师做一名敬业修德的优秀好教师，加强党员教师们的四个意识，即政治、大局、核心和看齐意识；让教师树立正确的国家观、民族观、历史观，热爱祖国的土地、欣赏学生的个性特长，以德立身、以德立学、以德施教。《中共中央 国务院关于全面深化新时代教师队伍建设改革的意见》的颁布表明，重大的发展机遇正向教师走来，新时代教师队伍建设的一声春雷即将打响。[③]

（2）振兴教师教育

20 世纪 90 年代以来，中国的教师教育实施了多次重大改革，取得了很多成果，但是由于中国的基本国情是人口众多，各方面的发展尚不均衡，现阶段教师或准教师的整体学历虽然有所提高，但准教师实质性的能力和对教育事业的热爱程度并没有重大改善。[④] 因此，在习近平的带领下，全面支持师范院校的建设和发展，对师范院校建设以及教师教育专业化发展实行针对性的标准，研究制定和加强专业标准与规范建设，以师范院校为主体、高水平非师范院校参与的中国特色教师教育体系，引导一批专业师范院校和高水平综合大学成立教师教育学院，利用师范专业院校热爱教育、关注学生的浓厚校园氛围和多学科融合发展的学术氛围陶冶准教师的专业情怀，培养高素质教师。与此同时，全面建设高素质专业化的中小学教师队伍、高素质善保教

① 顾明远. 抓住了教育改革的“牛鼻子”[N]. 中国教师报，2018-02-07（4）.

② 中共中央国务院. 中共中央 国务院关于全面深化新时代教师队伍建设改革的意见 [N]. 人民日报，2018-02-01（1）.

③ 高靓. 写满习近平总书记对教师的关怀——全国教育工作者热议《中共中央 国务院关于全面深化新时代教师队伍建设改革的意见》[N]. 中国教育报，2018-02-02（1）.

④ 顾明远. 抓住了教育改革的“牛鼻子”[N]. 中国教师报，2018-02-07（4）.

的幼儿园教师队伍、高素质双师型的职业院校教师队伍、高素质创新型的高等学校教师队伍，使发展教师教育成为振兴中国教育和实现中华文化复兴的必要途径。

（3）深化教师管理综合改革

在新时代教育的迅猛发展下，规范中小学教师编制配备是为了迎合城乡教育改革的新局面以及教育现代化的新需求。对教师管理要实施深入的改革和创新，一定要落到实处，保证优先满足乡村教育的发展需求，改革创新乡村教师编制管理，在城乡教师统一管理基础上，适当放宽乡村教师编制配置标准、增加新聘教师到乡村任教的吸引力，着重开拓乡村教师“特岗计划”和“硕师计划”等长期项目的实施，鼓励各地政府采取定向招生、定向培养的方式，填补乡村贫困地区教师的空缺，培养出全面优秀的全科型乡村教师，并且鼓励各地政府与学校返聘身体强壮、富有教育热情和乡土情怀的优秀退休教师到乡村和基层学校任教。[①] 中小学教师招聘制度、考核评价制度、教师管理制度以及高等学校教师人事制度都相继进行改革创新。

（4）以提高待遇和地位为抓手让乡村教师成为令人羡慕的职业

教师是一个国家的希望，是民族的灵魂，是人民的期盼。因此，必须高标准保障教师的权利和义务，才能让教师真正成为令人羡慕的职业。发展乡村教育事业必须吸引更多的优秀人才去热爱和从事这一职业，首先，必须提高乡村教师的工资待遇，各地区政府应因地制宜地调整解决教师工资合理分配问题，促进各级各类学校教师薪酬制度的改革和薪酬标准的提升，让乡村教师在社会中的地位不断提高；其次，着力解决乡村教师方方面面的困难，切切实实为乡村教师做实事，认真落实补贴政策，让乡村教师感受到国家的关爱；最后，加大教师表彰力度，大力宣传教师中的“时代楷模”和“最美

① 中共中央国务院. 中共中央 国务院关于全面深化新时代教师队伍建设改革的意见 [N]. 人民日报，2018-02-01（1）.

乡村教师”，并在社会上广泛宣传，突出和提高乡村教师的社会地位，让乡村教师在良好的环境中更好地发展自我。[①]

2. 对新时代教师重任的诠释

（1）教师是教育改革的奋进者

中国共产党第十九次全国代表大会提出了优先发展教育事业的新部署，明确了教育的根本任务，进一步加强了师德师风的建设以及培养高素质教师队伍的建设目标。习近平强调，教师要“努力做教育改革的奋进者”[②]。教师在教育改革中发挥着重要作用，教师是一个国家教育的命脉。在以知识经济和互联网+为象征符号的新时代迅猛发展下，教育也必须紧跟时代的脚步，大胆探索教育教学的改革方式和解决途径。教育改革是支撑全球经济与社会发展的重要力量，教育可以唤醒人们沉睡的需求意识，让人们认识自我，不断地激发对新生活的追求。只有通过教育，人们的精神世界和物质世界才可以摆脱贫穷和匮乏。教师是最了解教育的群体，教师必须首当其冲地成为教育改革的主要承担者。首先，教师要树立创新精神和创新能力的教育观念，以提高国民素质为根本宗旨，在培养学生创新精神和实践能力的过程中寻找教育中存在的不足和问题，并为国家培养有理想、有文化、有素质的全面发展的人才而更加努力。其次，创新是一个国家和民族精神不竭的动力源泉，学生是否具有创新精神、创新意识和创新能力直接影响到该国家和民族的创造力水平，教师必须以教育思想观念的创新和自觉献身教育事业的意识与行动带动学生、带动整个教育和教学改革，用知识改造和改革教育，用教育情怀和人格魅力潜移默化地影响学生。

---

① 中共中央国务院. 中共中央　国务院关于全面深化新时代教师队伍建设改革的意见 [N]. 人民日报，2018-02-01（1）.

② 习近平总书记给“国培计划（2014）”北京师范大学贵州研修班参训教师的回信 [N]. 人民日报，2015-09-10（1）.

（2）教师是学生成长的引导者

教师数量少且整体水平偏低是偏远乡村中小学和幼儿园长期难以解决的问题。然而，在现阶段的乡村学生正处于身心全面发展时期，无论是在文化底蕴、道德素养、思想品德、政治觉悟等方面，还是在生理发展上都需要有高质量、高水平、高素养的教师来引导，在这一关键时期，能够促进学生健康成长并帮助学生形成正确的价值观是极为重要的。正如习近平所讲："这就像穿衣服扣扣子一样，如果第一粒扣子扣错了，剩余的扣子都会扣错。人生的扣子从一开始就要扣好。"① 教师是学生的第二任父母，必须能够真正走进学生的内心世界，才可以说是在实践真正的教育。教育是心灵与心灵的沟通，灵魂与灵魂的交融，人格与人格的对话。"今天的学生就是未来实现中华民族伟大复兴中国梦的主力军，广大教师就是打造这支中华民族'梦之队'的筑梦人。"② 在新时代，中国共产党为成就这支队伍，从多方向、多维度深入发力，以"四有"好老师作为培养教师的核心战略，长期致力于推动教师能够真正成为学生学识、品格、思想上的引路人和良师益友。

第一，要做学生坚定信念的引路人。人的精神动力主要来源于理想信念，树立远大理想可以提升人生目标层次，努力去实现目标并且做到更好，在这其中，坚定的信念是实现梦想之路的精神支撑。习近平反复强调："正确理想信念是教书育人、播种未来的指路明灯。"③ 作为一名优秀教师不仅要以授业解惑为主，更要有传道和育人的使命感。乡村学生从小处于艰苦的生活环境中，为了让他们开辟一片新天地，对教师的要求应更加严格，使其把理想信念与

① 习近平. 青年要自觉践行社会主义核心价值观——在北京大学师生座谈会上的讲话 [N]. 人民日报，2014-05-05（2）.

② 习近平. 做党和人民满意的好老师——同北京师范大学师生代表座谈时的讲话 [N]. 人民日报，2014-09-10（2）.

③ 习近平. 做党和人民满意的好老师——同北京师范大学师生代表座谈时的讲话 [N]. 人民日报，2014-09-10（2）.

教师的职业使命结合在一起，用坚定的教育信念和政治信仰武装自己，从而更好地贯彻党的教育方针，用好校园阵地，做学生坚定信念、奉献祖国的引路人。

第二，要做学生人格修养的引路人。对于所有事物进行善恶与对错的客观判断是一个人人格修养的体现，教师的人格修养和道德情操主要体现为职业素养、职业道德、职业情怀和职业行为，而且教师的人格修养需要有更高的标准和更高的追求。因为教师在工作中必须以身作则、为人师表，一名优秀教师为人处世的价值观可以影响学生的一生，可以说，“老师是学生道德修养的镜子。好老师应该取法乎上、见贤思齐，不断提高道德修养，提升人格品质，并把正确的观念传授给学生”[①]。习近平用了一句既简洁又明了的话概括了教师的师德，即“师德是深厚的知识修养和文化品位的体现”[②]。教师的人格魅力具有感染力和凝聚力，他们不仅是传授课本知识的教书先生，还能以自身的人格魅力去感染学生的心灵，帮助学生提高思想水平和道德品质。因此，高尚的道德情操是教师的必备品质和基本修养的逻辑前提，也是成为学生道德和人格修养上的引路人的基本要求。

第三，要做学生学习知识、创新思维的引路人。偏远乡村的教育无论从硬件设施还是软件设施都远远落后于城市。解决乡村教育最基本的切入点就是教师要有扎实的学识、深厚的教学能力、科学的教学方法和积极的教学态度。习近平指出，教师要“以学术造诣开启学生的智慧之门”。[③] 此外，在教

① 习近平. 做党和人民满意的好老师——同北京师范大学师生代表座谈时的讲话 [N]. 人民日报，2014-09-10（2）.

② 习近平. 做党和人民满意的好老师——同北京师范大学师生代表座谈时的讲话 [N]. 人民日报，2014-09-10（2）.

③ 习近平. 青年要自觉践行社会主义核心价值观——在北京大学师生座谈会上的讲话 [N]. 人民日报，2014-05-05（2）.

师中还有一个说法，就是“要给学生一碗水，自己要有一桶水”[①]。所以，优秀教师要有扎实的学识基础和宽厚的专业功底，树立终身学习的理念，不断提升自身的知识储备和教学能力，在各方面帮助学生，从而做学生知识提升和思维创新的引路人。

第四，要做学生爱的引路人。仁爱是一种博大且深邃的情怀，是人世间最高尚的美德。教育是爱的事业，作为教师首先要有仁爱之心，教师要教育学生自尊自爱，培养学生自爱的能力，培养学生的人文情怀。乡村教师更应如此，因为乡村学生物质和精神上都更加艰苦，更要用爱激发爱、培养爱、传播爱，让每个孩子都能在爱的包围下延续爱，成为对国家有用的人才。所以，乡村教师要给予乡村孩子更多的爱、更温暖贴心的爱，坚定地做学生爱的引路人。

（3）教师是教育扶贫的先行者

实现中华民族伟大复兴的中国梦，贫困地区是主要瓶颈和最重要的突破口。东北师范大学中国农村教育发展研究院发布的《中国农村教育发展报告2017》指出，中国义务教育 2016 年在校的学生约 1.42 亿人，城区 4 756.6 万人，镇区 5 927.01 万人，乡村 3 558.77 万人，以这样的数据来看，村镇在校学生占了全国学生的三分之二；2016 年，全国普通高中学校 13 383 所，比 2015 年增加了 143 所，全国普通高中校均规模为 1 768 人，中西部省份的校均规模平均都在 2 000 人以上，河南省高达 2 520 人，最低的北京是 535 人。因此，《中国农村教育发展报告 2017》认为，中西部省份特别是贫困地区普通高中教育发展空间大，是未来普通高中教育的主要增长点。[②]教育成就个人，成就国家，关乎国家前途。中国共产党第十八次全国代表大会召开之后，

---

① 刘明霞. 乌禽嶂下的中国好人——一个乡村教师 37 年的坚守.[M]. 广州：广东人民出版社，2014：81.

② 邬志辉. 中国农村教育发展报告 2017[N]. 中国教师报，2017-12-27（11）.

习近平很快就提出了打赢脱贫攻坚战的战略目标及具体任务，并把教育扶贫作为脱贫攻坚的主要渠道和根本手段。“治贫先治愚，扶贫先扶智”，[①] 努力促进教育精准脱贫，让乡村学生都能够享受优良的教育。良好的教育需要精干优秀的教师队伍来实现，塑造一支热情积极、甘于奉献、热爱乡村、拥有乡村情怀的教师队伍才能让学生接受到充满活力和生机的教育，才能让乡村的孩子们走出大山，享受更加美好的大世界。因此，习近平提出了新的扶贫思想,让教师做“教育扶贫的先行者”以及用教育“阻断贫困代际传递”[②],并提出“推进教育精准扶贫”和“重点帮助贫困人口子女接受教育”的新战略[③]，这不单是我国扶贫的新战略，更是对人类和世界的新贡献。

教育具有强大的反贫困价值，但是教育的反贫困价值的实现需要广大教师作为教育扶贫的先行者，先行认识到教育反贫困的具体价值与实现路径。具体来说，教育反贫困主要有三个方面价值：有利于人的扶志，有利于人的赋能，有利于人的增值。三种价值的实现过程还可以促进人的更全面发展和更美好生活的实现。只有作为教育扶贫先行者的广大教师认识到这三种价值，教育扶贫工作才能落到实处。

第一，教育可以扶志：志在美好生活。

精神的贫困远比物质的贫困更加让人感到可怕。较之城市来说，农村地理位置偏僻，交通不便，信息堵塞，尤其是西部偏远地区的农村，往往是连绵不断的山脉与不尽的沟壑或戈壁荒原，因此经济落后、文化贫瘠，容易出现贫穷现象。人穷不可怕，可以通过内部和外部条件改变，真正可怕是志穷，也就是一个人的精神贫困。而通过教育，可以提高人的志向，让人向往美好

① 习近平. 脱贫攻坚冲锋号已经吹响 全党全国咬定目标苦干实干 [N]. 人民日报，2015-11-29（1）.

② 习近平总书记给“国培计划（2014）”北京师范大学贵州研修班参训教师的回信 [N]. 人民日报，2015-09-10（1）.

③ 霍小光，张晓松. 习近平在北京市八一学校考察时强调 全面观察落实党的教育方针 努力把我国基础教育越办越好 [N]. 人民日报，2016-09-10（1）.

生活、追求淳朴理想。

教育，尤其是学校教育，作为有目的、有组织、有计划的以影响人的发展为直接目标的活动，对个体多方面的发展具有促进作用，如促进身心的和谐发展，促进德智体美劳的全面发展等。教育促进个体差异的充分发展，形成人的独特性。人的遗传素质蕴含着个体的差异性，形成个体独特的心理特征和心理倾向。虽然遗传素质中蕴含着个性的差异，但个性的差异更多的是在后天养成的，包括其生活环境、社会交往和教育等。[①] 从中可以看出，教育不仅对个人，而且对全社会都起着非常重要的作用。童年经历伴随着人的一生，深深影响着一个人，有些人甚至在用一生治愈童年。而人的童年大多数时间都是在学校度过的，学生时代的经历影响着人的一生。由此可见学校教育的重要性，学校教育变革刻不容缓，特别是农村学校教育变革，更是迫在眉睫。

教育影响个体形成不同的兴趣、爱好、理性、信念、世界观、气质、性格以及志向等。人各有志，不同的个体有着不同的志向。一般来说，农村中接受过很少教育的人，男性的志向可能就是种好庄稼、放好牛羊，去换取相应的钱，然后用这些钱盖房子、娶妻生子；女性的志向可能就是到了合适的年纪在村里寻找一户人家嫁过去，从此相夫教子。以此循环下去，一代又一代人都有着类似的志向，依靠着所在的土地生活下去，永不离开。而农村中接受过更多教育的人，他们可能会被书中的人物或故事吸引，想走出所在的偏远地域，到外面的世界去看看，或者在地创业致富，追求实现自身价值。他们会不甘于现状，通过学习改变自己，提高自己的眼界和精神世界，有更高的理想与追求，更有志向。正如孟子所说，“穷则独善其身，达则兼善天下”[②]，这是一种由内向外的大志，由内而发，志在天下美好生活。

① 全国十二所重点师范大学联合编写. 教育学基础 [M]. 北京：教育科学出版社，2014：40.

② 陈戌国. 四书五经・孟子・尽心上 [M]. 长沙：岳麓书社，2002：127.

第二，教育可以赋能：高效做事。

教育可以激发人的潜能，促进个人技术、能力的提高，从而提高个人的做事效率。知识及其运用能力是前人在认识事物、解决具体问题、进行心理操作与行为操作的过程中提炼形成的结晶。因此，要有效地发展学生认识问题和解决问题的能力，不仅要引导他们学习、理解知识，更为重要的是应当引导他们运用知识于实际，去解决各种实际存在的问题，并懂得从挫折、失败中总结经验、教训，修正错误，逐步掌握正确的方法与程序，提高自身的探究、发现、改进、构建与创新的兴趣和能力。① 从中可以看出，教育对于个人能力的提高有着十分积极的作用，能力提高之后做事效率自然也就提高了。

符合办学规律和人的成长规律的教育可以促进人的主体意识形成和主体能力发展。换言之，人既是历史的剧中人，也是历史的剧作者。② 作为历史的剧中人，人生活在自然和社会中，遵循自然规律和社会的要求，是社会的被动生存者。而作为历史的剧作者，人又是改造自然、改造世界的主人，是社会历史的主体。主体性是社会历史主体的重要表现，包括主体意识和主体能力。③ 主体意识是一种主体认识世界的自觉意识。主体能力是一种改造外部世界的能力。在教育过程中，学校应该以学生为中心，通过自主学习、合作学习、探究学习等活动发挥学生的主体性意识与主观能动力，培养学生的主体意识、主体品质，提高个体的能力，更加高效地做事，更充分地发挥个人的主观能动性。依照具体实际情况，当今学校教育大多数从以教师为中心的教学模式转变到以学生为中心的教学模式，充分发挥学生的自主性，提高学生的学习兴趣与学习积极性，有利于学生得到全方面的锻炼，从而提高素质，发展能力。

---

① 王道俊. 教育学 [M]. 北京：人民教育出版社，2016：47.

② 韩云忠. 论社会历史规律的主体性 [J]. 东岳论丛,2014,35(07):156-161.

③ 全国十二所重点师范大学联合编写. 教育学基础 [M]. 北京：教育科学出版社，2014：44.

随着知识经济与智能时代的快速发展，国际竞争越来越激烈，社会发展对人的综合素养和创新能力要求越来越高，[①] 教育面临着更大的挑战与难题，而构建核心素养体系便是尝试应对这些挑战和解决这些难题的一大出路。学生的核心素养主要是指学生应具备的，能够适应其终身发展和社会发展所需要的必备品格和关键能力。[②] 发展核心素养，以“全面发展的人”为核心，主要是由文化基础、自主发展、社会参与三个方面构成。文化基础包括人文底蕴和科学精神；自主发展包括学会学习和健康生活；社会参与包括责任担当和实践创新。其中，人文底蕴具体表现为人文积淀、人文情怀和审美情趣三个方面；科学精神具体表现为理性思维、批判质疑和勇于探究三个方面；学会学习具体表现为乐学善学、勤于思考和信息意识三个方面；健康生活具体表现为珍爱生命、健全人格和自我管理三个方面；责任担当具体表现为社会责任、国家认同和国际理解三个方面；实践创新具体表现为劳动意识、问题解决和技术应用三个方面。[③] 从中可以看出，这些素养可以提高个人在各方面的能力，如文化基础知识增加、主观能动性增强、与社会联系更加紧密等，不仅可以帮助学生学到知识，还与生活紧密联系起来，提高动手做事和解决问题的能力，促进人的全面发展，进而帮助人们更加高效地办事，提高做事效率，加速社会和谐发展，提高人民生活水平与幸福程度。

第三，教育使人增值：倍加的劳动。

马克思曾说，一切劳动都可以看作是人类劳动力的耗费，一切劳动尤其是有一定目的的耗费，有用劳动都可以形成商品价值，[④] 复杂劳动被当作简单劳动的倍加。简单劳动是指不需要经过专门训练和培养，一般劳动者都能胜任的劳动，而复杂劳动则是指需要经过专门的训练和培养，具有一定的文化

---

① 唐军. 基于学生数学核心素养的五年制高职课堂教学研究 [D]. 苏州大学，2016：14.

② 孙刚成，贺列列. 学生核心素养养成视域下的教师教学变革取向 [J]. 教学与管理,2018（33）：33-36.

③ 王玮. 中美学生核心素养比较研究 [D]. 山东师范大学，2018：17.

④（德）卡尔·马克思. 资本论 [M]. 武汉：武汉出版社，2012：34.

知识和技能的劳动者才能从事的劳动。复杂劳动表现为较高级的劳动，具有较高的劳动效率，能为社会创造更多的社会财富，从而加速社会现代化建设。复杂劳动者要保持和提高他们的劳动能力，必须不断地学习。尤其是在现代社会，知识在产品中的重要程度越来越明显，现代科学知识越来越复杂和多变，各门学科日益相互渗透，知识更新越来越快。如果不努力学习，劳动者就会落后，不能适应复杂程度越来越高的复杂劳动的要求。简单来说，复杂劳动就是一种较为高级的劳动，相较于体力劳动，脑力劳动就是一种复杂劳动，它需要工作者将自己的知识与技能展现出来，提高劳动效率，获得更大利益。复杂劳动的准备期和预备期肯定需要劳动者投入更多的时间与精力，但是从长远或最终效果来看，肯定会获取更多利益。而劳动者要想获取更多的社会财富，在前期就需要进行不断的学习，让自己学会复杂劳动，提高劳动能力。这时就体现了教育的重要作用，不仅直接影响着个人，使人的价值提升，促进个人更好地发展，而且还影响着整个社会，由小及大，个人发展了，社会自然而然也会不断向前发展，从而可以加快社会现代化建设进程。

教育具有明显的增值特点，既可以通过教育活动带来知识创新并影响经济与社会发展的增值，又可以通过受教育者自身综合素养与多方面能力的改善提高其社会竞争力，并增强其经济创收能力和美好生活创造能力。[①] 正如前面所说，教育可以促进个人进步和发展，增加人的价值，使人追求复杂劳动，也就是进行倍加的劳动。随着人口的不断增加，资源短缺问题日益突出，效率和效益问题日益凸显，所以人们更加追求高效的复杂劳动，以获取更多利益与价值。正是由于时代的不断进步发展，人们的思想观念不断更新，因此更加倾向于追求复杂劳动。虽然人们在前期会投入更多的时间与精力去获得相应的知识与技能，但在后期却能获得更大的效益。与此同时，教育也在不断向前发展，给人们创造了无限的可能。

---

① 高定伦. 从反贫困的视角探析中国西部农村基础教育的问题和对策 [D]. 重庆大学,2006：30.

（二）新时代中国特色乡村教师发展思想的实现路径

1. 借助“国培计划”实施对乡村教师的全员培训

乡村教育的种种问题和困难是中国教育领域的短板，为给乡村学生营造良好的教育环境，2015 年 8 月 25 日起，中华人民共和国教育部针对性地制定了“国培计划”新方案，自教育部、财政部发布《关于改革实施中小学幼儿园教师国家级培训计划的通知》以来，可以明显地看出，国家级培训计划开始向着广大乡村教师倾斜，对中西部乡村教师和校园长的培训力度远远大于城市地区。现阶段乡村教师存在许多迫在眉睫的问题，首先是乡村教师整体素质偏低，掌握的学科基本知识以及教学方法都有待提高，为了弥补乡村教师的短缺，出现了大量学历较低的代课教师，从而导致了课堂教学质量和效果的双低下。此外，教师们对乡村教育的积极性也偏低。总的来说，首要问题就是教师学历低、基础差、整体素养不高、积极性偏低；其次是教师队伍不稳定，乡村地区环境艰苦，发展前景窄，城市诱惑力大，很多教师经过一段时间的考验就坚持不下来了，他们经不住进城的诱惑和艰苦环境的挑战便努力向城市学校发展；最后是乡村教师对外或外出学习机会太少，不能学习和了解到有效的教学方式方法或者加固自身的知识涵养，致使乡村的教育停滞不前。针对这一系列问题，“国培计划”一直在探索解决方案而且已经起到了很好的引导作用，自 2010 年开始实施到 2015 年以来，累计培训乡村教师 675 万人次，占总培训人次的 96.4%。同时，2015 年新颁发的培训计划更加重视中西部乡村教师和乡村教育培训过程中遇到的突出问题。因此，乡村教师培训所占的比重更高，而且新的培训方式的改革和创新不仅给乡村教师带来了便利，也将更好地解决乡村教师发展中存在的众多问题。今后，可以从教师通过培训得到成长的角度，结合以下几点进行乡村教师成长培训的改革。

（1）加强以个性化教育和小班化教学基本理念为主的观念教育①

只有利用新时代的乡村学校普遍具有规模小、班额小的特点，转变观念实施个性化教育，才可能具备异军突起的机会和实现弯道超车的可能性。

1）乡村学校率先实现个性化教育和小班化教学的优势与基本理念

《基础教育课程改革纲要（试行）》中指出，在教学过程中，教师要注重培养学生的独立性和自主性，促进学生在教师指导下主动而富有个性地学习。教师应尊重学生的人格，关注个体差异，满足不同学生的学习需要，创设能引导学生主动参与的教育环境，激发学生的学习积极性，培养学生掌握和运用知识的态度和能力，使每个学生都能得到充分的发展。② 这一规定充分体现了新课程改革针对传统教育中、大班额班级授课制的弊端开始倡导个性化教育的理念。大班额班级授课制因为班额大教师负担重，通常会迫使教师忽视学生个体的特殊因素，不利于学生个体实现个性化发展，也不可能实现充分发展或全面发展。在城镇化过程中，乡村学校由于人口外流，学生数量相对较少。经常是一个年级一个班，一个班十几人甚至两三个人，这种局面客观上为乡村学校小班化教学创造了条件。个性化教育在于“因材施教”，强调的是教师要从学生的实际情况、个别差异出发，有的放矢地进行有差别的教学，使每个学生都能扬长避短、获得最佳的发展。③ 只要乡村学校和教师更新教育观念，掌握个性化教育的精髓，结合教师和学生的实际情况开展教育活动，尊重与帮助来自不同文化背景的学生，构建新型教学文化和教育生态，就能够促进乡村学生批判性思考能力、探究性解题能力和创造性实践能力的养成，

① 孙刚成，曲歌. 乡村教师及学校面临的问题与发展取向——基于对延安市“国培计划”实施推进的实证研究 [J]. 中小学教师培训，2016（3）：67-71.

② 钟启泉，崔允漷，张华. 为了中华民族的复兴　为了每位学生的发展 [M]. 上海：华东师范大学出版社，2001：7-8.

③ 王道俊，王汉澜. 教育学 [M]. 北京：人民教育出版社，1988：240.

使之成为和谐的、能动的、全面发展的“文化主体”，[①]教学质量就必然会得到突破性提高。

2）乡村学校教育需要回归乡村生活

伟大的教育家陶行知曾经提出“生活即教育”，要将乡村学校建成改造乡村生活的中心，要使乡村教师成为改造乡村生活的灵魂。[②]现如今的乡村学校的教学内容与城市是统一的，脱离了乡村的实际情况。学生在学习的过程中，无法了解自己的家乡文化，也没有学习到相关的技能与能力，无法做到学以致用，最终会导致奔向城市但缺乏城市孩子的发展基础，留在乡村又缺乏对乡村农业和乡土文化的基本认知与乡土情怀。乡村学校是乡村文明建设的主力，是乡村文化生活的象征和标志，乡村学校的未来决定着乡村的未来。[③]在乡村成长的人才更可能真正热爱乡村，只有为乡村培养“留得住，用得上”的人才，从小对乡村的学生进行乡村特色的教育，才能真正促进乡村的发展。乡村的学校教育要回归乡村生活，在教学内容选择上既要体现国家的统一性要求，又要传承与发展乡村文化，建立富有灵活性和选择性的乡村学校课程体系，做到传承地方乡土文化特色和传播社会主流文化、传递国家意志与普及社会主义核心价值观的和谐统一。在教学方式上，要将理论与实际相结合，充分利用乡村自然资源作为核心教学资源，培养全面发展的个性化人才。

（2）普及以关于乡村自然资源和乡土文化为主的知识观念和开发技能[④]

乡村自然资源和乡土文化都是乡村特有的资源优势且具有无限潜力，借助培训，帮助乡村教师认识这些宝贵资源的教学价值和使用技巧，可以在教

① 魏峰. 城乡教育一体化：基于文化视角的分析 [J]. 复旦教育论坛，2010，18（5）：20-24.

② 陶行知. 我们的信条 [A]. 陶行知教育文选 [C]. 北京：教育科学出版社，1981：50.

③ 孙刚成，田玉慧，王安新. 村小消失后对农村文明的不利影响 [J]. 集美大学学报（教育科学版），2015（1）：46-52.

④ 孙刚成，曲歌. 乡村教师及学校面临的问题与发展取向——基于对延安市“国培计划”实施推进的实证研究 [J]. 中小学教师培训，2016（3）：67-71.

师观念转变中快速形成集聚效应，促进乡村学校的快速转型。

1）乡村自身的资源是乡村教育无穷的财富

乡村地域文化中原本就潜藏着丰富的教育资源。传统的乡村教育体系需要实现以书本知识为核心的外来文化与以民间故事为基本内容的民俗地域文化的有机结合，外来文化的横向渗透与民俗地域文化的纵向传承相结合，学校正规教育与自然野趣之习相结合，专门训练与口耳相授相结合，知识的启蒙与乡村感情的孕育相结合。① “中国乡村教育之所以没有时效，是因为教育与农业都是各干各的，不相闻问。（乡村）教育没有农业，便成为空洞的教育、分利的教育、消耗的教育。农业没有教育，就失去了促进的媒介。”② 例如，笔者多次调研的陕西省洛川县，该县以种植苹果闻名，洛川苹果已经成为世界品牌，家家户户都以种植苹果树为业。但作为一种能够影响世界的苹果文化的挖掘与传播，洛川县还需要借助教育的力量做很多工作。文化强必须依靠教育，教育强必须彰显文化特色，因此洛川苹果文化应该彰显于区域教育的全过程，在学前教育中可以借助对苹果的认识设计游戏活动；在基础教育中可以把苹果文化与苹果栽培技术编进校本课程；在高等教育方面可以把正在筹建的职业技术学院命名为洛川苹果职业技术学院，从起步就做成具有行业化优势的单一优势专业院校；并最终落实到具有持久生命力和发展力的终身教育体系，借助苹果文化特色增强教育的吸引力与生命力，让特色教育将苹果文化发扬光大，实现洛川县教育育人与富民的双重目标。乡村自身的资源是乡村教育无穷的财富，所以乡村学校与教师要充分利用乡村的资源，在提高学生综合素质与能力的同时也促进乡村学校和村落的多样化、特色化发展。

2）生态化学校是乡村学校的最佳取向

① 王嘉毅，吕光国. 西北少数民族基础教育发展现状与对策研究 [M]. 北京：民族出版社，2006：52.

② 陶行知. 中国乡村教育之根本改造 [A]. 陶行知教育文选 [C]. 北京：教育科学出版社，1981：57.

一方水土养育一方人。只有乡村学校向乡村生活敞开大门，用充满泥土气息的乡村文化充实学校教育内容，让学生认识乡村的文化积淀，感受生动的乡村生活，重新发现乡村，才能让学生真正爱上乡村，自觉传承乡村文明。[①] 事实证明，现代化城市的教育模式并不适应乡村的真正发展需要。乡村学校应充分利用乡村原生态的自然资源，将学校教育与乡村文明的传承融合在一起，在培养人才的同时为乡村发展作出贡献。生态化学校建设第一步可以立足乡土资源和环境的利用，把学校从围墙到校园内绿化设计全方位打造成花草树木的海洋，具体可以设计为藤蔓加树林的外围区、花园加菜园的校内区，校园面积大的可以增设养殖区；第二步可以借助植物秸秆建设沼气池，形成燃气和沼气发电电源，同时装置太阳能和风能发电设施，构建双保障的绿色能源系统；第三步可以构建生态化教学体系，从教学内容和方法等方面全面打造以学生为主体的生态化生成式、体验式教学模式。

（3）强化教师培训的针对性和实效性 [②]

在新课程改革背景下，教师培训的主要方式必须从重视教师个人成长转向教师个人成长和学习发展的和谐统一；从学校开展的短期、分散培训转向各部门协作的连贯、系统的培训；从以师范院校、教育学院为主的培训转向校本培训；从重视教师需要转向重视学生需求和学习效果；从游离于工作之外的培训转向立足岗位的多形式培训。[③] 乡村学校的情况与城市不同，现有许多教师培训与乡村学校的实际情况不同。许多乡村教师参与培训后无法将培训所学应用于实际的教育教学工作中，从而使培训效果大打折扣，浪费了大量的人力物力。乡村教师培训工作应该结合乡村教师实际，针对乡村教师和乡

① 邵瑞. 文化共生：学校文化与社区文化的有机融合 [J]. 中小学德育，2015（2）：30-32.

② 孙刚成，曲歌. 乡村教师及学校面临的问题与发展取向——基于对延安市“国培计划”实施推进的实证研究 [J]. 中小学教师培训.2016（3）：67-71.

③ 王祖琴，陈光春. 农村中小学教师专业发展存在的问题及对策 [J]. 湖北教育（时政新闻）.2006（7）：31-32.

村学校发展的真正需要，增强教师培训的针对性和实效性，提高广大乡村教师借助乡村教育资源实施新课程的能力。在培训内容上要突出实践性和实用性，重点解决新课程操作层面上的问题，做到与乡村教师教学实际紧密结合、与乡村学生生活和发展实际紧密结合，重视教师的现代教育技术培训，加强人工智能与乡土文化特色的对接教育。在培训师资的配备上，多选用一线教师与名师进行培训授课，帮助乡村教师深入分析教学实际中遇到的问题并提供适切的解决办法。

从培训时间角度看，乡村教师的工作时间较长，合理安排培训时间尤为重要，既不能影响教学活动的进行，又要给教师充分的时间进行培训学习。基于这样的考虑和实际调研中反映出来的问题，培训适宜采取与实际教学融合为主的时间与方式设置，通过送教到学校、真实课堂观摩指导、同课异构、校本教研等参与式培训、体验式培训、具身化培训等解决教师没有培训时间和培训后用不上等问题。另外，可以适度加大乡村教师访名校（特别是乡村特色办学名校）、乡村教师培训与学历提升融合等培训项目的发展力度，切实提升乡村教师培训的针对性和实效性。

（4）培训方式应立足乡村学校实际需求以参与式和送教入校为主[①]

参照乡村教师工作时间过长，没有时间参加额外的培训的客观现实和暂时难以改变的困难局面，乡村教师的培训工作要实现重心下移，加大送教入校力度，实施立足乡村学校实际需求以参与式和送教入校为主的培训，让大多数培训和乡村教师的日常教学紧密结合起来，力争在不增加乡村教师工作负担的前提下完成针对性培训，达到乡村教师教育教学能力提升的目的。

由于乡村与城市各方面的差别，乡村教师参加培训学习有其不同于城市教师培训的自身特点与特殊需求。在现有的教师培训中，乡村教师的培训预

① 孙刚成，曲歌. 乡村教师及学校面临的问题与发展取向——基于对延安市“国培计划”实施推进的实证研究 [J]. 中小学教师培训，2016（3）：67-71.

设是其拥有与城市教师相同的知识背景和教学素养等同等水平的储备，从客观上必然会造成乡村教师培训效果不佳，甚至是无效。调查中，乡村教师普遍对网络培训的兴趣不高，其根本原因在于教师的电脑技术及应用水平受到限制，学校硬件设施配备不到位，而且网络培训适切性差，无法满足乡村教师的特殊需求和迫切需求，这些问题恰恰是应该受到关注却在实际工作中容易被忽视的问题。另外，以往能够参与教师培训的乡村教师数量很少，为扩大乡村教师接受培训的范围，尽可能地满足广大乡村教师对培训的渴求，必须把院校集中培训与送教下乡相结合转变为以送教入校为主的培训形式。例如，可以在集中培训的同时，组织承担培训任务的专家有组织、有计划地开展送教入校活动，使没有机会参加集中培训的教师能够不出校门便捷地接受高水平的培训。[①]第三，要着力推进校本研修工作，加强校本研修的指导和管理，让广大乡村教师学会乡村教育研究方法，理解乡土特色教育资源，成为具有乡村教育研究激情和能力的专业人员，并一步一步向乡村教育专家靠近。

（5）五项改革重点

虽然“国培计划”项目一直在改进和完善，但是在实施过程中仍然会存在一些问题。例如，培训方式或内容和乡村教师的需求无法实现高度匹配，培训虽有效果但还是不够理想，培训内容实用性不大、缺乏高度的针对性等。为解决这些问题，今后培训的重点将主要趋向五个方面：一是对培训方式采取创新模式，实施现实课堂和网络授课相结合的培训模式，并逐年加大送教入校的长期跟踪指导模式的覆盖面；二是针对培训内容进行改革，要切实根据乡村教师的现实需求选取合适的内容进行有效培训；三是重点培养和培训一批能够扎根乡村的种子教师队伍；四是鼓励和支持乡村教师专业发展；五是

① 王祖琴. 农村乡镇中小学教师培训策略探析 [J]. 学校党建与思想教育（普教版）.2006（12）：28-29.

利用各个学校的优质教育资源探索新的教师培训和管理机制。[①]

（6）打破项目独立实施

经过一系列的改革后，“国培计划”中的项目重新调整了实施方案，将往常独立实施项目的方式打破。同时，为适应新的需求，实施了五项关于中西部及幼师的培训项目：一是为乡村教师提供便利，解决乡村教师不出门便可接受培训的问题，主要以高校专家、一线名师、集中培训专家团队成员、名教研员等专家组成“四位一体”的专家团队，直接进入乡村学校，为乡村教师们进行诊断示范并传授知识技能，这样专家团队可以根据当地具体情况实施相应的、针对性强的指导与培训；二是以“两年递进式”的新方式培养具有乡土资源开发意识和热爱乡村的优秀教师团队；三是为乡村教师提供外出学习机会，开阔眼界，学习新的教学理念，实施访名校项目；四是利用多媒体现代信息技术为教师网上授课实施网络研修，实现不同学区、地区同步课堂；五是重点加强乡村校园长管理能力、专业化发展能力、更新治理学校理念能力等。以上五大项目相互促进、相互依存，共同推进“国培计划”在乡村的实施。[②]

（7）拓展培训深度

注重乡村教师实际课堂教学能力的发展是“国培计划”改革后的一大亮点，让培训真正走进乡村、落到实处，带动乡村教师加强实践能力建设。因此，培训要求教师必须参与 50% 以上的实践课程；为了让乡村教师在接受培训的过程中能够完全领悟且做到学以致用，培训计划将帮助乡村教师克服外出培训机会少、难以长时间离校等问题，采取网络授课、课题现场实践、集中面授等混合培训模式，对乡村教师提供两至三年的递进式培训，保证乡村

① 编辑部. 新国培计划培训项目从各自为政变为“一盘棋”　全国乡村教师培训步入常态化 [J]. 中国农村教育，2015（9）：7-8.

② 张烁. 今年起“国培计划”聚焦中西部乡村教师　乡村教师培训 更多更实在 [J]. 中国农村教育，2015（10）：54-55.

教师综合素质、综合能力逐步提升。

总之，在培训方式上要做到多样化，建立对参训教师的跟踪指导和长期培养制度，深入乡村教师内部，把培训变成教师展示自我、合作交流、促进反思、探究学习的平台，力求全方位服务于培养乡村教育专家的需求。

2. 以“地方免费师范生”形式实现乡村教师专项培养

2015 年，习近平总书记接见了在北京师范大学参加培训的一批乡村教师之后，深刻地意识到中国乡村教育正面临着教师短缺的严峻问题，因此国务院办公厅印发了《乡村教师支持计划（2015—2020 年）》，计划内容从点到面、有条不紊地涵盖了乡村教师需要解决的种种问题。主要从乡村教师思想政治素养、教师短缺补充渠道、工资待遇、能力素质培养等方面进行改革，这些措施在一定程度上促进了乡村教育振兴，为乡村教育发展带来了新的机遇和前景。在此形势下，培养能下乡、适合下乡并从事教育的师范毕业生是各地方院校需要深入研究的问题。

（1）加大地方高校免费师范生培养力度

中国师范院校数量众多，但都是招收缴费师范生，能达到师范生免费教育制度的院校主要分布在教育部直接管理的六所师范大学。面对这样的情况，大部分师范生毕业之后都不会选择到乡村任教，因此，尽管师范院校众多，但依然不能解决乡村教师短缺的补充机制问题。① 免费师范生是补充乡村教育教师短缺的重要途径，2018 年 1 月 20 日，中共中央国务院印发的《中共中央国务院关于全面深化新时代教师队伍建设改革的意见》中指出：要加大力度完善高校免费师范生的培养，鼓励各地结合实际，适时提高师范专业生均拨款标准，提升师范教育保障水平；完善教育部直属师范大学师范生公费教

---

① 田恒平. 乡村教师培养与补充的现实路径思考 [J]. 教师教育研究，2016，28（3）：30-35.

育政策，履约任教服务期调整为6年。[①] 可见，国家对免费师范生的实施范围和数量都进行了扩大，积极鼓励和支持各地方政府设立地方免费师范生培养项目，着重扩大了乡村定向培养免费师范生项目的规模，希望可以培养一批热爱乡村、艰苦朴素、愿意扎根乡村的优秀师范生。

（2）地方师范院校必须重视免费师范生教育情怀的培养

乡村教师首先要发自内心地热爱乡村，才会热爱乡村的一切，才可能做好乡村教育、奉献于乡村教育。拥有乡村情怀是一个乡村教师必要的心境和胸怀，乡村情怀是对乡土文化、乡村生活、乡村环境、乡村孩子和大人、乡村教育的热爱以及对乡村的期望和使命感，基于如此深厚的情感才会对乡村教育的研究和课程开发充满动力和激情。其次是乡村教师要有坚守乡村、扎根乡村的情怀，学习和融入乡村文化，利用自己优良的专业素质、扎实的专业知识和精湛的教学技能，无怨无悔地将自己的热血和青春奉献在自己热爱的土地上。

（3）加强地方免费师范生专业能力的训练

地方免费师范生只有具备乡村教师所应有的能力才能专注地投入到乡村教育事业中去，所以乡村教师要有专业素养和专业能力，专业素养主要是专业理念、专业知识和专业能力，而乡村教师的专业能力是指能够利用并且结合乡村资源和乡村特色优势进行设计教学、实施教学、教学评价、沟通合作和反思等，只有具备这些能力才能有效地利用乡村文化与自然资源去提升乡村教育的适切性与适应性。然而，这些能力必须亲自体验。因此，地方免费师范生应在实际的教学活动中逐步摸索、探究、实践和反思，从而提升自己的各项能力。

---

① 中共中央国务院. 中共中央　国务院关于全面深化新时代教师队伍建设改革的意见 [N]. 人民日报，2018-02-01（1）.

3. 设计专属乡村教师的师资培育课程[①]

以澳大利亚为例，早年 New South Wales Rawlinson（1983）对乡村学校的工作人员编制、招聘和教师的专业发展调查研究就发现，对于这些在乡村任教的教师，职前的师资培育课程完全没有任何特殊的课程设计，初任教师的培训就是这些教师的乡村初体验。[②]大学师资培养课程的教授可能本身也不了解乡村，师范生更不了解乡村。[③]大多数传统的准教师培育课程不会设想自己培养的准教师有可能未来会在乡村做教师。[④]

准教师或免费师范生不了解乡村，便不会积极主动地选择到乡村学校工作。乡村学校的教师必须知道如何与乡村家长沟通，也需要熟悉混龄教学或复式教学与全科教学，都市教师没人会对他人的生活感兴趣，但乡村教师的生活一切都暴露在阳光下没有秘密。乡村教师的专业影响必须能够超越班级、学校而进入乡村社区。

按照目前的师范生培养数量，准教师应该是供过于求的，但是师范生培养从未从乡村学校和乡村为主体的需求角度去培育或筛选教师，师资培育机构也没有针对乡村的真实情况提供职前教师该有的知识准备与体验。大多数初到乡村学校服务的教师，纵使具有高度热忱与意愿，但常常因为对于乡村地区的陌生、不适应或教学挫折而放弃理想。[⑤]很明显的是，师范生培养的

---

① 孙刚成，何俊青. 台湾偏乡学校教育的改革省思 [J]. 中国教育发展与减贫研究，2019（1）：17-27.

② RAWLINSON，R.W. Listening and responding：A review of education in rural New South Wales. Sydney：Education Commission of New South Wales，1983.

③ REID，J.，GREEN，B.，COOPER，M.，HASTINGS，W.，LOCK，G.，WHITE，S. Regenerating rural social space? Teacher education for rural-regional sustainability. Australian Journal of Education，2010，54（3）：262-276.

④ AZANO，A. P.，STEWART，T. T. Exploring place and practicing justice：Preparing preservice teachers for success in rural schools. Journal of Research in Rural Education，2015，30（9）：1–12.

⑤ 王慧兰. 偏乡与弱势？法规松绑、空间治理与教育创新的可能 [J]. 教育研究集刊（台湾），2017，63（1）：109-119.

“一套模式走遍天下”无法满足乡村教育的需求，因此乡村师范生培育课程应该“再概念化”，以具有包容性与前瞻性的思维，针对乡村教育的多元特性设计师资培训课程。①

White and Reid（2008）认为，负责师资培育的大学教授应该对乡村教育理论与实务的联结负起责任。让培育未来的乡村教师不只是在教室准备好，还必须在学校与乡村社区准备好，因为乡村教师在乡村社区扮演亲职教育与经济扶助的角色很重要，也必须融入地方意识到教师职前教育课程中，让学生扎根在文化历史形塑的在地经验中。②

虽然开设乡村教育课程所需要的师资可能比较难寻觅，而且乡村教育课程目标和内容还有待达成共识。但是，为弥补乡村教育实际与乡村师资培训课程理论的差距，应该针对乡村教师的需求，重新设计师资培育课程，尤其是纳入理解乡村教育的文化课程和相关体验，增进师资生对乡村实际情况的理解与准备。

澳大利亚人权与平等机会委员会（Human Rights and Equal Opportunity Commission）在2000年做的调查发现，大多数的教师培训没办法让初任教师具有在澳大利亚乡村和偏远地区所需要的教学技能和知识。所以，该委员会针对乡村教育课程提出建议，认为乡村教育应该是混龄策略的教育学；需要加强课程组织和规划；需要建立在混龄班级管理低年级学生的策略；需要加强乡村学校课堂组织和小规模学校管理的责任；需要安排适当和充分的资源；需要建构有效的时间管理策略；需要实施成功的乡村社区互动处理策略；需要发展对乡村社区动态的理解以影响教学与学习环境；需要处理好价值冲突；需要

① WHITE, S., KLINE, J. Developing a rural teacher education curriculum package. The Rural Educator, 2012, 33（2）: 36-42.

② WHITE, S., REID, J. Placing teachers? Sustaining rural schooling through place-consciousness in teacher education. Journal of Research in Rural Education, 2008, 23(7). Retrieved from http: //jrre.vmhost.psu.edu/wpcontent/uploads/2014/02/23-7.pdf

解决隔离问题；需要与同事、顾问、支持团体或朋友等发展支持性的沟通和互动网络；需要提升和总结乡村学校和乡村社区的教学经验等[①]。

澳大利亚还成立基金会为乡村地区学校量身打造培养师资，[②]White 和 Kline（2012）就承担师资培育任务的大学如何与乡村学校合作培养乡村学校师资提出了更具体的创新乡村地区师资培育课程（Renewing Rural and Regional Teacher Education Curriculum，RRRTEC），可供借鉴的部分重点在于其通过七个模块多维度、多方位强化了准乡村教师对乡村的认知，为未来的乡村教师开展专业化的在地教育服务做了充分的准备。具体来说，主要包括借助体验乡村模块课程帮助准乡村师资了解乡村；通过乡村社区准备模块课程帮助准乡村师资了解在地；形成全校焦点模块课程帮助准乡村师资了解乡村教师定位与教师工作，让准乡村教师了解并与乡村在地社区一起工作；通过融入在地学生学习与教室模块课程帮助准乡村师资进入乡村学生的生活，形成专业的经验模式，包括演讲嘉宾，远程接触，模拟和情景，实地考察，田野旅行与实习等；借助乡村生涯准备模块帮助准乡村师资形成在乡村工作的建议等。[③]

建议国家及早出台鼓励师资培育院校依据师资职前教育课程标准进行课程自主规划设计的权利，推动相关院校规划实验课程，并与研究乡村教育的民间机构合作，满足乡村教育师资需求，提升师资素质，在师资职前培育过程中，将偏乡教育议题融入正式课程体系之中，包括认识乡村教育、乡村学

① HREOC，Recommendations：National inquiry into rural and remote education. Sydney：Human Rights and Equal Opportunity Commission，2000.

② TRINIDAD，S.，SHARPLIN，E.，LEDGER，S.，BROADLEY，T. Connecting for innovation：Four universities collaboratively preparing pre-service teachers to teach in rural and remote western Australia. Journal of Research in Rural Education，2014，29（2）：1-13.

③ WHITE，S，KLINE，J. Renewing Rural and Regional Teacher Education Curriculum. Final Report，Sydney，NSW：Department of Industry，Innovation，Science，Research and Tertiary Education (Office for Learning and Teaching)，2012.

校的教学方法、乡村学校与乡村社区、乡村学校教育议题、乡村学校治理等，以便于让未来的乡村准教师能够胜任乡村教育工作。[①]

4. 以“精准扶贫”为途径培养种子教师

乡村地区由于受到不良的经济状况、割裂的城乡二元结构、偏僻的地理位置、缺乏治理的生态环境等因素的影响，导致中国虽然实行了多次教师队伍建设改革，但偏远乡村教师队伍改善效果依然达不到预期的目标，而只有城市的中小学教师队伍经过一系列的政策调整后有很大的提升和改善，因此城乡教育差距越来越大。乡村教师下不去、留不住、教不好，精准扶贫主攻的重点理所应当是乡村教师。长期以来，乡村教师存在的问题总结起来就是下不去、留不住，造成这种状况的因素也是多方面的，有客观的、历史的、社会的、现实的、政策制度上的，核心因素主要为四个方面：一是乡村地理位置偏远、环境艰苦，方方面面的条件都不能和城市相提并论；二是乡村教师工资待遇较低、生活压力大，不能满足教师生活的基本经济需求；三是教师职业受欢迎度低，社会地位低，没有得到应有的尊重；四是目前培养的准教师缺乏对乡村的了解与认同，不具有乡土情怀和乡村教育情怀。面临这种种问题，要尽快改变目前的状况就必须具有改革创新的信心和精神，突破常规思维局限，调整及完善制度缺陷，探索且实施有效措施。首先，偏远贫困的乡村教师是我国教育行业里最辛苦、最值得尊敬的职业，只有调整并提升乡村教师的工作待遇才能解决最基本的问题。近十年来，全国各地的乡村教师工资在各方面的支持和努力下平均增长到了原来的2~4倍，相比较以前，增长幅度还较为可观；但是，相比较教师地位较高的国家或国内其他行业来说，乡村教师工资还是远远落后，处于劣势。一些乡村地区教师的工资还不如外出打工者收入高，教师们靠这些工资根本不能满足最基本的经济需求，

① 林天佑. 偏乡学校的师资课题 [J]. 台湾教育评论月刊，2012，1（3）：25-26.

保证不了赡养老人和抚育孩子的生活需求，所以必须让这些在困难中仍然坚守岗位的教师获得欣慰，必须保证他们的基本生活和养家糊口的需求。除此以外还要让他们有能力继续学习和接受外出培训，因此必须进一步提高乡村教师的工资标准。[①] 其次，国家和各地政府要尽快建立和完善偏远乡村教师岗位的特殊津贴制度，以及建立对于自愿到艰苦贫困地区从教的中小学教师待遇收入的可观激励机制。[②] 再次，为乡村教师做好基础保障，医疗保险、养老保险、社区和住房保障、健康体检等，让乡村教师们能够健健康康地安心从教。此外，为了提升乡村教师的社会地位和得到应有的尊重，国家在《乡村教师支持计划（2015—2020 年）》中提出要建立乡村教师荣誉制度，为坚守在农村 10 年、20 年和 30 年的教师给予奖励和荣誉称号，并提供乡村学校发展专项脱产进修学习机会和更具有针对性的专家指导。[③] 只有针对乡村教师存在的问题进行精准扶贫、一对一帮扶，乡村教育、乡村教师才会实现更好、更快的发展。

5. 通过提高乡村教师经济待遇和社会地位吸引更多优秀人才加入乡村教师队伍

按照习近平的指导意见及国务院办公厅印发的《乡村教师支持计划（2015—2020 年）》，要逐步提高乡村教师的经济待遇并建立乡村教师荣誉制度，从经济上和精神上共同提高乡村教师的地位，最终让乡村教师成为让人羡慕的职业。目前，这项制度的落实全国参差不齐，主要是经济待遇提升部分缺乏吸引力，很多地方仅仅为乡村教师每月增加了 150~250 元的乡村补助金，这个金额远远赶不上城市优质学校的学校补助，也不足以提升乡村教师

---

① 向思宇. 中国西南乡村教师 [M]. 北京：作家出版社，2014：17.

② 庞丽娟. 乡村教师队伍建设应成为精准扶贫重点 [N]. 光明日报，2016-04-19（14）.

③ 国务院办公厅. 国务院办公厅关于印发乡村教师支持计划（2015—2020 年）的通知（国办发 [2015]43 号）[Z]. 中国政府网，2015-06-08.

的职业吸引力。参照世界各国的标准，众多国家对乡村教师的补助依据偏远程度的不同，每月的一般补助区间在300~3000元，尤其需要保障的是按照偏远程度每月应该补助1500~3000元部分的乡村教师权益，因为他们所处环境更加艰苦，工作压力更大。另外，目前的乡村教师荣誉制度只针对在乡村学校任教30年以上的个别教师，对任教10年、20年的乡村教师的荣誉激励基本没有落到实处，对年轻的新进教师和正在门外徘徊的准教师缺乏激励作用，无法发挥应有的政策激励价值。建议给更多年轻有为且有意到乡村任教的高学历、高水平人才以特殊的荣誉激励与职称评聘单列指标，再辅之以干满10年之后自由选择城市学校的福利等，吸引更多的优秀年轻教师或准教师到乡村学校任教。

6. 打造本土化的乡村教育专家

乡村教育的发展必须依靠本土化的乡村教育专家来实现。但是，目前的大批乡村教师缺乏对在地乡土特色的了解和深入认识，更不具备“农夫的身手”和强烈的乡土情怀。所以，通过专家团队长期跟踪指导，及早打造一批本土化的乡村教育专家是振兴乡村教育的当务之急。培训优秀乡村教师最有效的途径，就是把当地优秀教育专家和各县区与各高等学校的优质乡村教育资源整合起来，实施长期递进式培训。大批乡村教师的培训质量直接由培训团队的质量决定，只有了解在地资源的人才能掌握培训的要点，想要培训好当地的乡村教师就必须要在当地高校、中小学学校中选取了解本土文化和在地乡土资源情况的本土专家对乡村教师进行培训，并且鼓励这些优秀的本土专家积极参与到培训团队中或直接落户于乡村学校中，成为乡村教师队伍的一部分。中华人民共和国教育部已经确定计划，决定依照专家和本土中小学与幼儿园教师1：500以上的比例建立省、市、县三级乡村教师培训专家团队，主要负责乡村教师培训课程研究、内容设计、教学指导和绩效评价等。

其中，优秀的本土专家数量必须要超过 60%，并且选取一些积极性高的优秀本土专家负责网络研修、送教下乡和校本研修等工作。吸收优秀专家是发展培训团队和形成乡村教育专家型教师的核心要素，优秀的培训团队打造就要有过硬的培训专家挑起大梁，根据既定的培训目标和需要，打造一批“干得好、用得上、下得去、留得住”的乡村教师培训专家与一批懂得乡村、热爱乡村教育、具有乡土情怀和必要的乡村发展技能的专家型教师，为乡村教育的振兴作出贡献。

第四章　新时代中国特色育人观

新时代中国特色育人观主要体现在“立德树人”的育人观、人才观及其如何落实等方面，是以习近平同志为核心的中央领导集体对当前社会形势准确判断的反映，是对中国社会和人类发展高瞻远瞩认识的基本反映。

“立德树人”是教育的根本任务和改革取向。从立什么德和树什么人的角度解读中国特色“立德树人”育人观的基本内涵，继而从中国古代以礼和仁为核心的成人之道、以人为本的教育理论和马克思主义关于人的发展学说三个方面诠释中国特色“立德树人”育人观的理论基础，可以帮助人们深入系统地了解中国特色的“立德树人”教育思想，能够启迪人们从教育目的、教育理念、教学内容三个方面去思考如何落实中国特色“立德树人”的育人观，并从学生、教师和育人环境三个维度去实现“立德树人”教育观指导下的教育改革，加快服务于中华民族伟大复兴中国梦实现的教育改革进程。①

天平秤因其两端重量相当而保持平衡，否则两端就会失衡。相类似的情况，在各级各类学校发展的过程中，由于专业的高度分化与学科建设指标导向限制，导致重专业与学科建设、重显性指标与功利化发展、轻育人的现象越来越严重，从而影响了培养高素质人才的质量。“立德树人”这一根本任务的提出，为教育事业的发展指明了前进的道路，尤其为中国特色教育目前面临的一系列问题点起一盏明灯。②

---

① 孙刚成，林婧. 习近平的“立德树人”育人观解读 [J]. 渭南师范学院学报，2018，33（10）：26-32.

② 孙刚成，林婧. 习近平的“立德树人”育人观解读 [J]. 渭南师范学院学报，2018，33（10）：26-32.

一、新时代中国特色“立德树人”育人观的基本内涵[①]

“立德树人”是新时期教育发展的根本导向。面对国内和国际经济与社会发展诸方面的新形势、新变化和新趋向，教育中到底应该立什么德、树什么人，是教育改革中迫切需要回答和落实的问题。

（一）从“立德”角度解读中国特色的育人观

“立德”是中国特色“立德树人”育人观的基本导向，但是“德”的具体内涵及其所包含的内容在不同的国家或不同的社会阶段有着不同的解释，在当前社会形势下最迫切的是从以下几方面进行“立德”。

1. 立中华民族的优秀传统美德

“德”的本意是遵守规范的好品行。“德”由本意引申为道德、品行，这是最常用的义项。[②] 马克思认为，社会的实际发展状态，即社会存在，决定社会的主流价值观，即社会意识。[③] 所以，“德”一定是符合当前中国社会生产力水平和社会发展需要的“德”，是实现中华民族伟大复兴中国梦而需要的“德”。“中华民族在漫长的历史发展过程中，构建了一套成熟的道德价值体系，形成了丰富的道德理念。”[④] 但是，当前社会的快速发展却忽视了传统美德的继承和发展。基于这样的现实，人们必须要立中华民族传统美德。

中华民族传统美德的内容丰富而蕴含深远。从类型角度来分，可以分为以家人和睦相处、相亲相爱、夫妻相互包容、孝敬父母等为主的家庭美德；以助人为乐、见义勇为、遵守社会规则等为主的社会美德；以爱岗敬业、团

① 孙刚成，林婧. 习近平的“立德树人”育人观解读 [J]. 渭南师范学院学报，2018，33（10）：26-32.

② 陈才俊. 说文解字精粹 [M]. 北京：海潮出版社，2014：340.

③ 马克思，恩格斯. 马克思恩格斯选集（第 2 卷）[M]. 北京：人民出版社，1972：82.

④ 顾明远. 习近平教育思想指引中国教育改革和发展前进方向 [N]. 中国教育报，2017-07-26（1）.

结一致、默默奉献等为主的职业美德；以拾金不昧、坚持不懈、艰苦奋斗等为主的个人道德等。从时代角度分类，则包括以“仁、爱、孝、义、礼”为核心的先秦时期诸家的美德思想；以革命英雄、艰苦奋斗、热爱人民、相信人民、依靠人民、树立民族自尊心和自豪感等为核心的近代革命道德思想；以社会主义核心价值观和中国特色社会主义文化等为核心的新时代道德思想中的历史传承与发展部分。虽然时间在飞逝，道德内容在变化，但是，唯一不变的是中华民族传统美德中承载着的先辈们的思想精华和精神追求，这种思想与精神融入时代的精髓，就形成了与当今社会相契合的优秀道德。总的来说，中华传统美德是经过时代和人民的检验，对社会秩序、公民行为和价值观等方面产生深远影响的思想理论和态度观念的总和。

立中华民族的传统美德，学校需要做到对其进行创造性转化和创新性发展。创造性转化意味着对传统美德进行针对性的渗透，学校在传授传统美德时，要选择适合学生年龄特征和心理特征的美德。同时，美德的内涵要通过具体而生动的方式传递给学生，此时传统美德不再是干瘪机械的语言，而是深入学生内心的行为准则。比如，在小学阶段，助人为乐、尊老爱幼、拾金不昧等品质通过动画效果、情景剧等形式在学校传播，这样可以把简单、有趣、生动的方式和丰富的内容相结合，学生更容易且能够更深刻地接受、理解和落到实处；意味着对传统美德赋予时代的新意义。不同的时代，不同的发展阶段，传统美德都需要汲取新的力量，新时代中国特色社会主义要求传统美德植根于社会实践，因而学校需要在传统美德的基础上加入新时代的特征，需要将社会主义核心价值观付诸实践。比如，大学生通过观看具有时代表征和特色的纪录片、参加学校组织的社会实践活动等，可以更加深刻地理解社会主义核心价值观。创新性发展意味着传统美德的继承不能局限于课堂，更要求学校打破课上课下和校内校外的封闭时空，实现时间和空间的无限拓展，通过实践活动、文化宣传等方式让学生真正认识传统美德；意味着“互联网＋传统美德”的方式要广泛进入学校，学校要充分利用互联网不受时间、空间和地点限制的优势，通过各种平台让学生全方位、多角度地接受中华民族传统美德对其潜移默化的影响，使学生逐步树立美好品德。

2. 立社会主义道德

公有制是当前和今后较长时期中国社会的基本特征之一，而在封建社会私有制是其基本特征之一。由此可以看出，社会主义社会是在对封建的所有制关系进行深刻变革的基础上建立的新型社会，是以公有制为基础的社会。这种社会需要形成和发展一种与私有制为基础的封建社会完全不同的新型的社会道德，即社会主义道德。① 为人民服务思想和集体主义原则是社会主义道德的核心内容，二者精准地诠释了社会主义公有制和中国特色社会主义的基本特征。

社会主义道德要求树立为人民服务的思想，为人民服务是我国基本经济制度的客观要求，也是无产阶级价值观的根本体现。在工作中，劳动者要明白为社会、为他人创造幸福生活就是在体现自身价值；在社会中，公民要团结一致，互帮互助，组建相亲相爱的大家庭；在生活中，每个人在面对问题时，都要从最广大人民群众的利益出发，一切选择都以是否符合最广大人民群众的福祉需要为原则，符合的就做，而且要坚决做好、做实在；不符合的就不做，而且要坚决抵制。

社会主义道德要求坚持集体主义思想，正确处理集体利益和个人利益的关系，集体是由无数的个人构成的，坚持集体利益就是为个人创造利益；同时，个人利益要服从集体利益，当集体利益和个人利益发生冲突时，个人要从大局出发，以大局为重，做到心中有他人，心中有社会，心中有国家。

社会主义道德是与当前的社会发展状况相适应的道德，它在传统优秀道

① 骆郁廷，郭莉. “立德树人”的实现路径及有效机制 [J]. 思想教育研究，2013(7)：45-49.

德的基础上推陈出新，更加突出社会主义社会的基本特点。所以，学校要引导学生遵守社会主义道德，做一个合格的具有中国特色的社会公民。国家要以社会主义道德为导向，引导学生树立正确的世界观、人生观和价值观，不断提高公民的各方面素质与基本的文明素养，以促进国家软实力得到进一步提升。

3. 立社会主义核心价值观

道德教育已经突破以往的规范教育概念，它要求教育体现出人的“不是其所是”的独特性，追求培养新的性情与态度的真正的教育。[①] 中国共产党第十八次全国代表大会召开以来，以习近平同志为核心的中央领导集体多次就培育和践行社会主义核心价值观做出重要论述并提出明确要求，为人们培育和践行社会主义核心价值观指明了具体方向。各级各类学校要深刻认识培育和践行社会主义核心价值观的重要性与紧迫性，在教育的过程中以文化的形式渗透进学生的心中与行动中。

社会主义核心价值观的内容从国家、社会和个人三个角度提出要求，是社会主义核心价值体系的精华展现。立社会主义核心价值观，首先，要求学校提供学习社会主义核心价值观的平台，借助网络、板报、实践课程等方式，让学生多接触、多学习社会主义核心价值观的基本内涵与精神实质，通过组织各类学习与实践活动，使学生能够深切体会社会主义核心价值观的内涵；其次，要求教师要在教学中把握好社会主义核心价值观的引导作用，鼓励学生树立远大的理想，形成社会主流思想，培养出能够造福社会和造福人民的优秀人才；最后，要求学校的课程体系要完善，社会主义核心价值观可以以传统文化的形式编排在课本中，作为校本课程来呈现。

无论是从时间还是空间上来说，道德教育已经引起大家的高度重视，其

---

① 鲁洁. 道德教育的当代论域 [M]. 北京：人民出版社，2005：14.

内涵也在随着时代的变化而不断地丰富和发展。通过立中华民族的优秀传统美德、社会主义道德、社会主义核心价值观，社会可以在牢固树立“两德一观”的思想指引下不断向前奋进。

（二）从“树人”角度解读中国特色的育人观

“树人”是中国特色“立德树人”育人观的根本目的，“树人”的内容和方式要根据中国社会发展的具体情况而定。“十年树木，百年树人”①既强调了培养人的重要性，又突出了“树人”任务的艰巨性。新时代的教育在社会经济快速发展的背景下面临着众多新的需要与挑战，这种需要与挑战既体现在“树人”之量的扩展上，更体现在对教育内部系统进一步改造的要求上和对有德之人的迫切需求上。②

1. 培养有远大志向能为人类社会造福的人才

当今人们生活在一个和平而相对富裕的国家，相对舒适的生活环境，加上人们对物质生活进一步提升的强烈诉求，让人们的生活变得忙碌而懒散，很多人不再经常思考生命的意义、生活的本真和个人的价值。教育也变成只为个人追求物质生活的附庸，这种功利性不断占据了人的内心，使人们失去了珍贵的思考，失去了内心的精神自我。从人之在世谋生并求取发展的根本诉求来看，每个人都应该是独立思考的个体，都要有自己的生命追求，要有远大的志向，要能为社会创造财富。

志向是指人们能有所作为的奋斗方向。具体而言，个人要根据自身情况和潜能选择适当的职业与理想作为自己的志向。比如，有一技之长的人选择做技工，并向着一流工匠去努力；有教育情怀的人选择做教师，并向着教育

---

① 李山，译注. 管子 [M]. 北京：中华书局，2016：32.

② 叶澜. 教育概论 [M]. 北京：人民教育出版社，2016：128.

家的目标去奋斗，等等。这些职业没有高低贵贱之分，只要能够在社会中发挥自己的价值，并在一定层面上达到自我实现目的，都属于志向。远大是个人价值的表现。每个人因生活环境、遗传素质、受教育情况和家庭环境等的不同，能力存在很大差异。根据个人的能力情况选择符合自己的职业，踏踏实实工作，这样的志向就是远大的。所以，远大没有高低贵贱之分，只要能够体现自己的价值，能够为社会发展与人类进步作出应有贡献的都是志向远大的。而能为社会作贡献的人就是能为社会造福之人，所谓的为社会造福就是指能够体现自身价值和人类整体价值与进步的现实作为。

实现远大志向和造福社会的目标，需要每个人踏实接受教育，只有接受教育，学生才能用科学的世界观去指导社会实践；只有接受教育，学生才能用科学的知识创造丰厚的利润。所以，受教育是学生创造价值的必要条件，每个人只有在社会、生活和教育的不断打磨下，不断充实自我，展示自我，突破自我，向着远大的志向而努力奋斗，才能成为一个为社会造福的可造之才。

教育要以互动交流为中介，以文化精髓为认知对象，以各民族勤劳奋斗为体认，以此促进国际间学生的交流与合作，在互动中碰撞出思维的火花，不断培养学生敢于挑战、敢于质疑的精神。要培养有远大志向、为人类社会造福的人才，国家就要提倡通过人与人、人与文化、人与世界的交流来增长见识、陶冶胸襟，在培养一个个具有人类命运共同体发展意识和个人精神富足追求的个体过程之中实现这一目标。

2. 培养具有创新精神和国际视野的高品质人才

“为什么我们的学校总是培养不出杰出人才？”这就是著名的钱学森之问，更是关于中国教育事业发展的一道艰深命题。“制造大国”的称号更是像隐形衣一般让中国在国际上处于不利于跨越式发展的被动地位。基于这一现实，国家、社会各界都开始反思中国的教育，说明中国人才的培养模式还不太符合当前的国际发展形势需要和未来的发展需要。教师教学为了分数，学生求学为了成绩，学生的眼界和思维就局限在狭小的空间，学生的眼中只有书本，只有考试，没有社会，没有世界。然而，教育的发展离不开社会的发展，离不开世界的变化，更离不开学生思维能力的提高，尤其是创新能力。为改变这种状况，教育需要结合社会发展背景与国际变化，大力培养具有创新思维品质和创新能力的人才。

创新能力是利用知识在各领域中不断形成新成果的能力。学生创新能力的培养，首先，要求学校提供培养学生创新能力的平台和机会，通过具体化指导使教师在明确的要求下，不断培养学生的问题意识和质疑思维；其次，要求教师不断学习新的教育理念，通过教师之间的讨论、交流和实际体验，不断领悟创新精神的真谛，寻找一条适合学生自己的创新之路。总而言之，学生创新能力的培养需要学校、教师、家长和社会的共同努力。

创新能力的培养不仅要站在国内看，更要从国际视野审视。国际视野也称国际眼光，指的是能够从全世界的角度观察分析经济发展态势，抓住时机进行市场营销。[①] 国际视野反映在教育上就是让学生站在全球的角度审视世界变化，立于人类命运共同体的高度勇于担当且胸襟博大，让教育处处充满崭新的国际气息，让学生拥有强大的应对能力和强烈的使命感，让国家更加具有文化自信和强大的精神内生力，从而使教育逐步走到世界前列。国际视野下的学生具有开放性，尤其是思维的开放性。思维的开放性可以引导人多角度、多方位地看问题，将事物各组成要素进行优化整合；具有应变能力，学生能够审时度势，对变化的环境采取有效的对策来应对；具有国际化意识，拥有强大的心理素质，熟悉其专业的国际化知识，可以独立处理国际活动等。

① 百度百科. 国际视野 [EB/OL].https：//baike.baidu.com/item/%E5%9B%BD%E9%99%85%E8%A7%86%E9%87%8E/8215467?fr=aladdin

从一定角度来讲，具有创新精神和国际视野的学生，不仅能够适应社会、国家和世界的变化，而且可以推动国家走向国际化的浪潮之巅。当然，国际化并不意味着忽视本土文化，而是在本土文化的基础上走向世界。①

培养具有创新精神和国际视野的人才，首先，要求国家给学校提供政策倾斜和国际交流的自由，而且只有学校具有国际意识和培养追求才能打开培养国际化人才的大门；其次，要求社会要给予经济支持，经济基础决定上层建筑，创新意识和国际视野的培养需要一定的财力与物力的支持，所以经费是实现此目标的重要条件；最后，要求教师转变教育理念，积极配合学校，鼓励学生敢于走出校门，走进社会，走向世界。

3. 培养具有中国特色社会主义特征的合格接班人

具有中国特色社会主义特征的合格接班人要体现中国特色，所谓的中国特色指的是所培养的人才是符合中国国情和社会发展现状的人才；所谓合格指的是教育首先要让培养的人才是符合教育的基本要求和社会发展要求的人才；而接班人说明人才是中国未来发展的希望，祖国的强大需要新一代去建设。在多元文化的大环境中，中国需要坚持本色，突出中国特色，培养符合中国特色社会主义特征的接班人才能避免在多元的浪潮中迷失方向。

培养具有中国特色社会主义特征的合格接班人，首先，要求学生要有健康上进的思想。为此，教育者在进行教育的过程中不仅要传授知识，更要传递适应社会发展的价值观。除此之外，传统文化中蕴含着浓厚的爱国情怀，学生在传统文化的熏陶下，感受中国魅力，可以激发他们的爱国情怀。其次，要有行动力。社会的发展不是靠思想的转变就能发展，关键在于能实干、肯实干。学校要呼吁教师组织社会实践活动，教师要积极鼓励学生参加社会实践，让学生在实践中感受社会的发展、参与社会的发展、促进社会的发展。

① 孙刚成，曲歌. 中国教会大学本土化的经验及启示 [J]. 当代教育与文化，2015，7（6）：104-108.

任何发展都要依靠实践，否则就是纸上谈兵，毫无意义。

综上所述，中国特色以“立德树人”为导向的育人观就是要求学校通过对学生进行中华民族的优秀传统美德、社会主义道德和社会主义核心价值观等相关内容的教育来培养具有远大志向、能够为人类社会造福、具有创新能力和国际视野、能够为实现中华民族伟大复兴而奋斗的合格建设者和接班人。在这一伟大转变过程中，教育必须承担其应尽的责任。但是，必须明确的是，中华民族的伟大复兴需要全社会的共同努力，只有所有人团结一致，“立德树人”的目标才能实现。

二、新时代中国特色“立德树人”育人观的理论基础①

中国特色“立德树人”育人观的理论基础首先应该是马克思主义关于人的学说，其次是中国古代的礼仁思想，然后是打造以人为本的教育理论。

（一）马克思主义关于人的学说

马克思主义思想的主旨是人的解放和全面发展，人的全面发展学说是马克思学说的核心组成部分。人的全面发展就是人的解放。②人的活动包括自然、社会、人自身三个领域，同时受到这三者的束缚。而人从自身中获得解放，就在于从束缚自己才能发展的自身条件中得到解放，其中包括从自身的主观条件中获得解放,即思想解放。“人的自由是相对的。”③从社会角度来说，人类的解放代表了人的自由④,代表了“随心所欲而不逾矩”的境界达成。“立

① 孙刚成，林婧. 习近平的“立德树人”育人观解读 [J]. 渭南师范学院学报，2018，33（10）：26-32.

② 孙刚成，闫世笙. 马克思的人的全面发展学说探究 [J]. 延安大学学报（社会科学版），2007，29（6）：43-46.

③ 陈先达. 马克思主义哲学原理 [M]. 北京：中国人民大学出版社，1999：242.

④ 陈先达. 马克思主义哲学原理 [M]. 北京：中国人民大学出版社，1999：245.

德树人”要求教育在国家所倡导的道德体系下促使学生不断发挥主观能动性来获得思想解放，从而真正获得自由，使人类社会得到解放。

马克思认为人的自由发展和全面发展相辅相成，全面发展和自由发展都要求实现个体个性发展，也就是使个体自身潜能得到充分发展。[①] 当然，人的解放和发展要符合社会发展的状况，要符合人的发展规律，这样学校所培养的人才是社会所需要的。另外，人的全面发展是人多方面能力的发展，能力的发展应当是理性智慧、实践智慧、道德智慧等基本方面的协调发展。[②] 所谓的协调发展需要能力的各组成部分充分发挥各自的优势，并且相互制衡，达到优化状态。在现实生活中，人们的道德观念受到很大的冲击，及早落实并养成人的核心素养的教育是社会发展的迫切需要，但是良好的道德体系的建立又是渐进的，不能急于求成。这种变革的急迫性与人的道德养成的渐进性之间虽然有矛盾，但并不相互抵制，需要人们向着大方向不断排除障碍，继续前进。

（二）中国古代以“礼”和“仁”为核心的成人之道

子曰：“道之以德，齐之以礼，有耻且格。”[③] 孔子认为用制度整顿社会，老百姓只是以是否违法犯罪来标定或规范自己的行为，并不会产生羞愧与羞恶之心，并不能提高人的修养和文化自觉；用道德教化他们，百姓会知廉耻而归人心，人们会逐步趋向行为自觉。所以，在孔子看来，施行刑罚只能避免人们犯罪，并不能让人们树立廉耻之心。但是，道德教化既可以引导百姓遵循规则，又能够让百姓知荣辱，并且听从统治者的合乎社会发展规律之管理。所以，孔子认为仁学在国家的管理中发挥着重大的作用，国家的管理需

---

① 陈小鸿. 论人的自由全面发展 [M]. 北京；人民出版社，2004：355.

② 孙刚成，闫世筀. 马克思的人的全面发展学说探究 [J]. 延安大学学报（社会科学版），2007，29（6）：43-46.

③ （春秋）孔丘. 四书·五经 [M]. 北京：北京出版社，2006：10.

要法律和道德共同发挥作用，在依法治国和以德治国的有机协同下，才能创建一个和谐、富强、有序的国家。

孔子谓季氏曰:“八佾舞于庭，是可忍也，孰不可忍也？”[①]即孔子认为季氏让六十四人在庭院中娱乐，他能做出这样的事情，还有什么事情做不出来呢？孔子主张用礼乐规范行为，让每个人都各安其位，做自己该做的事情。“礼”代表着一种修身与治国相结合的文化精神，它不仅是政治伦理和社会伦理的具体体现，还是治理国家的重要依据，而“仁”侧重强调的是人们在社会中的行为规范和对人的尊重。

无论是“仁”的提出还是“礼”的强调，两者都为今天的“立德树人”奠定了扎实的理论基础。“立德树人”的提出和孔孟所倡导的“仁政”有异曲同工之妙，两者都倡导要发挥道德教育的作用。不同的是，“立德树人”将孔孟的“仁政”思想进行了丰富和发展，使其更加符合当今和未来中国发展的道路，更加符合新时代的发展特性。总之，中国要在国际竞争日益激烈的时代变得更加强大，就必须从公民的自身修养入手，先强大每一个公民的精神与文化，继而实现整体国民人文素养与文明素养的提升，让每一个公民都有责任担当和高尚的文化修养。俗话说，众人拾柴火焰高，当“立德树人”真正成为每一个人的思想追求时，国家的文化软实力就一定可以再上一个台阶，中华民族伟大复兴的梦想就又近了一步。

（三）以人为本的教育理论

对于以人为本的教育理论认识，需要从社会发展角度、心理学角度和哲学角度进行多维度分析，才能够取向全面准确的认识。

① （春秋）孔丘. 四书・五经 [M]. 北京：北京出版社，2006：12.

1. 从社会发展角度解释以人为本的教育理论

经济基础决定上层建筑。从古代社会、近代社会到现代社会，社会物质生产水平实现了跨越式发展，经济结构也发生了重大变化，随之上层建筑也得到了不断改善，人的地位也得到了不断提高。自改革开放以来，中国在经济、政治、文化、科技等方面取得了重大进展，推动了中华民族伟大复兴的实现进程。

中国社会的发展，尤其是科技的进步让人们的生活越来越便捷。但是，科技的发展却使得道德观念逐渐被冲击，甚至瓦解。为了一己之私，人们可以不惜一切代价使用高科技手段犯罪，道德底线一再被击垮。《三字经》中提到："人之初，性本善。性相近，习相远。"[①]因而，道德缺失不是一朝一夕就可以形成，而是在社会大背景的影响下，人们逐渐变得自私、贪婪。这样病态的社会状态终将会因人类的无底线而遭到反噬，社会的发展也会偏离正常轨道，所以国家必须下大力气转变这种状态。

社会的发展以人的发展为核心，如果人的发展受到了阻碍，社会的发展必然随之受到阻碍。中国要想实现中国特色社会主义现代化，社会要想健康持续稳定地发展，就必须从教育抓起，通过道德教育培养学生正确的三观与立人的根基，让人在接受教育的过程中能够时刻感受到被尊重感和平等感，让人在社会发展过程中获得越来越充分的被尊重感和平等权，让人越来越趋向最好的自己。习近平所提倡的"立德树人"要求人们不忘初心，继续努力，做一个社会主义事业合格的建设者和接班人。社会的发展要求人类的进步，只有真正做到以人为本，国家的昌盛之路才会越走越好。

---

① 陈君慧. 蒙学大全 [M]. 哈尔滨：北方文艺出版社，2013：1.

2. 从心理学角度解释以人为本的教育理论

人本主义心理学兴起于20世纪50年代，其代表人为罗杰斯，是美国的一个心理学新流派，人本主义认为教学就是要促进学生个性的发展，促进学生自主学习主动性的提升，通过教育让人能够更加鲜活、灵动，更具有细腻的情感和愉悦感。[①] 显然，人本主义心理学从学生心理成长和内心需求的角度进行分析，不再把学生放置到被动的地位，从而突显学生作为人的基本特征。

罗杰斯认为人性具有可塑性，人性通过教育可以向积极健康的方向发展。他认为，教育就是要培养学生的健康、健全的人格和心灵，在教学过程中，最关键的是培养学生良好的态度、品质及人格。[②] 他从动态的角度向人们阐明了人性的重要，而人性的发展离不开教育的培养。这就不仅要求教育观念的转变，更要求教育结构、教育方法、培养目标等多方面的转变，不仅是观念的转变，更是实践的转变。

罗杰斯认为教学要以学生为中心，培养学生良好的品质是教育的重中之重。教育的最终目的就是要培养德智体美劳全面发展的人，而让学生身心得到健康发展是最基本的要求。学校要不断加强思想政治教育，教师要以身作则，学生要严格要求自己，同时，将理论和实践相结合。“立德树人”是根据当今社会发展现状而提出的，因而社会的发展要关注人的发展，更要关注人的道德发展。

3. 从哲学角度解释以人为本的教育理论

哲学人类学家米切尔·兰德曼认为人的非特定化使人在自然界中具有不确定性，[③] 从而指出了人发展的无限性。巴斯噶（Pascal）认为，人介于存在与

---

① 莫雷. 教育心理学 [M]. 北京：教育科学出版社，2007：66.

② 叶浩生. 心理学史（第2版）[M]. 北京：高等教育出版社，2005：303.

③〔德〕米切尔·兰德曼. 哲学人类学 [M]. 阎嘉，译. 贵阳：贵州人民出版社，1988：228.

非存在这两极之间，是“存在与非存在的奇怪混合物”。[①] 存在主义者萨特认为从自我反思中找到自己的人，也可以发现别人和自己存在的条件。[②] 人是复杂的，人是确定性与不确定性的结合，是已知与未知的结合，是现实与理想的结合。

以人为本是一个关系概念。从人与自然的关系上来说，以人为本就要不断提高人的生活质量，增强可持续性发展的能力，使社会进入良性循环的发展过程中；从人与社会的关系上来说，以人为本就是要社会为人类发展提供条件，让人民共享社会发展成果；从人和人的关系上来说，以人为本是指人与人要和谐发展，不断缩小社会中人与人之间的差距；从人和组织的关系上来说，以人为本要求组织要以人为中心，为人的发展提供平台，为人的才能施展和社会需求提供越来越充分的服务。因此，人的发展已经成为社会发展的关键因素。

社会在不断地发展，人也在不断地进化。矛盾统一体永远存在，当前社会的发展和人的发展存在很多脱节之处。“立德树人”的提出并不意味着国家提倡的道德理论与社会发展不相适应，而是理论和实践两者之间出现了脱节。这要求人们回归人类的本真，重新审视自己的发展历程，从实际出发，身体力行地实现真正的道德。“立德树人”的实现要从人的发展入手，通过教育将人与各方面的关系发展到和谐状态，最终培养出全面发展的高素质人才。

总之，“立德树人”要求从个体自身出发，通过道德教育使个体的个性、素质和潜能得到充分的发挥，实现自由发展、全面发展、充分发展与和谐发展，同时要在社会中充分发挥自己的优势以促进国家的可持续性发展。

---

① 〔德〕恩斯特·卡西尔. 人论 [M]. 甘阳，译. 上海：上海译文出版社，2013：25.

② 萨特. 存在主义是一种人道主义 [M]. 上海：上海译文出版社，1998：21.

三、新时代中国特色“立德树人”育人观指导下的教育变革取向[①]

中国特色以“立德树人”为导向的育人观体现在教育的方方面面，它不仅指向学生道德，还指向教师道德和学校道德，学生道德和教师道德都体现在个人的道德观念和道德实践上，学校道德更侧重一种校园文化建设。在“立德树人”导向的育人观下，教育变革取向也表现在多个方面，具体内容如下。

（一）从教育理念角度去实现德育理论和实践的结合

从古代孔孟所倡导的仁义学说开始，道德就走进了人们的关注视线。但是，在物质水平飞速发展的社会背景下，道德教育出现了“知”和“行”的不对等、不匹配矛盾。道德只是停留在书本上的道德知识，而不是实践的道德行为。而要真正实现道德教育，关键在于人们如何将道德理论付诸实践并形成行动自觉；关键在于学校要给予学生实践的平台，而不只是空洞的道德理论讲坛。随着应试教育的发展，学校越来越不重视道德教育，貌似只有知识才是教育的根本，这就导致学生的发展受到限制，教育的本质受到扭曲，即道德教育理念和道德教育实践出现了脱节，导致很多现实问题蜂拥而至。要解决这些问题，首先，需要学校提供良好的道德教育文化氛围，让学生耳濡目染，受到潜移默化的影响，无形的道德教育在培养学生良好品质方面会产生更加重要的影响；其次，要加强教师教育教学理念的更新，实现由教书向育人的转变，实现知识本位向学生身心发展与精神丰富的人本化方向转变；再次，要不断实现道德教育理论和道德教育实践的有机结合，这对教师就提出了更高的要求，需要教师对每节课的教学计划做出精细的安排，教师要在传道的过程中将道德思想转化为学生课程或实践课程传递到学生的心中、口中、实践中，形成做中学或即学即用的行为自觉。

---

① 孙刚成，林婧. 习近平的“立德树人”育人观解读 [J]. 渭南师范学院学报，2018，33（10）：26-32.

（二）从教学内容角度去实现德育和多学科内容的结合

每个层次的学校都会开设关于学生道德或者政治的学科，这些课程都是为了逐步提高学生的思想政治觉悟而设置的，而且每个阶段之间都有着密切的联系，但是这些科目在教学实践之中又都是作为单独的学科而出现的，既存在相互割裂的弊端，又存在按学科知识传递以识记为主的考试方式考核评价的缺陷，不利于综合贯通地实现对学生道德素养和道德行动的提升。在社会都在追求升学的氛围下，德育逐渐被淹没，而为了让学生接受社会主义社会的主流价值观，学校就以学科的形式来呈现。殊不知，学生道德的发展岂是一门学科就能解决的，道德渗透在人们生活的每一个角落，渗透在每一门学科中，不能用分数来代替德育的评价与存在，更不能用一门学科来弥补道德的无处不在。

教育是一个网络状的关系图，牵一发而动全身，而德育要想得到真正的发展，就必须用联系的观点看问题，将德育与多学科内容相结合，即德育的内容与各学科内容相互渗透。当然，无论是德育内容的选择还是多学科内容的选择都要具体情况具体分析。除此之外，德育和多学科也可以在教学方式上相互借鉴，增加教学的有趣性、实践性和综合性。

以习近平同志为核心的中央领导集体提出的“立德树人”思想，要求人们重新审视道德的发展历程，在人们重视德育课程发展的同时，也要逐步在学校内倡导德育和多学科内容相结合，每一门课程的开发和使用都要将德育的理念渗透其中，为社会和国家培养具有良好道德修养的优秀人才、培养具有强烈的国家认同感的人才。

（三）从教育目的角度去实现从升学向育人的转变

在经济全球化的大背景下，我国要想不断提升综合国力，提升国际地位，就必须要有强大的高素质人才团队。2009—2016年在任的中华人民共和国教育部部长袁贵仁曾经提出“有教无类、因材施教、终身学习、人人成才”[①]的中国教育梦。什么是人才？人才是指利用一定的专门知识进行创造性劳动产生独特价值的高能力与高素质劳动者。[②]人才不只是拥有高能力，更是能力和素质都较高的劳动者与实践者，也就是说，没有人才，一切归零；没有道德，人才归零。

社会的发展并不是以掌握知识的多少来衡量，它需要多维度的综合分析。随着国际竞争愈演愈烈，文化软实力也成为竞争的一个重要因素，而道德教育的发展水平不仅是一种文化软实力的体现，更是国家整体素质和整体竞争力的一种考量。因而，学校要真正落实育人理念，勿忘教育的初心。

在这种社会发展需求下，人们不能再一味地为了升学而教学，而应该为了育人而教学。教学内容不仅要传授知识，更要传递和确立育人和醒世的价值。这样国家才能不断获得发展，才能不断被注入新的生机与活力。教育必须首先让学生成为一名合格的公民，然后才可能成为一名合格的人才，如此反复，通过教育为社会的发展注入活力，社会才能为教育提供更优越的环境，两者才会相互促进。

（四）从学生角度去实现学生主观个体和客观个体相结合的发展

马克思认为人是作为主观个体和客观个体协同存在于社会之中的，即人一方面在适应客观世界，另一方面人又有着自己的欲望和建构力，他们可以积极主动地改变世界。如今的时代更多强调的是如何用人们所学的知识去应对客观世界，因此人们就会失去内心的自己。当人们过分地强调学生自身的

① 柯进，张婷，高靓. 袁贵仁谈教育梦：让每个学生幸福成长人人成才 [N]. 中国教育报，2013-03-08（1）.

② 祖旭东，宋玉良，苗成彦. 走近新教育 [M]. 北京：北京师范大学出版社，2014：2.

客观性的时候，也就容易失去自身的主观性；当人们一直在强调知识如何重要时，却失去了自身的兴趣；当人们一直在强调道德的重要性时，却失去了内心对善的期许。因此，学生的发展是缺失性的，不能正确认识自己，不能让自己的价值得到更充分的发挥，道德教育也就只是从书本上提炼出来的知识而已，就不可能真正走进学生的心里、形成学生的实践力。

学生要获得全面发展，首先就要让学生认识真正的自己，即让自己的主观性和客观性完美地结合起来，实现自我发展，自身才能获得持续发展。学生需要不断学习，不断思考，不断实践，做到学思行的高度共契。这就要求教师能够运用各种教学手段充分挖掘学生的潜力，让学生能够实现自我的真正绽放，从而帮助学生能够真正认识自己，教师也才能够获得教学的满足，教师和学生之间也才能够形成更加融洽的关系。

（五）从教师角度去实现教师自身理论和实践相结合的发展

唐代韩愈在《师说》中写道："师者，所以传道授业解惑也。"① 即教师是传授真理与规律、解答身心困惑的人。而在现实生活中，随着各门学科的分化，教师更多履行的是"授业解惑"的职责，而"传道"已经被逐渐漠视。由于社会发展脚步太快，为了适应社会的发展，教育出现了"偷工减料"的现象。为了快速出成绩，教师不得已将知识的传授置于教学的重心甚至全部。随着时间的推移，道德教育逐渐被淡化，在课堂上所传授的道德理论和实践也会越来越少。

教师专业成长要求教师能够达到专业化的程度。"立德树人"的提出，要求教育要重新捡起失去的重要东西，要求教师不断提高自身素质，以身作则，对学生多一些爱心、耐心和责任心，实现润物细无声的德育感化，让其成为教育生活中闪亮的一角，同时，要将自己的教育理论和教学实践结合起来，

---

① 赵曜曜，木西，注译.韩愈文[M].武汉：崇文书局，2017：38.

做一名知行合一的合格教师。

（六）从教育环境角度去创造注重以家庭为核心的良好社会环境

《三字经》中讲到："人之初，性本善。性相近，习相远。"[①] 这句话表明每个人的天性都是善良的，但随着环境的改变，人的天性会发生很大的变化。《三字经》中还论述到："昔孟母，择邻处。子不学，断机杼。"[②] 这句话说明孟母非常重视孟子的学习环境，从而说明家庭教育对孩子的成长起着至关重要的作用。

人们总在抱怨学校的不完善，教师的不负责，殊不知，孩子成才的关键在于家庭教育。家庭能够给予孩子的不仅仅是吃饱穿暖的需求，更要有家庭情感的维系、家族文化的传承和基本社会文明行为规范的传递。家庭文化包含着复杂的内容，比如父母的相处方式、父母的处事风格、父母与孩子的沟通方式、父母的礼仪习惯、父母的基本文明表征等等，这些内容远比教师在课堂上以苍白的语言教授道德知识更深刻、更具有潜移默化的教育价值。

道德教育不是一朝一夕的事情，它就像迷人的花香一样弥漫在社会的每一个角落。人们总在给孩子找重点学校，找名师，实际上不如给孩子一个温暖有爱的家，更能促进孩子健康积极的发展。所以，教育的发展需要加强学校和家庭的联系，要教学生，先教家长，首先让家长拥有正确的教育理念，才能在孩子成长的道路上给予更大的支持和鼓励。家长的榜样示范是孩子良好品德养成的重要源泉，学校重视家庭教育，"立德树人"的理念就会事半功倍。

"立德树人"的育人观具有鲜明的时代印记，在飞速发展的今天，人们应该慢下脚步，认真反思社会带给人们的利与弊，认真反思教育存在的偏差，

---

① 陈君慧. 蒙学大全 [M]. 哈尔滨：北方文艺出版社，2013：1.

② 陈君慧. 蒙学大全 [M]. 哈尔滨：北方文艺出版社，2013：2.

认真反思“教书育人”四个大字。任何时代，任何地点，任何阶段，道德都应该是社会的一抹靓丽色彩，用心做有良心、有温度的教育，让教育的真谛传承下去，这是每个人应尽的责任和义务。

四、新时代各级各类学校落实“立德树人”育人观的发展建议①

“立德树人”既是新时代中国特色社会主义教育思想内容的重要组成部分，也是时代的不断发展赋予各级各类学校的新使命和新责任。各级各类学校要深入贯彻并落实中国特色的“立德树人”教育思想，首先需要牢牢把握“立德树人”教育思想提出的时代背景及其基本内涵；其次要从生命立场的教育观念出发，以生命的眼光审视、解读教育工作，承认学生是一个完整的有生命的人，让学生接受合乎人的成长规律的教育，通过坚定的理想信念教育形成人与社会发展的永恒动力，在综合探究实践中让人坚定个性化发展的方向，从而达到“立德树人”的目的。

在科学技术高速发展、人民物质生活日益丰富、社会现代化进程大步迈进的同时，经济与科技快速发展也带来了各种价值观念的冲突，特别是处于21世纪这样一个提倡文化多元的时代，各种思想观念相互交融和冲突，学生需要面对各种挑战。作为当代学生，应该紧追时代发展，自觉肩负起弘扬社会主义核心价值观以及促进中华民族伟大复兴的重任。中国共产党的教育方针从中华人民共和国成立以来，就将“德”放于首位，从确立“培养德智体美劳全面发展”的教育方针至中国共产党第十七次全国代表大会提出的“育人为本，德育为先”，再到中国共产党第十八次全国代表大会和中国共产党第十九次全国代表大会强调“把立德树人作为教育的根本任务”，充分体现出，

① 孙刚成，闫艺馨.坚持“立德树人” 塑造有理想信念的真人[J].延安大学学报（社会科学版），2019，41（2）：122-127.

即使时代的发展不断赋予教育新的使命，但教育中“德”的地位从来没有动摇。何为“立德树人”？从其出处来看，立德最早现于《左传·襄公二十四年》中“太上有立德，其次有立功，其次有立言，虽久不废，此之谓不朽”。[①]阐明要成为不朽的人首先应该做的是树立起崇高的德行，这是对“立德”最早的直接概述，强调了“德为先”的重要地位。“树人”一词可以追溯到管仲的《管子·权修》：“一年之计，莫如树谷；十年之计，莫如树木；终身之计，莫如树人。一树一获者，谷也；一树十获者，木也；一树百获者，人也。”[②]意思是说，培植一年可以收获出粮食，十年可以收获树木，百年可以收获人才。这里将培育人才和种庄稼、栽树苗相对比，更加衬托出成才的艰巨性和长远性。由此来看，“立德”即树立德行，用正面的教育引导人、教化人，使人成为真正的人；“树人”即成人、成才，简而言之，成才必先立德，要通过立德塑造人、发展人、造就人，立德作为实现培养人才这一目的的重要途径，最终是为了成才，从而凸显出德育的关键性和重要性。中国共产党第十八次全国代表大会和中国共产党第十九次全国代表大会提出，把立德树人作为教育的根本任务，各级各类学校应该不负党的重托、不忘对党的使命，为社会主义建设培育卓越人才。这不仅需要看重“德”，更要强调德才兼备，因此，“立德”位于树人之前，归根结底，是为“树人”做准备，“树人”才是立德的最终归宿，才是教育最本质的目的。习近平指出：“‘才者，德之资也；德者，才之帅也。’人才培养一定是育人和育才相统一的过程，而育人是本。人无德不立，育人的根本在于立德。这是人才培养的辩证法。办学就要尊重这个规律，否则就办不好学。要把立德树人的成效作为检验学校一切工作的根本标准，真正做到以文化人、以德育人，不断提高学生们的思想水平、政治觉悟、道德品质、文化素养，做到明大德、守公德、严私德。要把立德树人

① 杨伯峻. 春秋左传注 [M]. 北京：中华书局，2009：1088.

② 李山，译注. 管子 [M]. 北京：中华书局，2016：32.

内化到大学建设和管理各领域、各方面、各环节，做到以树人为核心，以立德为根本。”[①] 所以，各级各类学校立身之本在于立德树人，应该时刻谨记使命，不忘初心，培养社会主义需要的各级各类优秀人才。紧抓落实立德树人首要任务，不但要把社会主义核心价值观纳入至当前的教育体系之中，帮助学生形成自己所扮演的每一个角色所应具备的优良品德，更需要帮助学生树立坚定的理想信念，感受到学校带给自己的乐趣，在综合探究实践中让学生坚定个性化发展的方向，让学生感受并实现自己存在的价值与意义。

（一）通过坚定的理想信念教育形成人与社会发展的永恒动力

理想信念是指引每一个人奋斗不息的灵魂；理想信念亦是自我实现的动力源泉，有助于不断提升人生的力量和境界；更是一种动力，是推进中华民族以更快的步伐走向繁荣昌盛的动力，坚定的理想信念教育更是形成人与社会发展的永恒动力。习近平指出，学校应该自觉履行起坚定学生理想信念的义务和使命，让教育事业忠于党和人民，不断加强中国特色社会主义理论体系的学习；作为教师，更应该自觉树立起以学生健康成长为首要使命的崇高的职业理想和坚定的职业信念，用爱教化学生，使其心灵之花得到美丽绽放、人格之树得以健康长青。[②]

1. 用研习人文经典的方式学习马克思主义原著更利于形成坚定的共产主义信仰

美国诗人惠特曼曾说过：“没有信仰，则没有名副其实的品行和生命；没

① 习近平. 在北京大学师生座谈会上的讲话 [N]. 人民日报，2018-05-03（2）.

② 陈宝生. 让教师成为让人羡慕的职业——深入学习贯彻习近平总书记在八一学校看望慰问师生时的重要讲话精神 [N]. 人民日报，2016-12-08（11）.

有信仰，则没有名副其实的国土……”[①]信仰，是一种崇拜与向往，它更是一种精神寄托，没有信仰的人体现不出自己存活于世的真正意义，也就谈不上品行和生命，没有信仰的民族更是没有精神依托的民族，因此每个人心中必须要有爱国主义精神，要有职业信念，要有人类意识，要将共产主义信仰根植于心。习近平指出：我们党在中国这样一个有着 13 亿人口的大国执政，面对着十分复杂的国内外环境，肩负着繁重的执政使命，如果缺乏理论思维的有力支撑，是难以战胜各种风险和困难的，是难以不断前进的。党的领导干部特别是高级干部，要原原本本学习和研读经典著作，努力把马克思主义哲学作为自己的看家本领，坚定理想信念。[②]

马克思主义是领导中国共产党不断革新的思想之魂，是引领中华民族迈向更加繁荣之路不竭的思想动力和精神支柱，马克思主义经典著作更是人类文明发展史上的伟大成果，一次次的实践更加坚定地证明了社会主义的进步与发展和马克思主义思想的传播与运用是一脉相承的。毛泽东用终身坚持认真研读马克思主义原著的亲身经历告诉后人，要学用结合，有的放矢，为中华儿女树立了学习与运用马克思主义的榜样；邓小平学马列、用马列的态度足以启示后人目光敏锐、精明干练、坚定沉着、坚决果断的学习风格和思维风格对个人乃至社会、国家的重要影响；以及当代的习近平高瞻远瞩，立足于中国、放眼于世界，数次面向社会各界组织中国共产党对马列原著进行研究学习，更是与时俱进地推动了马克思主义中国化、时代化和大众化，这深深体现了马克思主义的巨大威力、永恒真理和强大生命力。[③]中华民族之所以

---

① 黄乾玉. 论教师的教育信仰及教师的教育幸福 [J]. 黔东南民族师范高等专科学校学报，2006（1）：60-62.

② 习近平. 推动全党学习和掌握历史唯物主义 更好认识规律更加能动地推进工作［N］. 人民日报，2013-12-05（1）.

③ 马绍孟. 学习马克思主义经典著作 坚持马克思主义指导地位 [J]. 思想理论教育导刊，2012（11）：17-20.

饱经风霜还能够顽强地屹立于世界民族之林而不倒，并更加挺拔地向世界展示自己的风范，离不开革命先烈们对马克思主义经典著作的重视与提倡、研学和应用。各级各类学校作为坚定马克思主义指导地位、传播社会先进文化的主阵地和主力军，对于社会主义核心价值观的传播和落实肩负着光荣而伟大的使命，特别是各级各类学校的领导和管理层更应该成为坚定共产主义信念的模范典型，用研习人文经典的方式以身作则，引导学生学习研读马克思主义经典著作，领悟其中的永恒真理和人文内涵，从而为社会主义培养出更具有坚定理想信念的可靠人才，最终能够提高他们辨别多元文化下各种思潮的能力，经受住各种考验和诱惑，为提高民族文化理论的自觉与自信、坚定共产主义信仰作出贡献。同时，这也是坚持马克思主义指导地位和形成坚定共产主义信仰的必然要求。

2. 用综合实践课推动理想信念教育才能在潜移默化中形成知行合一的远大理想

美国著名心理学家班杜拉的自我效能理论认为，多次成功的经验有利于个体自我效能感的提高，进而影响一个人的某种行为动机，帮助一个人树立远大的理想，这突显了理论与实践相结合和实践之于理想信念的重要性。在应试教育的诟病下，教育改革日益趋向素质教育，教育更加注重以人为本与学用相长。习近平指出："'纸上得来终觉浅，绝知此事要躬行。'所有知识要转化为能力，都必须躬身实践。要坚持知行合一，注重在实践中学真知、悟真谛，加强磨炼、增长本领。"① 在各级各类学校中开展马克思主义综合实践课程实施应当以学生亲身参与的实践活动为载体，密切联系社会生活实际，使学生通过研究性学习、体验式学习、参与式学习、真实社会实践体验等综合性的活动来获得参与研究与服务意识的现实体验和情感熏陶，为学生们提供

① 习近平. 在知识分子、劳动模范、青年代表座谈会上的讲话 [N]. 人民日报，2016-04-30（2）.

认识自我、自然与社会关系的机会，焕发出他们在参与活动过程中对美善事物的欲求，从而在这一过程中培养学生尊重、合作与共享的精神以及主动服务于人的自觉意识，提高学生对于服务社会的使命感与责任心，潜移默化地影响并感染学生的思想意识和行为动机，最终形成积极健康、乐观向上的生活态度，并树立起远大而坚定的理想和抱负。

马克思主义综合实践课程的实施将会使得“立德”与“树人”齐头并进，既有利于学生人生观、世界观和价值观的正确养成，如职业意识、道德认知和情感态度的提升，又能在实践过程中提高学生辨别是非、分清美丑善恶以及适应生活的能力，将自己所学更加灵活地运用于实践中，从而更加重视学生的心灵体验，促进学生社会交往的适应性以及良好品格的养成，坚定他们的理想信念，使得学生成为有真知真解、真本领的人，并能够把这些真知与本领灵活运用于生活，将自己的远大理想从思想意念层面转移到实际行动中，将个人的道德意识转化为道德实践自觉，真正做到知行合一，从而勇敢地承担起时代和社会赋予自己的重要使命和责任。

3. 生命信念与共产主义信念相结合才更具有现实生命力

信念是人类所特有的一种精神现象，在一定程度上，人即信念的存在物。也就是说，信念维持并延续着个人的生命，它体现出个人对理想和事业前途坚定性的道德品质，并且构成了人的行为动机以及思想方向。中国共产党第十八次全国代表大会召开以来，以习近平同志为核心的中央领导集体多次强调要时刻跟随共产党人的精神方向。学校作为共产党人坚定信念下的存在物和主阵地，更需要延续并弘扬和发展这种理想信念。

所谓“信者，诚也，专一不移也”[①]，一个人的生命信念是他之所以为人乃

---

① （汉）班固. 白虎通义（卷八）（当当网电子书）[M]. http：//e.dangdang.com/pc/reader/index.html?id=1900017851：87.

至存活于世、更具蓬勃生命力的精神支柱和价值准则，它以执着和固守为特质，它是在一定社会实践基础上形成的对社会各方面的认识、情感和意志的统一，是人们以此来选择社会行为的内心动机的基本要素，也是形成对自己和他人的一种行为批判的支柱，它贯穿于一个人生命的始末。[①] 不同的人有不同的生命信念，如马克思所言：“动物按照它所属的那个种的尺度和需要进行建造，但人却懂得按照任何一个种的尺度来进行生产，并能将其运用于对象中去。”[②] 从《共产党宣言》发表至今已有 170 年历史，能够经受住这么长时间的考验和验证，充分证明了共产主义理想信念的真理价值和合规律性。“理想信念就是共产党人精神上的‘钙’，没有理想信念，理想信念不坚定，精神上就‘缺钙’，严重的就会得‘软骨病’”[③]，信念教育作为各级各类学校思想政治教育的核心工作，应该引导各级各类学生在思想观念相互碰撞与冲突、在抵制腐朽文化的过程中补足“钙”，将个人对自己、他人乃至社会所执着和固守的生命信念与共产主义的伟大信念相结合，从而迸发出更加强劲的生命力，在建设中国特色社会主义道路中不断修炼自我、改造自我、充实自我，汇聚为更加坚韧强大的力量和队伍。

（二）立德树人必须首先让人成为人

无论处于任何时代背景下，各级各类教育所要面对的首要问题都是培养什么样的人，中国共产党第十八次全国代表大会上的报告将立德树人作为教育的重要使命，这不仅是新时代教育变革下本质属性和根本宗旨的要求，也是各级各类教育内在规律和基本诉求的体现，而要将立德树人落实到各级各

---

① 赵爱玲. 信念人生——兼谈信念教育在社会主义精神文明建设中的地位和作用 [A]. 山西省中国特色社会主义研究会. 论中国式的社会主义现代化 [C]. 山西省中国特色社会主义研究会，2002：7.

② 马克思，恩格斯. 马克思恩格斯全集（第 33 卷）[M]. 北京：人民出版社，1974：201-202.

③ 习近平. 紧紧围绕坚持和发展中国特色社会主义　学习宣传贯彻党的十八大精神 [N]. 人民日报，2012-11-19（1）.

类学校工作的每一个角落，必须首先要明白学生是具有鲜活生命的个体，真正的教育必须要让学生接受合乎人的成长规律的教育，让人成为大写的人。

1. 让人接受合乎人的成长规律的教育是教育的必然选择

人只有通过教育才能成长与成才，而真正的教育则是让人接受合乎人的成长规律的教育。何为合乎人的成长规律的教育？雅斯贝尔斯认为，教育不是理智知识和认识的堆积，而是人的灵魂的教育，是能够真正地最大限度地调动起人的潜力并加以实现，以及实现人的内部灵性与可能性充分生成的教育。[①]这是对现实社会把教育世俗化和功利化的批判。合乎人的成长规律的教育是要把人自身的发展与完善作为教育的着力点，把对人自身及其人格的尊重和生命意义的最终实现作为教育最高的价值，而不是填鸭式的灌输，更不是将教育视为万人争过独木桥的竞争。另外，合乎人的成长规律的教育是要将“以人为本”的教育理念落到实处，而不是只把它作为一种口号去传播，致使其泛滥成灾却不见鲜活的“人”的踪影。合乎人的成长规律的教育与非人的教育其特殊性在于，合乎人的成长规律的教育没有把个体工具化、功利化，而是以个人的实际发展和真实需求作为出发点，重点突出人的本体价值与精神内涵建设，注重平等与交流，激发受教育者的无限潜能，意识到受教育者的自我需求以及正视他们态度的转变和情感的丰富。“教育发展水平是一个国家发展水平和发展潜力的重要标志”[②]，实现教育现代化是一个国家强盛、社会繁荣、学术发达的重要体现，好的教育必须要秉持“以人为本”的理念，以德树人，从人的根本属性出发，这也是教育的必然选择。为此，各级各类学校应该树立以培养会学习、懂发展、有思想、有正义、有担当的人为核心

① ［德］雅斯贝尔斯. 什么是教育 [M]. 邹进，译. 北京：生活・读书・新知三联书店，1991：4.

② 习近平. 把思想政治工作贯穿教育教学全过程 开创我国高等教育事业发展新局面［N］. 人民日报，2016-12-09（1）.

的现代教育理念，保障各级各类教育的内涵式发展，引导学生在人本的环境中提升素养，帮助学生在对真理的探索中形成强烈的社会责任感，实现自己的人生目标。

2. 让人感受到做人的尊严感和尊重感是文明社会的首要选择

文明代表着一个社会的进步状态，倡导人和人的平等、更加注重文明人的培养是文明社会的显著特征，文明人就是“那些拥有美好理想，追求理想，忘我地体验生活，竭尽所能使自己渐趋完美，希望能用自己所学、所懂为人类社会进步作出贡献，具有强烈的社会责任感和自我实现需要的人。”[①] 文明人是知荣辱、知廉耻的人，一个知荣辱和知廉耻的文明人首先是被人尊重和有尊严感的人，更懂得“何所为”“何所不为”，培养社会所需要的实现精神超越的文明人离不开学校对学生的教化，作为培养文明人的人与合乎人的成长规律的教育活动，必须要尊重学生，这是造就学生崇高品质的生长点，这种尊重体现于在教学活动中超越书本知识，让学生身心融入地来体验科学精神，激起学生自主学习的乐趣，以达到更为持久的学习兴趣和对更高远与美好事物的憧憬和向往，使得学生的情感得以发展、思维得以磨砺、生命得以锻造，让学生走上属于自己的发展、成长之路。[②] 这样的教育和生存之下，学生感受到自己是被尊重和有尊严的生命存在，会以自己的主观能动性去认识世界、面对各种挑战。当这种尊重感和尊严感在他们身上体现并且收获真善美时，他们便懂得去尊重他人，使自己拥有一个文明人应该具有的基本品质。当这些美好品质得到践行时，整个社会便会日趋成为幸福生活的文明乐园。

① 孙刚成. 教育让人成为更好的自己 [M]. 北京：中国科学技术出版社，2015：61.

② 刘铁芳. 什么是好的教育：学校教育的哲学阐释 [M]. 北京：高等教育出版社，2014：151.

3. 把社会引向学习型组织是帮助人时刻趋向文明的最佳选择

“我们征服了世界，但是却在征途中的某个地方失去了灵魂”[①]，工业化和信息化的加速发展在现代化建设过程中带来了一系列问题，如经济的快速发展致使人开始将自己的生命价值和人生幸福倾注于物质生活的极大丰富和消费心理的满足，感受不到生命的丰富和充沛，造成了人与自身本性的疏离和人与他人关系的淡漠，从而导致了人本性的异化和人与人的对立，开始以工具化的眼光审视他人的生命价值，从而逐渐成为一个“物化”的人。为了摆脱这种病态，使这种“物化”在文明社会不再蔓延，必须要把社会引向能够激发平等沟通与交流欲望和行动的学习型组织，去顺应并推进文明社会的发展，把“德”字融进每一个文明人心中，舍弃贪婪，学习如何尊重、关爱、交流，懂得如何释放生命本真、开拓生命潜能。“要牢记‘从善如登，从恶如崩’的道理，始终保持积极的人生态度、良好的道德品质、健康的生活情趣。要倡导社会文明新风，带头学雷锋，积极参加志愿服务，主动承担社会责任，热诚关爱他人，多做扶贫济困、扶弱助残的实事好事，以实际行动促进社会进步。”[②]“在尊重生命的过程中体验与思考自己，摆脱决定个体之外在存在的命运的束缚，充分领悟到内在精神自我肯定的奥秘，在真正的自由与幸福中发现解决各种困难的力量，推动内心逐步变得宁静、深刻、丰富与温和”[③]，从而指引社会中的人能够安然释放自身内心深处的智慧、仁慈和宽厚，自己乐意向他人和社会敞开自己，并且给予他人生命的真诚、尊重与关怀，使人与人在尊重与真诚中进入到和谐相融的状态，从而收获幸福感，引导人理解生命的本性，从而明白独立的个体是无法生存的，而是与他人和万物共生的，

① [奥]冯·贝塔朗菲，[美]A．拉威奥莱特. 人的系统观[M]. 张志伟，等，译. 北京：华夏出版化，1989：19.

② 习近平. 在同各界优秀青年代表座谈时的讲话[N]. 人民日报，2013-05-05（2）.

③ 徐洁. 生态文明教育的理念及实践探索[D]. 华中师范大学，2016.

一切生命的价值与地位是平等的，以此激发他们平等沟通与交流习惯的养成，打破人与人之间的精神藩篱。

（三）在综合探究实践中让人坚定个性化发展的方向

“个性化的核心是个体在社会实践活动中自主性、独创性和创造性的不断形成”,①在个性化教育成为世界一流大学和优质教育所共同要实现的目标趋势下，党中央做出了建设一流大学和推进各级各类教育优质均衡发展的重要决策，各级各类学校开始以丰富人性为目的、以通识教育和自由选择为前提造就一流人才；开始制定以侧重学生个性化发展为主的培养模式和标准；注重因材施教、培植学生自主独立的能力等，从而使学生的生命空间与潜能得以拓展和丰富，使个性化教育取向尊重学生个体生命的独有价值，使学生具有独特个性和独立人格，并且促进个体生命得以自由和谐发展。②

1. 为学生提供以综合实践课为核心的通识教育

教育并不是车间的生产流水线，不需要制作出具有相同思维和个性的“产品”，现实社会需要的是挖掘出每个人身上的不同潜质，从而孕育出“真”的有本领的完整的社会公民。习近平强调：“学习是成长进步的阶梯，实践是提高本领的途径。”③高等教育在教会学生追求知识与真理的同时,也应该注重提高学生生存的各项本领和技能，教导学生像车之两轮和鸟之两翼一样，用专业技能与美好品性为将来提高生活品质、服务现实社会、奉献美丽祖国而添砖加瓦。基于此，应该为学生提供一种以经验、实践、生活为核心的培养全人为主的通识教育。这种通识教育引导学生参与社会实践与服务，使学生

① 庞丽娟，胡娟. 论社会化及其现代教育意义 [J]. 北京师范大学学报（人文社科版），2003（1）：45.

② 周进. 世界一流大学个性化教育行动要素及其启示 [J]. 高等工程教育研究，2017（5）：96-101，124.

③ 习近平. 在同各界优秀青年代表座谈时的讲话 [N]. 人民日报，2013-05-05（2）.

成为兼具远见卓识与博雅精神和优美情操的完整的人。一方面，学校在为所有学生提供共同课程的基础上还应该倡导研究性学习，让学生在自己兴趣的驱使下选择一个领域，形成自己的个性发展方向，从而既具备系统的知识结构，又能够通过自己的融会贯通拓宽视野；另一方面，学校还应该联合社会，为学生提供一些社会实践活动，培养学生的人际交往与沟通能力、分析问题与解决问题的能力，使每个人在不同的境遇中发展自己的人格特质，从而达到专业学习与非专业学习的统一，使个体的全面性和完整性都得到发展，成为一个能够积极参与社会生活，不断追求美好生活和精神品质，并做到至善至美、有浓厚家国情怀的，全面发展的国家公民和社会有用之才。

2. 为学生提供以综合实践为抓手的个性化发展指导与机会

如前所论，学校应该为学生提供以研究性学习和社会性综合实践活动为核心的通识教育，使学生在追求全面化的全人的同时，还具有独特的个性。除此之外，还应该为学生提供以综合实践为抓手的个性化发展指导与成长机会，“教师要坚持教育者先受教育，努力成为先进思想文化的传播者、党执政的坚定支持者,更好担起学生健康成长指导者和引路人的责任”①,教师要立德树人，不光要教学生书本知识，而且要用自己丰富的人生阅历和社会经验，结合学生自身的个性心理特点，为其“量身定制”出适合的成长道路，继承和发扬因材施教思想的内涵精神，并融合时代特征不断进行创新，从而帮助学生搭建好全面与个性化同步发展的桥梁。一方面，结合学生学习的内容开展实践活动设计，帮助学生找到学以致用和学以生成的可能性路径，努力贴近学生生活与人生目标，与学生平等相处，及时帮助学生疏通心理障碍，激发学生的向学之心，做好丰富学生知识体系的引路人；另一方面，结合学生自身的志趣和生活，在思维创新、品格意志等方面培养学生不畏艰难、顽强

① 习近平. 把思想政治工作贯穿教育教学全过程 [N]. 人民日报，2016-12-09（1）.

奋进的个性特征，激励并鼓舞学生通过积极参与社会实践把握社会动态、紧跟时代发展，做好锤炼学生高尚品格、开拓学生创新思维和带领学生奉献祖国的引路人。为此，必须多开展实践活动课，指导教师可以组织各方面志趣不同的学生假期到生态农庄、科研院所、互联网技术相关企业、交通行业等场所开展实践体验活动，使他们感受生态农业的魅力，科研人员精益求精、一丝不苟的精神，数字化变革下新的运营和营销策略，以触摸到社会进步的脉搏和时代发展的流行色。[①] 通过这些实践活动带给学生有心向学的内生力量，让每一个学生明白自己所喜欢的知识与技能，做自己喜欢的事，成为更好的自己，从而强化精神享受、明确自己的发展潜能与理想追求，促进学生审美和人性素养的提升以及个性化的发展，努力实现个体的自我价值和社会价值。

3. 为学生的终身发展奠定坚实基础

学校将立德树人作为教育的重要使命，不仅是对中华民族德育文化的继承和发扬，更是时代的不断发展赋予教育的革新精神之体现。随着经济全球化以及知识经济的深入发展，以往的一人一生一职状态已被打破，时代需要每一位学生具备探索精神和创新意识，并能够增强竞争意识，快速适应新的工作需要，提升多样化工作的满意度，从而保证事业成功的最大满意化，以便从容应对社会的各种挑战，并创造全体国民的幸福生活。

学生时期学识基础的宽广与厚实程度影响甚至决定一个人未来一生的发展，习近平指出："青年时光非常可贵，要用来干事创业、辛勤耕耘。广大青年要如饥似渴、孜孜不倦学习，既多读有字之书，也多读无字之书，注重学习人生经验和社会知识，注重在实践中加强磨炼、增长本领。要敢于做先锋，而不做过客、当看客，让创新成为青春远航的动力，让创业成为青春搏击的

① 姚育青，许序修. 社会实践是核心素养发展的"生态环境"[J]. 人民教育，2016（22）: 47-50.

能量，让青春年华在为国家、为人民的奉献中焕发出绚丽光彩。”[①] 各级各类教育担负着为社会输送在价值体系、社会规范、社会知识与技能等方面符合社会要求的社会人的重要使命，“立德”要为“树人”发挥好航向标的作用，把“德”凝聚成为学生的文化自觉与意识形态，使学生更加自信从容地掌控人生方向、应对社会的各种挑战、感悟和把握生命意蕴，尤其是进行专业教育的同时，要潜移默化地为学生传递核心价值观，培养学生重视人的生命和价值，以及具备诚信、自由、友善等崇高品性；引导各级各类学生摒弃“两耳不闻窗外事，一心只读圣贤书”的观念，养成关注国家和社会时事的习性，帮助他们正确了解自己所处社会的现状，使他们增长敢于迎接挑战的勇气和提高进行独立判断的能力，从而让学生明白如何以真善美性情待人处事，最终用这种“德”引领个人发展，将立德树人视为中华儿女承担中华民族伟大复兴重任并进行薪火相传的必由之路。

① 习近平. 紧跟时代肩负使命锐意进取　为共同理想和目标团结奋斗（习近平在知识分子、劳动模范、青年代表座谈会上的讲话）[N]. 人民日报，2016-04-30（1）.

第五章　新时代中国特色优秀传统文化教育思想

中国共产党第十八次全国代表大会召开以来，在习近平新时代中国特色社会主义思想引领下，以习近平同志为核心的党中央领导集体十分重视中华优秀传统文化的继承与发扬，系统阐述了丰富的优秀传统文化教育思想，为新形势下教育工作创新发展指明了方向。全面了解中国特色优秀传统文化教育思想包括阅读优秀传统文化典籍，通晓古今之事，透析中国优秀传统文化中的教育思想，彰显其无穷的教育魅力，继承优秀传统文化精神，丰富理想人格内涵等优秀传统文化教育思想基本内容。加强优秀传统文化教育是实现中华文化伟大复兴梦想的基石，是建构华人文化自信的基本保障，是涵养华人基本文化素养的必由之路等方面确立这一思想的基本内核，并认清其未来取向，既是新时代中国特色社会主义教育发展的必然选择，又是每一位教育者必修的教育素养功课，也只有解决了这一方向问题，才可能在教育改革的推动下如期实现中华民族伟大复兴梦。中共中央办公厅和国务院办公厅印发的《关于实施中华优秀传统文化传承发展工程的意见》中提出，当前时期中国“迫切需要深化对中华优秀传统文化重要性的认识，进一步增强文化自觉和文化自信；迫切需要深入挖掘中华优秀传统文化价值内涵，进一步激发中华优秀传统文化的生机与活力；迫切需要加强政策支持，着力构建中华优秀传统文化传承发展体系”。① 无论是在过去的岁月里，还是在新时代中国特色社会主义事业建设中，中华优秀传统文化都为中华民族的发展提供了不可或缺、源源不断的精神动力、思想支柱和智慧借鉴，加强优秀传统文化教育必须坚定不移地继承和弘扬优秀传统文化，使之成为各级各类学生和每一个公民的精神食粮，进而加强学生及全体公民德与行的培养。②

“优秀传统文化是一个国家、一个民族传承和发展的根本，如果丢掉了，就割断了精神命脉。”③ 生活的现实告诉人们，当社会政治、社会制度迅速变更时，传统文化作为社会的一种深层次结构并不会随之迅速改变。人们形成的观念形态、行为习惯、文化心理、生活习俗等等，具有一种强大的“势”。④ “中华文化源远流长，积淀着中华民族最深层的精神追求，代表着中华民族独特的精神标识，为中华民族生生不息和发展壮大提供了丰厚滋养。”⑤ “加强中华优良传统文化建设，是不断满足人民群众日益增长的精神文化需求的需要，是促进经济社会发展的需要。”⑥ 在新时代积极贯彻“立德树人”教育理念的背景下，深入学习中国特色优秀传统文化教育思想，深刻领悟其内涵与要义，关乎中华民族的前途与命运，对于实现中华文化伟大复兴、建构华人文化自信、涵养华人基本文化素养都具有十分重要的意义。⑦

---

① 中共中央办公厅，国务院办公厅. 关于实施中华优秀传统文化传承发展工程的意见 [N]. 人民日报，2017-01-26（6）.

② 孙刚成，贺列列. 新时代中华优秀传统文化教育与当代大学生德行培养 [J]. 教育与教学研究，2018（8）: 117-122.

③ 习近平. 十一、用社会主义核心价值观凝心聚力——关于建设社会主义文化强国 [N]. 人民日报，2016-05-05（9）.

④ 杨东平. 弘扬我国优秀的传统教育文化 [J]. 中国教育学刊，1991（1）: 16-19.

⑤ 习近平. 把培育和弘扬社会主义核心价值观作为凝魂聚气强基固本的基础工程（习近平在中共中央政治局第十三次集体学习时的讲话）[N]. 人民日报，2014-02-26（1）.

⑥ 蔡武. 建设社会主义文化强国 实现中华文化的伟大复兴（中国特色社会主义和中国梦宣传教育系列报告会）[N]. 人民日报，2013-08-28（14）.

⑦ 孙刚成，贺列列，雷伟. 习近平的优秀传统文化教育观解读 [J]. 教育文化论坛，2018（6）: 1-6.

一、加强中华优秀传统文化教育的意义①

文化是一个民族的集体记忆，是民族文化身份和独特个性的象征，是培育民族精神的土壤，是人们赖以栖息的精神家园。同时，它也给人们力量，启迪革新与创造，帮助人类社会应对众多挑战。正因如此，它是一个国家和民族赖以存在的基础、发展的根基，更是一个民族凝聚力和创新力的不竭源泉。②中华优秀传统文化的丰富哲学思想、人文精神、教化思想、道德理念等，可以给人们内心与精神世界提供无限滋养与启迪。③学校是人才荟萃的地方，学生是青春活力、书生意气、风华正茂的代言人，作为社会主义的建设者、接班人，对其进行中华民族优秀传统文化教育具有十分重要的意义。

（一）有利于增强文化自信

"文化自信表现为文化主体对自身文化生命力的充分肯定，对自身文化价值的坚定信念和情感依托，以及在与外来文化的比较与选择中保持对本民族文化的高度认可与信赖。"④习近平强调："文化自信是更基本、更深沉、更持久的力量。历史和现实都表明，一个抛弃了或者背叛了自己历史文化的民族，不仅不可能发展起来，而且很可能上演一场历史悲剧。"⑤中华民族自古以来就是礼仪之邦，中华儿女"生命不息、奋斗不止"的人生信念，处江湖之远则忧其君，居庙堂之高则忧其民的高尚情怀、谦和好礼的品性等，使中华民族

---

① 孙刚成，贺列列. 新时代中华优秀传统文化教育与当代大学生德行培养 [J]. 教育与教学研究，2018（8）：117-122.

② 蔡武. 建设社会主义文化强国 实现中华文化的伟大复兴（中国特色社会主义和中国梦宣传教育系列报告会）[N]. 人民日报，2013-08-28（14）.

③ 习近平. 十一、用社会主义核心价值观凝心聚力——关于建设社会主义文化强国 [N]. 人民日报，2016-05-05（9）.

④ 刘林涛. 文化自信的概念、本质特征及其当代价值 [J]. 思想教育研究，2016（4）：21-24.

⑤ 习近平. 在哲学社会科学工作座谈会上的讲话 [N]. 人民日报，2016-05-21（1）.

不断地发展、繁荣、自强、自立于世界。新时代中国的经济获得了空前的发展，但是精神的发展与经济的发展却不是同步的，很多人在拥有了较好的物质条件之后，精神却显得愈发空虚了。在面对外来文化时，部分学生和公民在某些层面上对传统文化持否定、质疑的态度，认为“外来的和尚会念经”，对中外文化有厚此薄彼的区别对待现象。从一定角度来讲，这是当代各级各类学生对中华优秀传统文化理解与认同不够的表现，也足以说明需要加强各级各类学生的中华优秀传统文化教育，进而坚定文化自信。新时代下对当代学生进行优秀传统文化教育，通过教师的教授与学生自身的探究，理解中华优秀传统文化的内涵，真正发现和用好中华民族优秀传统文化在中华民族的发展过程中所应有的塑造精神、凝聚力量、维护社会安定与稳定、传承文化等方面的作用。换言之，通过传统文化教育，追溯历史，让他们了解传统文化勃发的光辉岁月、祖国的光辉历程与人民的伟大，增强各级各类学生的民族自信心和认同感，进而让其对优秀传统文化产生兴趣与情感，促进对中华优秀传统文化的继承和弘扬，进而增强文化自信，具有时代必然性与迫切性。

（二）有利于培养各级各类学生的顽强奋斗精神

中华民族自古以来就有顽强奋斗的精神，无论是远古神话中的女娲补天、夸父逐日、精卫填海，还是诸子百家所倡导的“自强不息、厚德载物”、民主主义革命时期的“艰难困苦，玉汝于成”，都是中华民族宝贵的精神财富，影响着一代又一代的中华儿女为祖国繁荣发展的伟大事业前赴后继。在当代物欲横流的社会中，人们过分地追求物质与娱乐的享受，在一定层面和程度上忽视了对精神世界的追求。以电视剧、电影、网络剧、综艺节目、网络游戏等为主的娱乐文化逐渐成为各级各类学生追捧的对象。毋庸置疑，这些娱乐文化丰富了学生们的课外生活，释放了学生们的生活压力。然而，从另一个角度来讲，这些娱乐文化过分渲染一夜成名、一夜暴富的特殊个案，让学生们无形中形成了拜金主义、享乐主义等思想观念，开始一味地寻求感官刺激，追求低级趣味，迷失了积极向上的人生目标，弱化了对理想信念的塑造和追求。这种泛娱乐化倾向使学生们不再严肃地对待现实，他们停止了思考的脚步，而这恰恰是网络文化的泛娱乐化对世界意义的消解。[①] 中华优秀传统文化熔铸了中华民族的自强不息的思想观念、民族精神、价值追求，这些必将能在引导学生正确对待娱乐文化方面发挥重要作用，为此，必须加强对各级各类学生的中华优秀传统文化教育，培养学生们顽强奋斗的精神。

（三）有利于激发各级各类学生的崇高价值追求

雅斯贝尔斯认为学校有四项任务，“第一是研究和教学专业知识课程；第二是教育与培养；第三是生命的精神交往；第四是学术”[②]。可见，学校不仅是增长学识的知识王国，更是精神生活的天堂。各级各类学校本应充满着浓郁的文化气息，是学生学习、生活、娱乐的主要场所，是人们精神追求和栖息的殿堂。审视当下的各级各类学校，它们早已开启了“拼爹”“炫富”的模式，而不是专注地发展刻苦钻研的科学精神，学生几乎丧失了对自身身份的认识。更有甚者，部分学生在攀比的过程中，极大地助长了虚荣心，使自我价值观发生了扭曲，学生甚至会为了目的不择手段，触碰法律的底线，引发犯罪，马加爵、上海复旦大学投毒事件等发生在学校的案件更是让人心寒与颤抖。新时代下对学生进行传统文化教育，就是要用中华民族优秀传统文化对学生进行正确的世界观、人生观、价值观教育，激发学生的崇高价值追求。对此，首先要培养学生正确的世界观，引导学生追求真善美。中华优秀传统文化中一直提倡人的内涵与品质，追求内在美，强调人要正心诚意，要在正念之下遵循仁、义、礼、智、信。其次，要培育学生正确的人生观，引导学

---

① ［美］尼尔. 波兹曼. 娱乐至死（第 2 版）[M]. 章艳，译. 桂林：广西师范大学出版社，2011：4.

② ［德］雅斯贝尔斯. 什么是教育 [M]. 邹进，译. 北京：生活. 读书. 新知三联书店，1991：149.

生正确对待物质与利益，合理控制物质与利益欲望，强化对精神与理想的追求。中华优秀传统文化中所蕴含的“富贵不能淫，贫贱不能移，威武不能屈”“舍生取义”“见利思义”等都是对各级各类学生进行正确的人生观教育的重要资源。最后，要培育各级各类学生正确的价值观，引导学生们树立崇高的人生追求。自古以来，中国知识分子就有“为天地立心，为生民立命，为往圣继绝学，为万世开太平”的志向和传统①，这有利于引导学生树立崇高的人生理想，是对各级各类学生实施中华优秀传统文化教育的重要内容。

二、新时代中国特色优秀传统文化教育思想的基本内容

中华优秀传统文化源远流长，博大精深，形成了中华民族优秀的道德品质、优良的民族精神、崇高的民族气节、高尚的民族情感等，熔铸了中华民族的思想观念、民族精神、价值追求，形成了中华民族强大的文化引导力和精神原动力。②中华优秀传统文化的丰富哲学思想、人文精神、教化思想、道德理念等，可以给人们内心与精神世界提供无限滋养与启迪，③是中华民族绵延五千年历史不断绝的重要支撑。以习近平同志为核心的中央领导集体对传统文化的经典论述，蕴含着丰富的教育思想内容。面对日新月异的社会，炎黄子孙们必须阅读优秀传统文化典籍，通晓古今之事，透析中国优秀传统文化中的思想精华，继承优秀传统文化精神。④

① 习近平. 在哲学社会科学工作座谈会上的讲话 [N]. 人民日报，2016-05-21（1）.

② 翟博. 加强中华优秀传统文化教育——深入学习习近平总书记教育思想 [N]. 中国教育报，2017-08-31（1）.

③ 习近平. 十一、用社会主义核心价值观凝心聚力——关于建设社会主义文化强国 [N]. 人民日报，2016-05-05（9）.

④ 孙刚成，贺列列. 新时代中华优秀传统文化教育与当代大学生德行培养 [J]. 教育与教学研究，2018（8）：117-122.

（一）加强优秀传统文化典籍的研读与陶冶教育[①]

“学史可以看成败、鉴得失、知兴替；学诗可以情飞扬、志高昂、人灵秀；学伦理可以知廉耻、懂荣辱、辨是非。”[②]加强中华优秀传统文化典籍的学习是优秀传统文化教育的基础，中华优秀传统文化典籍作为中国优秀传统文化中灿烂的瑰宝，在中华优秀传统文化的历史宝库中占据了重要地位，是后辈宝贵的物质财富与精神财富。习近平在一系列讲话中引用优秀传统文化典籍中的经典内容不胜枚举，形成了独特的语言魅力。他曾多次强调：“读优秀传统文化书籍，是一种以一当十、含金量高的文化阅读。”[③]强调人们应该主动接受优秀传统文化的熏陶与洗礼，同时强调人们多一些书卷里的含英咀华，品读历史经典，看成败与兴替；品读文学经典，陶冶性情，丰富内心；品读哲学经典，掌握规律，提高思辨能力；品读伦理经典，知礼义廉耻，懂荣辱是非。总之，中华优秀传统文化典籍中蕴含了许多脍炙人口的文化典籍，从四书五经到唐诗宋词，从《史记》《后汉书》到四大名著，从文人墨客到儒学经典，无不属于璀璨夺目的文化典籍形态，加强中华优秀传统文化教育，学习优秀传统文化典籍是其必由之路；研读优秀传统文化典籍方可固本培元，不断提高个人的人文素养和精神境界。[④]中国从古至今重视教育，在优秀的传统文化典籍中也能找到许多有关教育的内容，有的至今闪耀着光芒。按照习近平进行旁征博引学习传统典籍加强传统文化教育的指导，主要可以从以下几个方面着手加强中国特色优秀传统文化教育。

---

① 孙刚成，贺列列，雷伟. 习近平的优秀传统文化教育观解读 [J]. 教育文化论坛，2018（6）：1-6.

② 习近平. 在中央党校建校 80 周年庆祝大会暨 2013 年春季学期开学典礼上的讲话 [N]，人民日报，2013-03-03（2）.

③ 习近平. 领导干部要爱读书读好书善读书——在中央党校 2009 年春季学期第二批进修班暨专题研讨班开学典礼上的讲话 [N]. 学习时报，2009-05-18（3）.

④ 人民日报评论部. 习近平用典 [M]. 北京：人民日报出版社，2015：127.

1. 广泛涉猎与研读古代人文典籍

中华文化深厚的底蕴孕育出了无数人文典籍。习近平在中国共产党第十八次全国代表大会召开以来的重要讲话中引用了大量古代人文典籍中的内容。根据《习近平用典》一书统计，习近平在讲话中引用的既有《论语》《孟子》《老子》《荀子》《韩非子》等耳熟能详的经典文化典籍，也有像《官箴》《周官辨非》《拟连珠》等一些人们不熟悉的文化典籍。① 如引用《论语》中“学而不思则罔，思而不学则殆”② 引导人们学习要学思结合；引用《礼记·中庸》中的“博学之，审问之，慎思之，明辨之，笃行之”③ 告诫人们学习要知行合一；引用《荀子 · 劝学篇》中的“不积跬步无以至千里，不积小流无以成江海”④ 劝诫人们读书要有锲而不舍、持之以恒的态度；引用《老子 · 第三十六章》中的“图难于其易，为大于其细。天下难事必作于易，天下大事，必作于细”⑤ 告诉人们做事要于实处用力，脚踏实地，重视细节，积累点滴；引用《周易·乾卦》中“天行健，君子以自强不息”⑥ 告诉人们要志存高远、艰苦奋斗；引用《尚书 · 周书 · 周官》中“功崇惟志，业广惟勤”⑦ 鼓励人们要坚定笃行、勤奋学习等等。所以，广览古代人文典籍是优秀传统文化教育的首要内容，是落实优秀传统文化教育的基本前提。

---

① 安春雨. 十八大以来习近平重要讲话中关于传统文化典籍的引证研究 [D]. 陕西师范大学，2016.

② （春秋）孔子. 论语 [M]. 肖卫，译注. 北京：中国文联出版社，2006：11.

③ 习近平. 在中央党校建校 80 周年庆祝大会暨 2013 年春季学期开学典礼上的讲话 [N]. 人民日报，2013-03-03（2）.

④ （战国）荀子. 劝学篇 [M]. 冯天瑜，姜海龙，译注. 北京：中华书局，2016.

⑤ （春秋）老子. 道德经 [M]. 王丽岩，译注. 吉林：吉林出版社.2015.

⑥ （周）姬昌. 周易 · 乾卦 [M]. 杨建峰，主编. 汕头：汕头大学出版社.2018.

⑦ 习近平. 在第十二届全国人民代表大会第一次会议上的讲话 [N]. 人民日报，2013-03-18（1）.

2. 研读受教育于古典诗词典籍

诗词作为中国优秀传统文化中灿烂的瑰宝，已经成为以习近平同志为核心的中央领导集体讲话中必不可少的一种元素。魏晋之后，诗词文章成为文人墨客争相追捧的一种体裁形式，在中华优秀传统文化的历史宝库中占据了一席之地，留下了许多脍炙人口的诗篇。以习近平同志为核心的中央领导集体在重要讲话中多次引用古典诗词歌赋中的佳句妙语来表达或诠释自己的教育思想，如用“腹有诗书气自华”①告诉人们要主动接受优秀传统文化的熏陶与洗礼，借助文化内涵的提升增强个人修养水平，成就有涵养之人；用“纸上得来终觉浅，绝知此事要躬行”②告诉人们要将学习与实践相结合，做到学用结合与学以致用，能够在理论与实践的结合中逐步形成行为自觉；用“少年辛苦终身事，莫向光阴惰寸功”③勉励青少年珍惜时光，积极进取，既要培育艰苦奋斗的精神，又要变成终身受用的良好习惯；用“位卑未敢忘忧国”④教育人们要立足本职岗位，消除职业高低贵贱之分，无论身在何处或何种岗位之上，都能够自觉培育爱国情怀，在脚踏实地做好本职工作的同时，形成忧患意识、大局意识和强烈的社会责任感；用“千磨万击还坚劲，任尔东西南北风”⑤教育人们要有自己的判断力和基本定力，能够培育坚定的理想和崇高的信念，做到不忘初心、不畏挫折、百折不挠；用“苟利国家生死以，岂因祸福避趋之”⑥教育人们要具有无私的奉献精神和强烈的报国情怀，不因任何困难或挫折而退缩，不找任何趋利避害有损国家利益的借口等。这些古典

① （宋）苏轼. 苏轼集・和董传留别 [M]. 陶文鹏，郑园，编注. 南京：凤凰出版社，2014：11.

② （南宋）陆游. 陆游诗词・冬夜读书示子聿 [M]. 王新霞，胡永杰，编注. 山东：山东文艺出版社，2015：169.

③ 习近平. 在北京市海淀区民族小学主持召开座谈会时的讲话 [N]. 人民日报，2014-05-31（2）.

④ （南宋）陆游. 陆游集・病起书怀 [M]. 白振奎，蒋凡，编选. 南京：凤凰出版社，2014：38.

⑤ 王庆德. 郑板桥诗文集注 [M]. 北京：文化艺术出版社，2014：214.

⑥ 吴慧鹃，刘波，卢达. 中国历代著名文学家评传 第九卷 [M]. 济南：山东教育出版社，2009：394.

诗词无不展现了中华文化特有的魅力，所以加强古典诗词文化教育，领悟其中内涵，并躬行于世，践行始终，必能促进人的精神奋进和对生命与内在精神的领悟及提升。

（二）普及中华优秀传统文化核心思想与理念教育[①]

习近平在比利时欧洲学院谈中华文明时指出："中国是有着悠久文明的国家。在世界几大古代文明中，中华文明是没有中断、延续发展至今的文明，已经有 5000 多年历史了。我们的祖先在几千年前创造的文字至今仍在使用。2000 多年前，中国就出现了诸子百家的盛况，老子、孔子、墨子等思想家上究天文、下穷地理，广泛探讨人与人、人与社会、人与自然关系的真谛，提出了博大精深的思想体系。他们提出的很多理念，如孝悌忠信、礼义廉耻、仁者爱人、与人为善、天人合一、道法自然、自强不息等，至今仍然深深影响着中国人的生活。中国人看待世界、看待社会、看待人生，有自己独特的价值体系。中国人独特而悠久的精神世界，让中国人具有很强的民族自信心，也培育了以爱国主义为核心的民族精神。"[②]"仓廪实而知礼节，衣食足而知荣辱"[③]，当中华民族的经济实现腾飞以后，必将认识到中华文化基因中的大智大勇核心元素的当代价值。因此，面对新形势，应该认真汲取中华优秀传统文化的思想精华和道德精髓，充分挖掘和阐释中华优秀传统文化讲仁爱、尚和合、弘正义、尊道德、求大同的时代教育价值。[④]这些传统文化经典中包含着丰富的教育思想和先进的教育理念，加强对中国优秀传统文化典籍中的教育

① 孙刚成，贺列列. 新时代中华优秀传统文化教育与当代大学生德行培养 [J]. 教育与教学研究，2018（8）：117-122.

② 习近平. 在布鲁日欧洲学院的演讲 [N]. 人民日报，2014-04-02（2）.

③ （春秋）管仲. 管子・牧民 [M]. 刘劭，译注. 北京：中国工人出版社，2016：1.

④ 习近平. 把培育和弘扬社会主义核心价值观作为凝魂聚气强基固本的基础工程（习近平在中共中央政治局第十三次集体学习时的讲话）[N]. 人民日报，2014-02-26（1）.

思想解读与规律挖掘，普及中华优秀传统文化核心思想理念教育，才能创新当下的教育理念，促进当今教育的发展，也能推动各级各类学校水到渠成实现育人目标。①

1.“立德树人”的核心价值观教育

“培养什么样的人，怎样培养人”是教育的根本问题与永恒主题。中国共产党第十八次全国代表大会报告中将“立德树人”作为教育的根本任务，号召培养造就中国特色社会主义事业的建设者和接班人。习近平在全国高校思想政治会议上的讲话中提出：“要坚持把立德树人作为中心环节，把思想政治工作贯穿教育教学全过程，实现全程育人、全方位育人。”② 中华民族素以文明古国、礼仪之邦著称，不仅有种种的伦理道德规范，更是有一系列关于伦理道德学说的理论，影响着人们的成长与发展。中国传统文化所蕴含的道德教化理念是以“仁、义、礼、智、信”的五常与“忠、孝、仁、爱、信、义、和、平”的八德为主要内容。中国古代教育从一定角度来讲是一种以人伦为核心的道德教育，人格教育也是以礼、乐、诗书、经史典籍为主要内容的人文教育。这种教育在中国古代社会产生了深远影响，使温文尔雅、知书达理成为当时社会有文化、有教养之人的基本人格特征。③ 习近平在北京师范大学师生座谈会上的讲话中提出：“道德之于个人、之于社会，都具有基础性意义，做人做事第一位的就是崇德修身。”④ 教育是培养人的活动，立德树人既是教育的根本任务，又是教育的基本目的，继承光荣传统，传承优秀传统文化

① 孙刚成，贺列列，雷伟. 习近平的优秀传统文化教育观解读 [J]. 教育文化论坛，2018（6）：1-6.

② 习近平在全国高校思想政治工作会议上强调：把思想政治工作贯穿教育教学全过程　开创我国高等教育新局面 [N]. 人民日报，2016-12-09（1）.

③ 程红兵. 培养语文能力同时塑造健康人格 [J]. 语文学习，1993（3）：12-15.

④ 习近平. 做党和人民满意的好老师——同北京师范大学师生代表座谈时的讲话 [N]. 人民日报，2014-09-10（2）.

是学校的责任与使命，为此，学校必须承担好立德树人、教书育人的神圣职责，着力培养造就中国特色社会主义事业的合格建设者和接班人。[①] 立德树人始终是教育的根本任务，贯彻立德树人的教育理念，必须增强社会主义核心价值观的感召力，因为“核心价值观其实就是一种德，既是个人的德，也是一种大德，就是国家的德，社会的德”[②]，为此，学校必须深入研究，持久有效地抓好以“立德树人”为核心的价值观教育。[③]

新时代下加强各级各类学生“立德树人”的道德修养教育，必须发挥社会主义核心价值观的感召力，促进学生的全面发展。首先，要进行重义轻利的观念教育。“义作为普遍的社会规范，总是以理性要求的形式出现，利在广义上则以需要的满足为内容，而这种需要表现为感性的物质需要，这样义与利的关系往往进而展开为理性要求与感性需要的关系”[④]，这样的关系在演变过程中成为今天的物质追求与精神追求的关系。新时代下在如何对待义与利的关系方面，需要从中华优秀传统文化中的义利观中进行学习和借鉴。“生，亦我所欲也；义，亦我所欲也。二者不可兼得，舍生而取义者也。”[⑤] 国人在对待义与利的关系时，一向提倡以义为上、重义轻利、见利思义。对学生进行重义轻利的观念教育，就是要教育学生在利益面前以义为先，决不能见利忘义。其次，就是要引导各级各类学生正确处理“理欲”关系，引导学生们志存高远。“贤哉，回也！一箪食，一瓢饮，在陋巷。人不堪其忧，回不改其乐。”[⑥] 在物质极大丰富且经济高度发达的时代，这个时代典型的表现就是人们对技术的过度依赖和对知识信息的高度重视，基于人们对技术工具的无限亢奋促

① 习近平. 习近平总书记给中央民族大学附属中学全校学生的回信 [N]. 人民日报，2013-10-07（1）.

② 习近平. 做党和人民满意的好老师——同北京师范大学师生代表座谈时的讲话 [N]. 人民日报，2014-09-10（2）.

③ 孙刚成，贺列列，雷伟. 习近平的优秀传统文化教育观解读 [J]. 教育文化论坛，2018（6）: 1-6.

④ 张岱年，方克立. 中华文化概论 [M]. 北京：北京师范大学出版社，2004：320.

⑤（战国）孟子. 孟子 [M]. 弘丰，译. 北京：中国文联出版社，2016：244.

⑥（春秋）孔子. 论语·雍也 [M]. 肖卫，译. 北京：中国文联出版社，2006：71.

使了器物的繁荣，由于人们对器物的崇敬致使文化媚俗与灵魂荒芜，丧失了文化自身的优雅与崇高。[①] 这就亟须用中华民族的理欲观来净化他们的心灵，提高他们的思想境界。“仓廪实而知礼节，衣食足而知荣辱”[②]，中华民族的经济实现腾飞以后，更加需要认识到中华文化基因中的大智大勇核心元素的当代价值，更加需要加强基于中华传统文化的“立德树人”核心价值观教育。[③]

2. 以人为本的民本教育[④]

中国共产党第十八次全国代表大会召开以来，以习近平同志为核心的党中央一以贯之地实施以人为本的执政理念和教育理念。习近平提出：“我们的人民热爱生活，期盼有更好的教育、更稳定的工作、更满意的收入、更可靠的保障、更高水平的医疗卫生服务、更舒适的居住条件、更优美的环境，期盼着孩子们能成长得更好，工作得更好，生活得更好。人民对美好生活的向往，就是我们奋斗的目标。”[⑤] 他引用《尚书·五子之歌》中“民为邦本，本固邦宁”这句古语来阐释民之所望，政之所向，就教育而言应使得学有所教，办好人民满意的教育，努力让每个人都有出彩的机会。[⑥] 习近平在和北京师范大学师生代表座谈时的讲话中强调：“当今世界的综合国力竞争，说到底是人才竞争，人才越来越成为推动经济社会发展的战略性资源，教育的基础性、先导性、全局性地位和作用更加突显。‘两个一百年’奋斗目标的实现、中华

---

① 郭大成，孙刚成. 大学精神是大学素质教育之魂 [J]. 教育研究，2013，34（10）：50-54.

② （春秋）管仲. 管子 · 牧民 [M]. 刘劭，译注. 北京：中国工人出版社，2016：1.

③ 孙刚成，贺列列. 新时代中华优秀传统文化教育与当代大学生德行培养 [J]. 教育与教学研究，2018（8）：117-122.

④ 孙刚成，贺列列，雷伟. 习近平的优秀传统文化教育观解读 [J]. 教育文化论坛，2018（6）：1-6.

⑤ 中共中央文献研究室. 习近平关于社会主义社会建设论述摘编 [M]. 北京：中央文献出版社，2014：70.

⑥ 习近平. 更好支持和帮助职业教育发展，为实现“两个一百年”奋斗目标提供人才保障 [N]. 人民日报，2014-06-24（1）.

民族伟大复兴中国梦的实现，归根到底靠人才、靠教育。”[①] 所以，在“两个一百年”来临之际，更需要扎扎实实办好人民满意的教育，办成以人为本让每一个人都能够成人、成才、成为最好的自己的教育。“历史是最好的老师，它忠实记录下每一个国家走过的足迹，也给每一个国家未来的发展提供启示。”[②] 数千年来中华民族历史长河中的政权兴衰更替、国家的强盛衰弱，反复证明了一条规律：“为治之要，莫先于用人，而知人之道，圣贤所难也”（[宋]司马光，《资治通鉴・魏纪》）“千秋基业，人才为先”[③]。中华民族对人的尊重，形成了中国深厚的人文积淀和灿烂的传统文化，为人类的文明进步作出了不可磨灭的贡献。[④] 中国特色优秀传统文化教育思想中所体现出的以人为本的关爱教育，主要体现在聚天下人才而用之的人才观方面。它首先强调识才，即识别人才的标准和方法。它引用了《吕氏春秋・论人》中的“八观六验”作为识人方法，反复强调识人应“德”字当头的执政为民理念。“凡论人，通则观其所礼，贵则观其所进，富则观其所养，听则观其所行，止则观其所好，习则观其所言，穷则观其所不受，贱则观其所不为，喜之以验其守，乐之以验其僻，怒之以验其节，惧之以验其特，哀之以验其人，苦之以验其志，八观六验，此贤主之所以论人也。论人者，又必以六戚四隐。何谓六戚？父、母、兄、弟、妻、子。何谓四隐？交友、故旧、邑里、门郭。内则用六戚四隐，外则用八观六验，人之情伪贪鄙美恶无所失矣，譬之若逃雨，污无之而非是。此圣王之所以知人也。”[⑤] 这种识人的“八观六验”用在教育之中去识人

---

① 习近平. 做党和人民满意的好老师——同北京师范大学师生代表座谈时的讲话 [N]. 人民日报，2014-09-10（2）.

② 习近平. 在德国科尔伯基金会的演讲 [N]. 人民日报，2014-03-28（3）.

③ 姜洁.（习近平在全国组织工作会议上强调）切实贯彻落实新时代党的组织路线　全党努力把党建设得更加坚强有力 [N]. 人民日报，2018-07-05（1）.

④ 本书编写组. 聚天下英才而用之——学习习近平关于人才工作重要论述的体会 [M]. 北京：中国社会科学出版社，2017：06.

⑤（战国）吕不韦. 吕氏春秋・论人 [M]. 王守常，译. 北京：线装书局，2016：42.

而教、以人为本，必将可以更好地激发人的天赋潜能，做到知人善教，亲师善学，从而可以较为容易地把人引向修身立德之路。因为一个人只有明大德、守公德、严私德，方能才得其用、用得其所。其二是聚才，通过为每一个人的发展创造良好的环境而聚集人才。“良禽择木而栖”，人的成长、才干的发挥与施展，一方面需要个人主观的努力，另一方面取决于社会的客观环境。习近平在同各界优秀青年代表座谈讲话中提出：“环境好，则聚人才，事业兴；环境不好，则人才散，事业衰。”① 从这一论述中可以看出以习近平同志为核心的中央领导集体非常重视人才成长与发展的环境建设，致力于为人才的发展创造良好的环境，做到先筑巢再引凤聚才。其三是敬才，以尊重人才为原则。习近平在中国科学院第十七次院士大会、中国工程院第十二次院士大会上的讲话中引用《诗经》中的“思皇多士，生此王国。王国克生，维周之桢；济济多士，文王以宁”，引用《资治通鉴》中的“为政之要，莫先于用人”，② 来强调尊重人才对社会发展的重要作用。其四是用才，即知人善用，人尽其才。习近平在全国组织工作会议上的讲话中引用《杂兴》中“骏马能历险，力田不如牛。坚车能载重，渡河不如舟”③，突出强调了每个人的特点不同、特色有别、特长各异，要尊重人的差异性，用当其时，用其所长。“邦之兴，由得人。人才蔚，国运兴。”④ 现代化建设的伟大实践需要广大的人才，更为广大人才提供了广阔的舞台。为此，广大人才一定要胸怀天下、志存高远、脚踏实地地为社会主义现代化建设做出骄人成绩，进而水到渠成实现自我人生价值。

---

① 习近平. 在同各界优秀青年代表座谈时的讲话 [N]. 人民日报，2013-05-05（2）.

② 习近平. 在中国科学院第十七次院士大会、中国工程院第十二次院士大会上的讲话 [N]. 人民日报，2014-06-10（2）.

③ 孟祥国. 资政古鉴 [M]. 北京：人民日报出版社，2011：192.

④ 靳诺. 促进哲学社会科学优秀人才不断成长 [N]. 人民日报，2017-05-23（9）.

3. 尊师重教的世范教育[①]

习近平同北京师范大学代表谈话时引用了“国将兴，必贵师而重傅；贵师而重傅，则法度存”来强调教师的重要地位与价值。同时，他还提出，在古代孔子被推崇为“大成至圣先师”，被誉为“万世师表”，其“学而不厌、温故知新、诲人不倦、以身作则、爱护学生”的教学理念为教师树立了典范。[②]百年大计，教育为本，教育大计，教师为本。国家繁荣、民族振兴、教育发展，需要大力培养造就一支师德高尚、业务精湛、结构合理、充满活力的高素质专业化教师队伍，需要涌现一大批好教师。[③]自古以来，中华民族就有尊师重教、崇智尚学的优良传统，“天地君亲师”的排位，更是将教师的地位提到了一定高度，也为尊师重教的价值观念取向奠定了基础。“一个人遇到好老师是人生的幸运，一个民族源源不断涌现出一批又一批好老师则是民族的希望”[④]，他号召全国广大教师做“四有”好老师，即做好老师要有理想信念，有道德情操，有扎实学识，有仁爱之心。习近平指出，经师易求，人师难得，教师要明确意识到自己肩负着国家使命与社会责任，时刻准备着和努力实践着帮助学生筑梦、追梦、圆梦的教育追求，让一代又一代年轻人成为实现民族梦想的正能量追求者、创造者与传递者；师者，教之以事而喻诸于德，教师要有率先垂范、以身作则的道德情操，引导广大学生扣好人生的第一粒扣子；水之积也不厚，则其负大舟也无力，为了使学生获得知识的亮光，教师要吸进整个光的海洋，教师要有扎实的知识与教学能力，给予学生知识

---

① 孙刚成，贺列列，雷伟. 习近平的优秀传统文化教育观解读 [J]. 教育文化论坛，2018（6）：1-6.

② 习近平. 做党和人民满意的好老师——同北京师范大学师生代表座谈时的讲话 [N]. 人民日报，2014-09-10（2）.

③ 习近平. 做党和人民满意的好老师——同北京师范大学师生代表座谈时的讲话 [N]. 人民日报，2014-09-10（2）.

④ 习近平. 做党和人民满意的好老师——同北京师范大学师生代表座谈时的讲话 [N]. 人民日报，2014-09-10（2）.

的指导；更要有仁爱之心，好的教师眼神应该是慈爱的、温情的、透着智慧与真情，进而让学生“亲其师，信其道”。学生的成长具有差异性，老师面对的是一个个性格爱好、脾气秉性、兴趣特长、家庭情况、学习状况不一的学生，要求教师必须有“学而不厌、诲人不倦，有教无类，因材施教，教也多术”的品质，平等对待每一名学生，尊重所有学生的个性，理解学生的情感，包容学生的缺点和不足，善于发现学生的长处和闪光点，让所有学生都能够成为有用之才。三寸粉笔，三尺讲台系国运；一颗丹心，一生秉烛铸民魂，广大教师要做人民满意的优秀人师，中国才能办出人民满意的教育。①

4. 推己及人的关爱教育②

要强化中国特色优秀传统文化教育，必须加强对各级各类学生仁者爱人观念的教育。中华优秀传统文化历来主张用道德伦理来调节人际关系，如孔子的“己所不欲，勿施于人”③，孟子的“天时不如地利，地利不如人和”④，墨子的“兼爱非攻”等等，对各级各类学生进行仁者爱人的观念教育，就是让学生们用自己的仁心、爱心对待别人，去处理生活中的情感与利益关系。首先将“己所不欲，勿施于人”的教育观念，内化于学生们的行与心，教育学生们要学会换位思考，站在别人的角度去理解他人，做到推己及人，只有这样才能有和谐、和睦的人际关系，进而促进学校与社会的稳定。再者，要对学生进行“己欲立而立人，己欲达而达人”⑤的观念教育，只有自己对别人有仁爱之心，别人才会对自己有仁爱之心，也就是说要想别人以什么样的态度

① 习近平. 做党和人民满意的好老师——同北京师范大学师生代表座谈时的讲话 [N]. 人民日报，2014-09-10（2）.

② 孙刚成，贺列列. 新时代中华优秀传统文化教育与当代大学生德行培养 [J]. 教育与教学研究，2018（8）: 117-122.

③ 陈成国. 四书五经・论语 [M]. 长沙：岳麓书社，2002：39.

④ 陈成国. 四书五经・孟子 [M]. 长沙：岳麓书社，2002：79.

⑤ 陈成国. 四书五经・论语 [M]. 长沙：岳麓书社，2002：28.

对待自己，自己必须要先以什么样的态度对待别人，这对广大学生推己及人品质的养成具有有益的指导。

（三）优秀传统文化精神与理想人格培育

中华民族具有5000多年连绵不断的文明史，创造了博大精深的中华文化，为人类文明进步作出了不可磨灭的贡献。历经艰难与困苦，依旧生生不息，把中国56个民族、13亿多人紧紧凝聚在一起，是我们共同创造的美好家园，是我们共同培育的民族精神。[①]继承优秀传统文化精神，丰富理想人格内涵，是人们共铸美好家园所应坚守的理想信念。[②]

1. 爱国主义与民族精神教育[③]

优秀传统文化中蕴含着中国人怎样看待世界、看待生命的民族精神，蕴含着中国人的世界观、人生观、价值观。习近平指出，中国人独特而悠久的精神世界让中国人具有很强的民族自信心，也培育了以爱国主义为核心的民族精神。[④]他强调："爱国，是人世间最深层、最持久的情感，是一个人立德之源、立功之本。孙中山先生说，做人最大的事情，'就是要知道怎么样爱国'。我们常讲，做人要有气节、要有人格。气节也好，人格也好，爱国是第一位的。我们是中华儿女，要了解中华民族历史，秉承中华文化基因，有民族自豪感和文化自信心。要时时想到国家，处处想到人民，做到'利于国者爱之，害于国者恶之'。爱国，不能停留在口号上，而是要把自己的理想同祖

① 习近平. 在第十二届全国人民代表大会第一次会议上的讲话 [N]. 人民日报，2013-03-18（1）.

② 孙刚成，贺列列，雷伟. 习近平的优秀传统文化教育观解读 [J]. 教育文化论坛，2018（6）：1-6.

③ 孙刚成，贺列列，雷伟. 习近平的优秀传统文化教育观解读 [J]. 教育文化论坛，2018（6）：1-6；孙刚成，贺列列. 新时代中华优秀传统文化教育与当代大学生德行培养 [J]. 教育与教学研究，2018（8）：117-122.

④ 习近平. 在布鲁日欧洲学院的演讲 [N]. 人民日报，2014-04-02（2）.

国的前途、把自己的人生同民族的命运紧密联系在一起，扎根人民，奉献国家。”[①] 所以，在社会主义核心价值观中，最深层、最根本、最永恒的永远是爱国主义，必须把爱国主义教育作为永恒主题，贯穿国民教育和精神文明建设全过程，必须尊重和传承中华民族的历史和文化，不断增强中华民族的归属感、认同感、尊严感和荣誉感。[②] 习近平的系列讲话中曾多次引用“天下兴亡、匹夫有责”[③]“苟利国家生死以，岂因祸福避趋之”[④]“先天下之忧而忧，后天下之乐而乐”[⑤] 等，生动地表达了以爱国主义为核心的民族精神[⑥]。新时代下进行以爱国主义为核心的民族精神教育，是对优秀传统文化的继承与发展，也是增强民族文化自信的重要途径。面对时代的变迁，人们虽然少了艰难与困苦的洗礼，不用再拿起武器去浴血奋战捍卫国家，但是新时代下需要立足于实现中华民族的伟大复兴，赋予爱国主义新的内涵与意义，引导学生树立主人翁意识，坚守爱国主义的民族情怀，加强主体意识教育，增强人们对国家、社会和人类的责任感与使命感。

2. 自强不息的奋斗精神培育[⑦]

习近平在北京大学师生座谈会上的讲话中提出：“广大青年要培养奋斗精神，做到理想坚定，信念执着，不怕困难，勇于开拓，顽强拼搏，永不气馁。

---

① 习近平. 在北京大学师生座谈会上的讲话 [N]. 人民日报，2018-05-03（2）.

② 习近平. 十一、用社会主义核心价值观凝心聚力——关于建设社会主义文化强国 [N]. 人民日报，2016-05-05（9）.

③ 许苏民. 顾炎武 [M]. 南京：南京大学出版社，2014：94.

④ 吴慧鹃，刘波，卢达. 中国历代著名文学家评传 第九卷 [M]. 济南：山东教育出版社，2009：394.

⑤ （宋）范仲淹. 范仲淹传・岳阳楼记 [M]. 诸葛忆兵，著. 北京：中华书局. 2012：196.

⑥ 杨静. 走好新长征路的宝贵精神财富——深入学习贯彻习近平同志在纪念红军长征胜利 80 周年大会上重要讲话精神 [N]. 人民日报，2016-10-26（7）.

⑦ 孙刚成，贺列列，雷伟. 习近平的优秀传统文化教育观解读 [J]. 教育文化论坛，2018（6）：1-6；孙刚成，贺列列. 新时代中华优秀传统文化教育与当代大学生德行培养 [J]. 教育与教学研究，2018（8）：117-122.

幸福都是奋斗出来的,奋斗本身就是一种幸福。”[①] 广大青年学子们在成长成才中要笃实，扎扎实实干事，踏踏实实做人[②]；另外，习近平在布鲁日欧洲学院的演讲时引用了《周易》中的“天行健，君子以自强不息”，明确表达了中华优秀传统文化中孕育着坚定笃行、自强不息和有容乃大的民族精神。“天行健，君子以自强不息，地势坤，君子以厚德载物”[③]，这句话可以说既是中国人个人修养的追求，更是中华民族精神的高度概括。因为自强不息，故不断前进，衰而复兴；因厚德载物，故海纳百川，丰富多彩。中华民族历经无数沧桑岁月与艰难困苦，而依旧屹立于世界民族之林，正是因为有自强不息的伟大民族精神的支撑。独立自主，自尊自强，坚忍不拔，不屈不挠，锲而不舍、金石可镂，发愤忘食、乐以忘忧，不知老之将至，富贵不能淫，贫贱不能移，威武不能屈等都是中华民族自强不息的真实写照。从远古时期，中华各族人民就在中华大地劳动、生息、繁衍；先秦时期各族人民分散在中华大地，他们战胜自然灾害，辛勤劳动，为祖国的统一奠定了基础；元朝时期，各族人民不屈不挠抵抗外族入侵，捍卫祖国统一。[④] 自强不息的民族精神经过时代的变迁与发展，重要的转化都凝聚成为实现“中国梦”而努力奋斗。习近平在十二届全国人大一次会议闭幕会上强调，“实现全面建成小康社会、建成富强民主文明和谐的社会主义现代化国家的奋斗目标，实现中华民族伟大复兴的中国梦，就是要实现国家富强、民族振兴、人民幸福，既深深体现了今天中国人的理想,也深深反映了我们先人们不懈追求进步的光荣传统”[⑤],一直是中华民族的不懈追求，凝聚了无数中华儿女的奋斗心血，是任何时候都不能丢

① 习近平. 在北京大学师生座谈会上的讲话 [N]. 人民日报，2018-05-03（2）.

② 习近平. 青年要自觉践行社会主义核心价值观——在北京大学师生座谈会上的讲话 [N]. 人民日报，2014-05-05（2）.

③（周）姬昌. 周易 [M] 曾凡朝，注释. 北京：崇文书局，2015：17.

④ 张琼. 新形势下加强大学生中华优秀传统文化教育研究 [D]. 西南大学，2017.

⑤ 习近平. 在第十二届全国人民代表大会第一次会议上的讲话 [N]. 人民日报，2013-03-18（1）.

的‘传家宝’。面对新形势和中华民族伟大复兴的需要，人们要将中华民族自强不息的伟大精神融入实现中国梦的信念中，不断强化人们为实现中华文化复兴伟业而不懈奋斗的决心和信心。

3. 志存高远的进取精神陶冶[①]

王守仁说:“志不立，天下无可成之事。”[②]“可见，立志对一个人的一生具有多么重要的意义。”[③]历史经验表明，不管是国家的繁荣昌盛，还是个人自我发展，都必须具备两个条件：一是勤奋，二是学习。中华文明是世界上少有的没有中断的文明传承之一，蕴含着做人做事的大道理，智慧光芒穿透历史，思想价值跨越时空，是中华民族永远不能抛弃的精神家园。习近平强调：“学所以益才也，砺所以致刃也”[④];宋代张载提出“为天地立心，为生民立命，为往圣继绝学，为万世开太平”[⑤]，反映了古代学者匡时济世的理想追求，激励学者们要有勤奋好学、志存高远的精神。习近平以自己的身体力行殷切希望“各级领导干部要勤于学、敏于思，坚持博学之、审问之、慎思之、明辨之、笃行之，以学益智，以学修身，以学增才。要努力学习各方面知识，努力在实践中增加才干，加快知识更新，优化知识结构，拓宽眼界和视野，着力避免陷入少知而迷、不知而盲、无知而乱的困境，着力克服本领不足、本领恐慌、本领落后的问题。”[⑥]习近平在浙江省委办公厅系统总结表彰大会上的讲话时曾引用《庄子·养生主》的“吾生也有涯，而知也无涯”[⑦]强调知识的无限性，需要用一生去追求。

---

① 孙刚成，贺列列，雷伟. 习近平的优秀传统文化教育观解读 [J]. 教育文化论坛，2018（6）: 1-6.

② （明）王守仁. 吴光，钱明，董平，编校. 王阳明全集 中 [M]. 上海：上海古籍出版社，2015：804.

③ 习近平. 在北京大学师生座谈会上的讲话 [N]. 人民日报，2018-05-03（2）.

④ 俞启定. 中国教育通史（3·秦汉卷）[M]. 北京：北京师范大学出版社，2013：391.

⑤ （明）刘元卿. 彭树欣，编校. 钱明，主编. 刘元卿集 下 [M]. 上海：上海古籍出版社.2014：779.

⑥ 习近平. 第四批全国干部学习培训教材《序言》[N]. 人民日报，2015-02-28（1）.

⑦ （战国）庄周. 庄子·内篇·养生主 [M]. 贾太宏，译. 北京：西苑出版社.2016：28.

在勤奋力学的传统思想发扬中，习近平借鉴古人读书、学习的三境界，倡导学习要能够耐得住“昨夜西风凋碧树，独上高楼，望尽天涯路”的寂寞与孤寂；树立“衣带渐宽终不悔，为伊消得人憔悴”的决心和甘心情愿；坚定地走向“众里寻他千百度，蓦然回首，那人却在灯火阑珊处”的领悟与自觉。另外，他强调学习要厚积薄发，循序渐进。读书、学习对人生的发展不能期盼立竿见影的效果，它是一个需要长期付出的过程，在读书、学习的过程中要有工匠精神，不能心浮气躁、浅尝辄止。为此，习近平用“不积跬步，无以至千里；不积小流，无以成江海”[①]勉励人们读书一定要锲而不舍，持之以恒。他还强调学习要善于拜师，“独学而无友，则孤陋而寡闻”[②]，每个人都有着不同的文化背景、经验、阅历，必然会有不同的认识，加强彼此之间的交流与学习，必能促进自身的成长与发展。当前是一个物欲横流的时代，知识经济快速发展的时代，更是一个异化的时代，这个时代典型的表现就是人们对技术的过度依赖和对知识信息的高度重视，基于人们对技术工具的无限亢奋促使了器物的繁荣，由于人们对器物的崇敬致使文化媚俗与灵魂荒芜，丧失了文化自身的优雅与崇高。[③]习近平引用“志之所趋，无远勿届，穷山距海不能限也；志之所向，无坚不入，锐兵精甲不能御也”，[④]告诫人们天下无不可为之事，只怕立志不坚。有志者事竟成，只有树立远大理想，并为之不懈奋斗，才能成就自我。新时代下人们要充分挖掘传统文化中所蕴含的进取精神，激励广大学生勤奋好学、志存高远，而不是一味地将学习视为获取黄金屋与颜如玉的手段，致使教育走向功利主义。

总之，中华文明是世界上少有的没有中断的文明传承之一，蕴含着做人做事的大道理，智慧光芒穿透历史，思想价值跨越时空，是中华民族永远不

① （战国）荀况. 荀子 [M]. 王学典，编译. 北京：中国纺织出版社，2007：5.

② 陈成国. 四书五经 · 礼记 · 学记 [M]. 长沙：岳麓书社，2002：564.

③ 郭大成，孙刚成. 大学精神是大学素质教育之魂 [J]. 教育研究，2013，34（10）：50-54，110.

④ （清）金缨. 崇文国学经典文库 格言联璧 [M]. 武汉：崇文书局，2012：14.

能抛弃的精神家园。①

三、新时代中国特色优秀传统文化教育思想的基本内核②

中华优秀传统文化是中华民族在历史活动中表现出来的富有生命力的优秀品质、高尚品格、坚定志向和伟大精神的聚合体，对内具有指导与激励作用，对外具有展示功能，中华民族历经数千年而依旧生机勃勃，彪炳史册，与丰富而深邃的中华优秀传统文化有着十分重要的唇齿相依关系，故教育作为社会文化系统的核心部分，它不仅有着传递、继承知识文化的重要作用，同时也承担着创新、创造知识与文化的使命，为此，厘清与掌握优秀传统文化教育思想的基本内核，对于教育的发展具有十分重要的意义。

（一）加强优秀传统文化教育是实现中国文化伟大复兴梦想的基石

文化是民族凝聚力和创造力的重要源泉，是一个民族的集体记忆，是民族文化身份和独特个性的象征，是培育民族精神的土壤，是人们赖以栖息的精神家园。③习近平在中国共产党第十九次全国代表大会上的报告中指出，实现中华民族伟大复兴是近代以来中华民族最伟大的梦想。④习近平强调："一个国家、一个民族的强盛，总是以文化兴盛为支撑的，中华民族伟大复兴需

① 孙刚成，贺列列. 新时代中华优秀传统文化教育与当代大学生德行培养 [J]. 教育与教学研究，2018（8）：117-122.

② 孙刚成，贺列列，雷伟. 习近平的优秀传统文化教育观解读 [J]. 教育文化论坛，2018（6）：1-6.

③ 蔡武. 建设社会主义文化强国 实现中华文化的伟大复兴（中国特色社会主义和中国梦宣传 教育系列报告会第五场报告会报告）[N]. 人民日报，2013-8-28（14）.

④ 习近平. 决胜全面建成小康社会 夺取新时代中国特色社会主义伟大胜利（在中国共产党第十九次全国代表大会上的讲话）[N]. 人民日报，2017-10-28（1-5）.

要以中华文化发展繁荣为条件。”① 何为复兴,唯有自身文明曾经繁荣昌盛过的民族才有资格提出复兴的目标;唯有承受过艰难困苦而始终不曾放弃梦想的民族才能有力量提出复兴的目标;唯有真正伟大的民族才不会在苦难中沉沦,反而会从苦难中奋起。② 新时代下中华民族伟大复兴就是实现“中国梦”,习近平在联合国教科文组织总部的演讲中指出:“没有文明的继承和发展,没有文化的弘扬和繁荣,就没有中国梦的实现”③,深刻地指明了弘扬中华优秀传统文化与实现中国梦的关系。强调实现中国梦,是物质文明和精神文明共同发展的过程,既需要文化旗帜引领、文化精神激励、文化软实力支撑,更需要文化的认同和凝聚。④ 换言之,中华文化的复兴是中华民族振兴的重要标志,更是实现中华民族伟大复兴的重要力量。中华文化源远流长孕育了中华民族宝贵的品格与气质;中华文化博大精深造就了中华民族自强不息、厚德载物的崇高价值追求;中华文化具有海纳百川、地承万物的气魄。习近平对中华优秀传统文化的论述形成了独特的思想体系,包含了传统文化的基本理念、核心价值、行为规范、理想信念,突出表现了中华民族精神特有的信仰追求,价值取向、思维方式和生活方式。中华优秀传统文化更是经过岁月的锤炼与洗礼,构成中华民族的血脉与灵魂,通过世代相传融入人们的血脉与精神中,成为维系中华民族繁衍生息、不断强盛的肥沃土壤,同时展示了中华民族的坚强性格与宏伟气节。新时代下进行优秀传统文化教育,必然使其迸发出强大的力量,成为中华文化伟大复兴的基石。

---

① 李翔海. 中华民族伟大复兴需要中华文化发展繁荣——学习习近平同志在山东考察时的重要讲话精神 [J]. 求是,2013(24):48-49.

② 何兹全. 中国文化六讲 [M]. 北京:北京大学出版社,2008:209-210.

③ 习近平. 在联合国教科文组织总部的演讲 [N]. 人民日报,2014-03-28(3).

④ 习近平. 在联合国教科文组织总部的演讲 [N]. 人民日报,2014-03-28(3).

（二）加强优秀传统文化教育是建构华人文化自信的基本保障

文化代表着一个国家和民族的文明程度、发展水平，既是综合国力的重要组成部分，也是综合国力增强的体现。历史经验表明，离开了文化支撑，一个民族即使有繁荣的经济，也不可能屹立于世界民族之林。[①] 中国特色社会主义道路是从中华民族5000多年悠久文明的传承中走出来的，既有深厚而博大的历史渊源，又有广泛而坚实的现实基础。中华优秀传统文化是中华民族最深厚最坚实的文化软实力，也是中国特色社会主义之根的文化沃土。[②] 文化自信是更基本、更深沉、更持久的力量。历史和现实都表明，一个抛弃了或者背叛了自己优秀历史文化的民族，不仅不可能发展起来，而且很可能上演一场历史悲剧。[③] 文化自信的一个重要方面是基于对自身优秀文化历史清醒的认知，是对自身文化未来的坚定信念。加强优秀传统文化教育，能使人们全面准确地认识到中华民族的历史传统、文化积淀和基本国情。新时代以习近平同志为核心的中央领导集体对优秀传统文化的继承与创新洋溢着中国人民的底气、骨气和豪气，这必将极大地激发全国各族人民建设社会主义优秀文化的积极性、主动性和创造性。从一定角度来讲，中华优秀传统文化涵养着中华民族的文化自信；就教育而言，中国历来就是一个重视教育的国度，视教育为民族生存和国家安定的命脉，把教育纳入国家重要事业之中[④]。由于对教育的长期重视，涌现出一大批教育经典著作，形成了博大精深的教育思想，孕育了因材施教、启发诱导、学思行相结合的教学方法；树立了学而不厌、

① 蔡武.建设社会主义文化强国 实现中华文化的伟大复兴（中国特色社会主义和中国梦宣传教育系列报告会第五场报告会报告）[N].人民日报，2013-08-28（14）.

② 习近平.牢记历史经验历史教训历史警示 为国家治理能力现代化提供有益借鉴[N].人民日报，2014-10-14（1）.

③ 习近平.习近平在哲学社会科学工作座谈会上的讲话[N].人民日报，2016-05-21（1）.

④ 顾明远.论中国传统文化对中国教育的影响[J].杭州师范学院学报（社会科学版），2004，26（1）：1-9.

诲人不倦、以身作则、教学相长的教师典范，塑造了谦谦君子、真性无为、浩然正气的理想人格等，这些理念至今仍闪耀着文化与智慧的光芒。以习近平同志为核心的中央领导集体对传统文化典籍的重视，对传统文化中蕴含思想的解读，对传统文化中精神的继承与弘扬，正是对文化自信的形塑与彰显。近年来，在世界各地开办的孔子学院，很好地宣传与展示了中华文化魅力。当前，中国正由教育大国转向教育强国，教育的发展逐步迈入新时代，加快推进教育现代化，建设教育强国，办好人民满意的教育，需要坚定文化自信，充分挖掘优秀传统文化教育思想，进而建构华人文化自信。

（三）加强优秀传统文化教育是涵养华人基本文化素养的必由之路

文化如水，润物无声，文化似火，启迪心灵。文化是满足人们精神文化需求的重要途径，是人类文明的主要结晶，也是人类生存的一种表现形态。[①]中华民族是一个拥有5000年文明史的文化大国，5000年的文明史、发展史决定了中华文化具有源远流长、博大精深的特征，在形成和发展过程中产生的各种思想文化，记载了中华民族在长期奋斗中开展的精神活动、进行的理性思维、创造的文化成果，反映了中华民族的精神追求，其中，最核心的内容已经成为中华民族最基本的文化基因。[②]习近平在中央党校建校80周年庆祝大会暨2013年春季学期开学典礼上的讲话中提出："中国传统文化博大精深，学习和掌握其中的各种思想精华，对树立正确的世界观、人生观、价值观很有益处。"[③]走进历史，翻开书卷，不难发现，中华优秀传统文化的光芒，孕育了意味深长的诗词、小说、戏曲，构成绚烂多彩的文化殿堂；孕育了古

① 蔡武. 建设社会主义文化强国　实现中华文化的伟大复兴（中国特色社会主义和中国梦宣传　教育系列报告会第五场报告会报告）[N]. 人民日报，2013-8-28（14）.

② 习近平. 习近平主持中央政治局集体学习时强调历史是最好的老师 [N]. 人民日报，2014-10-14（1）.

③ 习近平. 在中央党校建校80周年庆祝大会暨2013年春季学期开学典礼上的讲话 [N]. 人民日报，2013-03-03（2）.

典优雅的书法与绘画，成为文人志士陶冶情操的高尚追求；孕育了精美绝伦的古建筑，给予人们视觉的美感与冲击。以习近平同志为核心的中央领导集体在讲话中多次引用了《论语》《孟子》《老子》等文化典籍，提出传统文化中所蕴含的“天人合一”“贵和尚中”等丰富的哲学思想；“自强不息”的奋斗精神;“己欲立而立人,己欲达而达人”① “己所不欲,勿施于人”② 等伦理道德与人文文化思想，这些都彰显了中华文化内容的丰富性与深刻性，同时也构成了中华文化的灿烂篇章。简言之，中华民族 5000 年的文明史，所蕴含的文明遗产、精神记忆和文化心理构成了中华民族灿烂的文化，充分挖掘其所囊括的内涵与外延，必将涵养华人基本的文化素养和理想人格。

四、奋力开拓新时代中国优秀传统文化教育新境界

教育是中国特色社会主义事业发展的重要组成部分。新时代中国特色社会主义教育发展要彰显习近平新时代中国特色社会主义思想中的理想与信念内核，要始终坚持中国特色社会主义事业的建设者和接班人的培养目标，坚持贯彻立德树人的教育目标，注重以培养能够担当民族复兴大任的时代新人为着眼点，以核心素养教育理念为基点，培养支撑学生终身发展、适应时代发展要求的关键能力，促进学生身心健康，全面发展。中华优秀传统文化是中华民族的精神家园，滋养着一代代中华儿女的身心。新时代下人们要加强中华优秀传统文化教育，促进其创造性转化与创新性发展，奋力开拓新时代中国优秀传统文化教育新境界。

---

① 陈成国. 四书五经・论语 [M]. 长沙：岳麓书社，2002：28.

② 陈成国. 四书五经・论语 [M]. 长沙：岳麓书社，2002：39.

（一）基本原则

随着现代社会的变迁，文化教育若不顺应时代的发展与进步，便会陷入故步自封的状态。每一个国家、民族都拥有其独特的文化传统、独特的基本国情，为此，必须立足本土深入阐发优秀传统文化，着力构建中国底蕴，吸收人类文明成果，做到兼收并蓄、取长补短、古为今用、洋为今用，为中国教育赋予更鲜活的时代内容。

第一，扬弃地继承。传统文化在其形成和发展过程中，毋庸置疑会受到当时发展水平与时代条件的影响与制约，因而也无可避免会存在陈旧过时或已成糟粕的可能性。为此，人们在学习、研究、应用传统文化时一定要结合时代特点，正确取舍，坚持古为今用、推陈出新，而不能采取“拿来主义”的方法直接套用。①

第二，进行创造性转化。“创造性转化就是按照时代的特点和要求，对那些至今仍有借鉴价值的内涵和陈旧的表现形式加以改造，赋予其新的时代内涵和现在表达形式，激活其生命力。”②“要加强对中华优秀传统文化的挖掘和阐发，使中华民族最基本的文化基因与当代文化相适应，与现代社会相协调，把跨越时空、超越国界、富有永恒魅力、具有当代价值的文化精神弘扬起来。要推动中华文明创造性转化、创新性发展、激活其生命力，让中华文明同各国人民创造的多彩文明一道，为人类提供正确精神指引。”促进文化的美美与共和百花齐放。③

第三，进行创新性发展。“创新性发展，就是按照时代的新进步新发展，

---

① 习近平. 习近平在纪念孔子诞辰 2565 周年国际学术研讨会暨国际儒学联合会第五届会员大会开幕会上的讲话 [N]. 人民日报，2014-09-25（2）.

② 中共中央宣传部. 习近平总书记系列重要讲话读本 [M]. 北京：学习出版社，人民出版社，2016：203.

③ 习近平. 习近平在哲学社会科学工作座谈会上的讲话 [N]. 人民日报，2016-05-21（1）.

对优秀传统文化的内涵加以补充、拓展、完善，将其发展引向深入，增强其影响力和感染力。”[①] 对于如何进行创新性发展，习近平指明了发展的方向，即“要坚持不忘本来、吸收外来、面向未来，既向内看、深入研究关系国计民生的重大课题，又向外看、积极探索关系人类前途命运的重大问题；既向前看、准确判断中国特色社会主义发展趋势，又向后看，善于继承和弘扬中华优秀传统文化精华”[②]。

（二）保障措施

第一，贯穿国民教育始终。教育教学是培养学生的主要途径，承担着最主要的教育内容。进行中华优秀传统文化教育，必须将传统文化的内容融入教育教学的全过程，通过各级各类学校教材内容贯通性的融入、课堂教学的不断渗透、实践教学的不断创新和增加等，实现优秀传统文化有计划、有秩序、有章法、有效果地贯穿国民教育始终。同时，要丰富和拓展优秀传统文化为主题的校园文化建设。[③] 从一定角度讲，校园文化活动是校园文化发展与传承的重要载体，为此，要加强校园文化活动的开展，推进戏曲、书法、高雅艺术、传统体育等优秀传统文化进校园，积极将校园传统文化融入学生生活之中。

第二，滋养文艺创作。《关于实施中华优秀传统文化传承发展工程的意见》提出，要善于从中华文化资源宝库中凝练题材、找寻灵感、汲取养分，把中华优秀传统文化中所蕴含的思想、艺术价值与时代特点和要求相结合，运用丰富多样的艺术形式进行当代表达，推出一大批底蕴深厚、涵养人心的优秀文艺作品。为此，首先要厘清中华优秀传统文化的内涵与意义，进而创

① 中共中央宣传部. 习近平总书记系列重要讲话读本 [M]. 北京：学习出版社，人民出版社，2016：203.

② 习近平. 习近平在哲学社会科学工作座谈会上的讲话 [N]. 人民日报，2016-05-21（1）.

③ 白显良. 隐形思想政治教育基本理论研究 [M]. 北京：人民教育出版社，2013：211.

作出一大批以中华优秀传统文化为主题的文艺作品，彰显中华文化的精神与智慧。其次要加强对优秀传统文化典籍、影视等出版物的支持力度；再次要借助网络实施网络文艺创作与传播，建设面向公众免费开放查阅与交流的中华优秀传统文化传播与发展网络数据库，进而加大中华优秀传统文化的传承与发展。①

第三，加大宣传教育力度。《关于实施中华优秀传统文化传承发展工程的意见》指出，要综合运用报纸、书刊、电台、电视台、互联网站等各类载体，融通多媒体资源，统筹宣传、文化、文物等各方力量，创新表达方式，大力彰显中华文化魅力。② 首先要实施中华优秀传统文化新媒体传播工程，以互联网为代表的信息技术日新月异，引领了社会生产与文化生产新变革，互联网让世界变成了"鸡犬之声相闻"的地球村，相隔万里的人们不再"老死不相往来"。可以说，世界因互联网而更多彩，生活因互联网而更丰富。③ 严加管控和监管净化的互联网可以成为传播人类优秀文化、弘扬正能量的重要载体。为此，要加强中华文化新媒体传播工程的建设，促进中华优秀传统文化的发展与交流。另外，还需要通过进一步开放与普及各种高雅文化场馆和加大重大传统节日庆典的传统文化元素等形式，增强中华优秀传统文化的宣传、传承与创新力度。

第四，加强组织领导。加强组织领导是增强教育效果的重要途径。首先，要加强宏观指导，提高优秀传统文化发展组织效能，将其发展纳入经济与社会发展总体规划，纳入考核评价体系；其次，相关各部门要发挥综合协调作用，整合各类资源，调动各方力量，共同推进中华优秀传统文化教育的发

① 中共中央办公厅，国务院办公厅. 关于实施中华优秀传统文化传承发展工程的意见 [N]. 人民日报，2017-01-26（6）.

② 中共中央办公厅，国务院办公厅. 关于实施中华优秀传统文化传承发展工程的意见 [N]. 人民日报，2017-01-26（6）.

③ 习近平. 在第二届世界互联网大会开幕式上的讲话 [N]. 人民日报，2015-12-17（2）.

展；[①] 再次，打造优秀师资队伍，努力打造一支专业的中华优秀传统文化师资队伍是继承与发展优秀传统文化的关键力量，为此，要加强师资队伍的组织与建设，不断提升师资队伍的整体水平。

第五，加强政策保障。政策保障是中华优秀传统文化持续发展不可或缺的重要力量，为此，要制定和完善发展中华优秀传统文化教育的相关政策，通过完善政策不断加强中华优秀传统文化教育的保障性。首先，要制定和完善中央和各地方财政支持政策，加强对中华优秀传统文化教育的财政支持力度。其次，要制定和完善中华优秀传统文化传承与发展工程项目的制度与规范，包括专家负责制和资金管理政策规范等。再次，要完善中华优秀传统文化传承发展的激励表彰制度。对为中华优秀传统文化的传承与发展作出卓越贡献的人，要给予其物质与精神上的奖励，以便促进爱国主义、自强不息、艰苦奋斗等精神的继承与发展。[②]

（三）基本途径[③]

新时代中国特色社会主义教育发展要彰显习近平新时代中国特色社会主义思想中的教育理想与信念内核，加强传统文化教育是当务之急的重大历史任务，同时也是时代要求。为此，必须采取正确的途径与方法，强化各级各类学校学生的传统文化教育，塑造学生们的完整人格，使其真正成为祖国的栋梁之材与文化发展伟业的继承人。

① 中共中央办公厅，国务院办公厅. 关于实施中华优秀传统文化传承发展工程的意见 [N]. 人民日报，2017-01-26（6）.

② 中共中央办公厅，国务院办公厅. 关于实施中华优秀传统文化传承发展工程的意见 [N]. 人民日报，2017-01-26（6）.

③ 孙刚成，贺列列. 新时代中华优秀传统文化教育与当代大学生德行培养 [J]. 教育与教学研究，2018（8）: 117-122.

1. 深入阐发中华优秀传统文化的思想内涵与精神实质

中华文化经过五千多年的发展与演变，形成了自己独特的基本理念、核心价值、行为规范和理想信念，突出表现了中华民族特有的信仰追求、价值取向、思维方式和生活方式。中华优秀传统文化更是经过五千年岁月的锤炼与洗礼，逐步构建成中华民族的血脉与灵魂，通过世代相传融入人民的血脉与精神中，成为维系中华民族繁衍生息、不断强盛的肥沃土壤与丰富滋养。为此，加强中华优秀传统文化教育，必须要讲清楚中华优秀传统文化的历史渊源、发展脉络、基本走向，讲清楚中华文化的独特创造、价值理念、鲜明特色。要处理好继承和创新的关系，实现中华优秀传统文化创造性转化和创新性发展的协同共进。①

2. 实现优秀传统文化教育在教学过程中的全方位、全时空融入

开展中华优秀传统文化教育，必须将传统文化的内容融入教育教学的全过程，实现全方位、全时空的教育融入，实现泛在的潜移默化教育影响。首先，要编写专门教材或选择合适的典籍做教材。教材编写与选择要根据《关于实施中华优秀传统文化传承发展工程的意见》要求，加强各学段中华优秀传统文化教材的编写与选择工作，增强教材的专业性与教育性，保证教材内容的全面性与特色性，增强教育效果，促进中华优秀传统文化课程和教材体系的形成②。其次，要上好课。整合相关教学内容，将中华优秀传统文化的基本内容融入道德、法制、语文、历史等相关课程教学中，在哲学社会科学及相关学科专业课程教学中，增强传统文化的内容融入度和渗透度。再次，务

① 翟博. 加强中华优秀传统文化教育——深入学习习近平总书记教育思想 [N]. 中国教育报，2017-08-31（1）.

② 中共中央办公厅，国务院办公厅. 关于实施中华优秀传统文化传承发展工程的意见 [N]. 人民日报，2017-01-26（6）.

实从事中国优秀传统文化教学研究。深入阐释中华优秀传统文化的内涵，使广大学生真正理解中华优秀传统文化的精神实质，进而实现文化育人功能。

3. 以创新、多元、新颖、有效的方式强化各级各类学生的传统文化实践体验

“问渠哪得清如许，为有源头活水来”，实践决定意识，只有通过实践体验，亲自认知、体验、践行，才能实现中华传统美德内容的“内化”，进而转化为每一个公民良好的行为习惯。[①] 首先，可以举行“弘扬中华优秀传统文化，实现中国梦”等多种形式的学术实践活动，加强各级各类学生对中华优秀传统文化的认识。其次，要充分发挥图书馆、博物馆、群艺馆等育人载体的作用，并进行现场教学，通过参观学习，使各级各类学生加深对中华优秀传统文化的了解与认同。再次，要善用庆典，充分挖掘传统庆典中所蕴含的丰富文化内涵。传统节日庆典是中华优秀传统文化的重要组成部分，具有深厚的文化底蕴，为此，可以利用传统文化节日庆典的活动方式与风俗习惯营造继承与发展优秀传统文化的良好氛围，进而增强中华优秀传统文化的宣传力度和接受度。

4. 在具有浓郁传统文化气息的校园文化熏陶下彰显隐性而持久的教育效应

校园文化是在学校发展历程中，以校园为空间背景、以师生行为为主体，以校园学习与生活为主要内容的一种亚文化。作为最具有活力的文化形态之一，校园文化在发展社会主义先进文化、形成共同社会理想、构建和谐校园等方面发挥着重要作用。[②] 校园文化涉及班风、校风、学风、教风、学校的经

① 黄丽丹. 当代大学生中华传统美德教育研究 [D]. 河北大学，2014.

② 白显良. 隐形思想政治教育基本理论研究 [M]. 北京：人民教育出版社，2013：211.

典建筑风格等。这些对学生的影响是潜移默化的，具有很强的吸引力、感染力与渗透力。首先，要将中华优秀传统文化融入校园的自然景观与文化产品中去，使广大学生感受其中、享受其中，潜移默化地受到熏陶和教育。因为物态文化是可感知的、具有物质实体的文化，这种文化更容易让人感同身受，通过现场感知发挥强大的教育作用。秦始皇兵马俑体现的是帝王权威，万里长城承载的是农业文明下的国家安全观，各地的孔庙在一定层面上反映的是儒道文化礼俗与信念，拔地而起的摩天大楼彰显着工业文明之后人定胜天的壮志……一代代的物态文化就是一代代的固化价值观。① 再者，要加强精神文化的创设与陶冶。各级各类学校精神是校园文化精神的核心，也是反映广大师生共同的精神信念、理想追求、文化规范、行为准则的价值观念体系和群体意识。为此，要将传统文化与学校精神特质相结合积极铸就学校精神，充分挖掘学校章程、校训、校徽、校旗、校风中所蕴含的传统文化内涵与精神，积极弘扬使其内化为全体师生的理想信念与追求。最后，将校园文化建设融入校园活动中，推进戏曲、书法、高雅艺术、传统体育文化活动等进校园，积极将校园传统文化融入学生生活的方方面面之中，让师生置身在其中潜移默化地受到感染与熏陶。

文以载道，文以化人。当代中华民族是历史的延续与发展，当代中华民族思想文化也是中华民族传统思想文化的传承和升华，要认识今天的中华民族、今天的中国人，就要深入了解中国的文化血脉，准确理解滋养中国人的传统文化精华。②“中华民族在几千年历史中创造和延续的中华优秀传统文化，

① 李辉，吕彪. 社会主义核心价值观培育和践行文化载体 [J]. 思想理论教育（综合版），2015（6）：15-20.

② 习近平. 习近平在纪念孔子诞辰 2565 周年国际学术研讨会暨国际儒学联合会第五届会员大会开幕会上的讲话 [N]. 人民日报，2014-09-25（2）.

是中华民族的根和魂”[①];《习近平新时代中国特色社会主义思想三十讲》进一步强调:“中华优秀传统文化是中华民族的‘根’和‘魂’，是最深厚的文化软实力，是中国特色社会主义植根的沃土，是我们在世界文化激荡中站稳脚跟的根基。”[②]所以，中国优秀传统文化是现实中国梦的重要力量，各级各类学生是祖国的希望与继承人，新时代下对广大学生进行中华优秀传统文化教育是推进传统文化教育发展的重要力量，必将使新时代下的教育迸发出新的活力，也必能为早日实现中国的教育强国梦贡献力量。

① 习近平. 在庆祝澳门回归祖国15周年大会暨澳门特别行政区第四届政府就职典礼上的讲话 [N]. 人民日报，2014-12-21（2）.

② 中共中央宣传部. 习近平新时代中国特色社会主义思想三十讲 [M]. 北京：学习出版社，2018：206.

结语 让中国成为世界教育的中心

“教育中心地位是一个国家教育综合实力的集中表现，是反映该国全球性和地区性教育发展水平的重要标志，教育中心对于世界教育改革和发展发挥先导作用，并通过示范和辐射作用，带动国家、区域甚至全球教育整体改革和全面发展。”[①] 新时代，随着中华文化伟大复兴时期的日益临近，中华文化对世界的影响和在世界上的认可与接纳范围都在逐步扩大。所以，未来的世界文明，将更加凸显中国优秀传统文化复兴的魅力，21 世纪将成为中国精神勃发的世纪。中国文化的最大特点在于博大包容特点中的“化”，中国思想能够在包容和吸纳外来文化的过程中“化”其他任何思想，这是一种以己化他继而达到化他为己的过程，这也意味着要接受多样性，但这个“多”却是由“一”所容纳的，是“海纳百川，有容乃大”的“一生万物”。[②]

让中国成为世界教育的中心就是要使中国知识、中国文化、中国思想成为推动世界文化和世界文明获得充分发展的强大力量，让中国从世界的角度出发思考教育发展的目的和方向，让世界敞开怀抱接纳和认同中国文化教育。回顾中华人民共和国成立以来的 70 年和改革开放的 40 年，中国不但在经济上取得了举世瞩目的辉煌成就，经济总量稳居世界第二，在国际上的地位也日益凸显，而且逐步探索出了一条具有中国特色的社会主义道路，这一巨大发展也为中国教育和科研的进一步发展奠定了较为雄厚的基础，使建设教育强国的使命成为可能，也为中国的教育理念走向世界开拓了道路。当下，中

① 高书国. 2030 中国将回归世界教育中心地位 [J]. 中国教育学刊，2017（4）: 1-6.

② 赵汀阳. 天下体系：世界制度哲学导论 [M]. 北京：中国人民大学出版社，2011：9.

国的教育总体发展水平位于世界发展水平的中上行列，建设世界教育中心是2030年中国教育发展目标的战略选择，也是推进和实现教育现代化的必然选择。[①]“教育兴则国家兴，教育强则国家强”[②]，实现中华民族伟大复兴就必须有强大的教育支撑，让中国成为世界教育的中心是国家建设教育强国的标志之一，同时意味着中国教育将更加开放，更具包容性，将更加全面地走向世界。教育中心地位是一个国家教育综合实力的集中表现，是反映该国全球性和地区性教育发展水平的重要标志，作为世界教育中心必将对世界教育改革和发展发挥明显的先导作用，并通过示范和辐射作用，带动更多国家、区域甚至全球教育趋向整体改革和全面发展，而中国具备成为世界教育发展中心的优势和潜力，展望未来，世界教育会更加关注中国经验。

教育强则国家强，建设教育强国是中华民族伟大复兴的基础性工程，让中国成为世界教育的中心是建设教育强国的基本手段。中国共产党第十九次全国代表大会上阐明了中国教育发展的宗旨和方向，全面贯彻党的教育方针，办好中国特色社会主义教育，需要所有教育工作人员以时不我待、只争朝夕的精神面貌写好教育“奋进之笔”，使中国尽快成为世界教育发展的重要引领者和创造者。[③]

让中国成为世界的教育中心，必须贯彻落实以习近平同志为核心的中央领导集体提出的“九个坚持”，即，坚持党对教育事业的全面领导，坚持把立德树人作为根本任务，坚持优先发展教育事业，坚持社会主义办学方向，坚持扎根中国大地办教育，坚持以人民为中心发展教育，坚持深化教育改革创新，坚持把服务中华民族伟大复兴作为教育的重要使命，坚持把教师队伍建设作为基础工作。这“九个坚持”是我们党对我国教育事业规律性认识的深

---

① 高书国. 2030 中国将回归世界教育中心地位 [J]. 中国教育学刊，2017（4）：1-6.

② 《人民日报》社论. 办好人民满意的教育 [N]. 人民日报，2018-09-12（1）.

③ 乘着信仰与使命飞翔——教育部党组成员“头雁领航”践初心活动综述 [EB/OL].http：//www.moe.gov.cn/jyb_xwfb/gzdt_gzdt/s5987/201807/t20180731_343894.html

化，是习近平新时代中国特色社会主义思想的重要组成部分。①

让中国成为世界的教育中心，必须在以下四个方面下足功夫，落到实处。一是以中华优秀教育文化为基础，以中国现代教育思想为主体，学习借鉴人类优秀教育文化，构建新时代中国特色社会主义教育思想体系，逐步扩大中国教育思想的国际影响力。二是中国教育改革要能够引领世界，充分发挥中国作为世界教育改革和发展的最大“实验场”的作用，运用中国经验、中国方案和中国模式日益深刻而广泛地影响世界教育。三是要让中国教育质量引领世界，被世界上越来越多的国家和地区认可、赞同和借鉴。未来中国将更加积极地参与全球教育治理，参与制定世界教育质量标准，向世界输出优质教育资源，为全球教育发展和制度建设作出贡献。四是通过建设世界一流大学引领世界教育发展。按照中国的“双一流”建设规划，2035 年，中国将以北京大学、清华大学为第一梯队，进入世界一流大学行列，在基础研究和应用研究方面涌现一大批世界一流学科。②

要让中国立于世界教育中心，还要深入开展以中国为核心的东方文化教育思想的复兴、影响与竞争力研究。儒家的道德教化和道家的天人合一思想将日益走向世界，人类精神最后的归宿必然是中国的道德——超脱精神——的广泛认同。③ 中国思想的基本能力不仅仅在于它能够因时而“变”，更在于它什么都能够一以“化”之。重思中国就是要使中国知识、中国思想、中国精神成为世界知识体系的一个重要基础；重思中国就是要让中国重新思想，所思想的主题必须聚焦于如何让中国的思想发展成为世界的思想，而重思中国的根本目的就在于重思世界，④ 就在于促进人类命运共同体的建构，促进人与自然高度和谐的实现。

---

① 《人民日报》评论员. 牢牢把握教育改革发展的“九个坚持”[N]. 人民日报，2018-09-14（2）.

② 陈子季. 迈向教育强国 [N]. 中国教育报，2017-11-23（6）.

③ 刘小枫. 拯救与逍遥 [M]. 上海：华东师范大学出版社，2011：4.

④ 赵汀阳. 天下体系：世界制度哲学导论 [M]. 北京：中国人民大学出版社，2011：11.

2016 年始任的中华人民共和国教育部党组书记、部长陈宝生在中国共产党第十九次全国代表大会新闻中心记者招待会上提出了中华民族“第二个一百年”的中国教育发展展望图景，认为 2049 年的中国教育将具有如下几个特征：第一，2049 年，中国教育将稳稳地立于世界教育的中心，引领世界教育发展的潮流。到那个时候，中国的标准将成为世界的标准。第二，2049 年，中国将成为世界上人们最向往的留学目的地国，各国将有意愿和中华文化实现交流融合，大批希望学习中国发展经验的教师、学生来中国交流，在交流过程中实现共同进步。第三，2049 年，对世界教育发展的规则，中国有更大的发言权。中国将尽到自己的努力，提供中国方案、中国智慧。第四，2049 年，中国版的教材能够走向世界。① 那时候，中国的公民将都能够使自己的受教育权益得到完全的维护，受教育的美好需求都能够得到满足，能够向着自由而全面发展的目标迈进。

中国教育取得又好又快的发展，首先得益于坚持正确的办学方向，牢固树立起了以人民群众为中心的发展思想，始终把教育摆在优先发展的战略位置，从政策、经费等方面给予高度重视。同时，注重教育规模扩张和教育质量提升有机结合，树立发展的、多样化的全新教育质量观，从促进学生的身心全面健康发展和适应社会需要上做“加法”，从学生的课业负担和家庭的经济负担上做“减法”，把提高教育质量作为中国教育发展的生命线。

习近平在致国际教育信息化大会的贺信中说道：“中国愿同世界各国一道，开拓更加广阔的国际交流合作平台，积极推动信息技术与教育融合创新发展，共同探索教育可持续发展之路，共同开创人类更加美好的未来。” ② 中国梦是中国的，也是世界的。实现中国教育梦，必须增强中国教育的文化自信，

---

① 柴葳，蔡继乐. 落实好十九大精神，办好人民满意教育（十九大新闻中心举行第五场记者招待会，陈宝生就“教育民生”答记者问）[N]. 中国教育报，2017-10-23（1）.

② 习近平. 致国际教育信息化大会的贺信 [N]. 人民日报，2015-05-24（2）.

推进人类的物质文明和精神文明协同进步。教育思想、教育理论和教育模式创新是中国教育发展的新使命，也将是中国教育对世界教育作出的重要贡献。[①]中国教育正史无前例地向世界敞开胸襟，正为打造人类命运共同体，开创世界美好未来，贡献着独特的力量。新时代下惠及中国14亿多人、让人人享有更好更公平的教育梦正逐步成为现实，这一成功之路也同时为世界上广大发展中国家的教育发展与改革铺就了一条学习借鉴的跨越式发展道路。展望未来，相信世界各国会更加关注中国教育发展与改革的经验。中国将成为世界最重要的留学生目的地国家，将更加积极地参与国际教育事务管理、规则制定和国际化人才培养，在国际教育交流服务中发挥越来越重要的作用。[②]在习近平新时代中国特色社会主义思想为指引的教育理念的驱使下，中国必将成为世界教育的中心，中国将带领世界教育共同获得极速的发展，中国的教育将成为最先进、最具世界代表性的教育体系，中国教育将以其自身的优势向全世界扩散，吸引世界各国学习中国教育经验，瞻仰中国教育成就。

---

① 高书国. 2030 中国将回归世界教育中心地位 [J]. 中国教育学刊，2017（4）: 1-6.

② 陈子季. 迈向教育强国 [N]. 中国教育报，2017-11-23（6）.

参考文献

著作

[1]（春秋）管仲. 管子 · 牧民 [M]. 刘劭，译注. 北京：中国工人出版社，2016.

[2]（春秋）孔丘，等. 四书·五经 [M]. 北京：北京出版社，2006.

[3]（春秋）孔子. 论语 [M]. 肖卫，译注. 北京：中国文联出版社，2006.

[4]（春秋）老子. 道德经 [M]. 王丽岩，译注. 吉林：吉林出版社，2015.

[5] [德] 黑格尔. 美学（第 1 卷）[M]. 北京：商务印书馆，1979.

[6]（汉）河上公，（唐）杜光庭，等，注. 道德经集释 [M]. 北京：中国书店，2015.

[7]（晋）陈寿，（宋）裴松之，注. 三国志 [M]. 北京：中华书局，2006.

[8] [美] 尼尔. 波兹曼. 娱乐至死 [M].2 版. 章艳，译. 桂林：广西师范大学出版社，2011.

[9]（明）刘元卿，撰. 彭树欣，编校. 钱明，主编. 刘元卿集 下 [M]. 上海：上海古籍出版社，2014.

[10]（明）王守仁，撰. 吴光，钱明，董平，编校. 王阳明全集 中 [M]. 上海：上海古籍出版社.2015.

[11]（南宋）陆游. 陆游集 · 病起书怀 [M]. 白振奎，蒋凡，编选. 南京：凤凰出版社，2014.

[12]（南宋）陆游. 陆游诗词・冬夜读书示子聿 [M]. 王新霞，胡永杰，编注. 山东：山东文艺出版社，2015.

[13]（清）金缨. 崇文国学经典文库 格言联璧 [M]. 武汉：崇文书局，2012.

[14]（宋）范仲淹. 范仲淹传・岳阳楼记 [M]. 诸葛忆兵，著. 北京：中华书局，2012.

[15]（宋）苏轼. 苏轼集・和董传留别 [M]. 陶文鹏，郑园，编注. 南京：凤凰出版社，2014.

[16]（战国）孟轲. 八圣贤书　孟子传世作品精选 [M]. 秦学颀，注译. 重庆：西南师范大学出版社，1995.

[17]（战国）荀况. 荀子 [M]. 王学典，编译. 北京：中国纺织出版社，2007.

[18]（战国）荀子. 劝学篇 [M]. 冯天瑜，姜海龙，译注. 北京：中华书局，2016.

[19]（周）姬昌. 周易 [M]. 曾凡朝，注释. 北京：崇文书局，2015.

[20]（周）姬昌. 周易・乾卦 [M]. 杨建峰，主编. 汕头：汕头大学出版社，2018.

[21] [奥] 冯・贝塔朗菲，[美] A . 拉威奥莱特. 人的系统观 [M]. 张志伟，等，译. 北京：华夏出版社，1989.

[22] [德] 赫尔巴特. 普通教育学 [M]. 李其龙，译. 北京：人民教育出版社，2015.

[23] [美]A. J. 赫舍尔. 人是谁 [M]. 隗仁莲，安希孟，译. 贵阳：贵州人民出版社，1995.

[24] [德] 雅斯贝尔斯. 什么是教育 [M]. 邹进，译. 北京：生活. 读书. 新知三联书店，1991.

[25] [德] 雅斯贝尔斯. 存在与超越——雅斯贝尔斯文集 [M]. 余灵灵，徐信华，译. 上海：上海三联书店，1988.

[26]（汉）班固. 白虎通义（卷八）（当当网电子书）[M]. http：//e.dangdang.com/pc/reader/index.html？ id=1900017851：87.
[27]（汉）班固. 白虎通义（卷四）· 封公侯 [M]. 青苹果电子书系列（http：//vdisk.weibo.com/s/aMyABi7XmnW4m）：61.
[28] [美]S. 鲍尔斯，H. 金蒂斯. 美国：经济生活与教育改革 [M]. 王佩雄，等，译. 上海：上海教育出版社，1990.
[29] [美] 约翰 · 罗尔斯. 正义论 [M]. 何怀宏，何包钢，廖申白，译. 北京：中国社会科学出版社，1988.
[30] [苏] 安 · 谢 · 马卡连柯. 论共产主义教育 [M]. 刘长松，杨慕之，译. 北京：人民教育出版社，1979.
[31] [苏] 索洛韦伊奇克. 苏霍姆林斯基论教育 [M]. 合肥：安徽大学苏联问题研究所，1984.
[32] [英] 怀特海. 教育的目的 [M]. 徐汝舟，译. 北京：生活 · 读书 · 新知三联书店，2002.
[33] [德] 恩斯特 · 卡西尔. 人论 [M]. 甘阳，译. 上海：上海译文出版社，2013.
[34] [法] 萨特. 存在主义是一种人道主义 [M]. 周煦良，汤永宽，译. 上海：上海译文出版社，1998：21.
[35] HREOC. *Recommendations*：*National inquiry into rural and remote education*[M]. Sydney：Human Rights and Equal Opportunity Commission，2000.
[36] RAWLINSON，R.W. *Listening and responding*：*A review of education in rural New South Wales*[M]. Sydney：Education Commission of New South Wales，1983.
[37] 安继民，注. 荀子 [M]. 郑州：中州古籍出版社，2006：1.
[38] 白显良. 隐形思想政治教育基本理论研究 [M]. 北京：人民教育出版社，

2013.
[39] 本书编写组. 聚天下英才而用之——学习习近平关于人才工作重要论述的体会 [M]. 北京：中国社会科学出版社，2017.
[40] 陈才俊. 说文解字精粹 [M]. 北京：海潮出版社，2014.
[41] 陈君慧. 蒙学大全 [M]. 哈尔滨：北方文艺出版社，2013.
[42] 陈戍国. 四书五经・论语 [M]. 长沙：岳麓书社，2002.
[43] 陈戍国. 四书五经・孟子 [M]. 长沙：岳麓书社，2002.
[44] 陈戍国. 四书五经・春秋左传 [M]. 长沙：岳麓书社，2002.
[45] 陈戍国. 四书五经・礼记 [M]. 长沙：岳麓书社，2002.
[46] 陈戍国. 四书五经・尚书 [M]. 长沙：岳麓书社，2002.
[47] 陈戍国. 四书五经・诗经 [M]. 长沙：岳麓书社，2002.
[48] 陈先达. 马克思主义哲学原理 [M]. 北京：中国人民大学出版社，1999.
[49] 陈小鸿. 论人的自由全面发展 [M]. 北京：人民出版社，2004.
[50] 邓小平. 邓小平文选（第 2 卷）[M]. 北京：人民出版社，1994.
[51] 方朝晖. 重建价值主体 [M]. 中央广播电视大学出版社，1993.
[52]（汉）韩婴. 韩诗外传集释 [M]. 北京：中华书局出版，1980.
[53] 何兹全. 中国文化六讲 [M]. 北京：北京大学出版社，2008.
[54] 贾玉明. 中国历代教育哲学文论选注 [M]. 沈阳：辽宁大学出版社，2006.
[55] 康金声. 汉魏六朝小赋骈文选 [M]. 太原：三晋出版社，2008.
[56]（春秋）孔子. 论语 [M]. 肖卫，译. 北京：中国文联出版社，2006.
[57] 李春秋. 教育伦理学概论 [M]. 北京：北京师范大学出版社，1993.
[58] 李山，译注. 管子 [M]. 北京：中华书局，2016.
[59] 李小宁. 民生论 [M]. 北京：人民出版社，2015.
[60] 李泽厚. 论语今读 [M]. 北京：中华书局，2015.
[61] 联合国教科文组织，编. 联合国教科文组织总部中文科，译. 教育——财

富蕴藏其中 [M]. 北京：教育科学出版社，2014.
[62] 梁启超. 饮冰室合集（一）· 少年中国说 [M]. 北京：中华书局，1989.
[63] 林崇德. 21 世纪学生发展核心素养研究 [M]. 北京：北京师范大学出版社，2016.
[64] 刘明霞. 乌禽嶂下的中国好人——一个乡村教师 37 年的坚守 [M]. 广州：广东人民出版社，2014.
[65] 刘铁芳. 古典传统的回归与教养性教育的重建 [M]. 北京：北京师范大学出版社，2010.
[66] 刘铁芳. 什么是好的教育：学校教育的哲学阐释 [M]. 北京：高等教育出版社，2014.
[67] 刘小枫. 拯救与逍遥 [M]. 上海：华东师范大学出版社，2011.
[68] 鲁洁. 道德教育的当代论域 [M]. 北京：人民出版社，2005.
[69]（战国）吕不韦. 吕氏春秋 · 论人 [M]. 王守常，译. 北京：线装书局，2016.
[70] 马克思，恩格斯. 马克思恩格斯全集（第 1 卷）[M]. 北京：人民出版社，1995.
[71] 马克思，恩格斯. 马克思恩格斯选集（第 2 卷）[M]. 北京：人民出版社，1972.
[72] 马克思，恩格斯. 马克思恩格斯全集（第 3 卷）[M]. 北京：人民出版社，1972.
[73] 马克思，恩格斯. 马克思恩格斯全集（第 20 卷）[M]. 北京：人民出版社，1971.
[74] 马克思，恩格斯. 马克思恩格斯全集（第 23 卷）[M]. 北京：人民出版社，1972.
[75] 马克思，恩格斯. 马克思恩格斯全集（第 25 卷）[M]. 北京：人民出版社，

1974.
[76] 马克思，恩格斯. 马克思恩格斯全集（第 32 卷）[M]. 北京：人民出版社，1995.
[77] 马克思，恩格斯. 马克思恩格斯全集（第 33 卷）[M]. 北京：人民出版社，1974.
[78] 马克思，恩格斯. 马克思恩格斯全集（第 46 卷）[M]. 北京：人民出版社，1979.
[79] 毛雨先. 古诗文诵读三百篇 [M]. 南昌：江西高校出版社，1997.
[80] 毛泽东. 毛泽东著作选读 [M]. 北京 ：人民出版社，1986.
[81] 毛泽东. 苏维埃中国 [M]. 中国现代史资料编辑委员会翻印，1934.
[82] 孟祥国. 资政古鉴 [M]. 北京：人民日报出版社，2011.
[83]（战国）孟子. 孟子 [M]. 弘丰，译. 北京：中国文联出版社，2016.
[84]［德］米切尔·兰德曼. 哲学人类学 [M]. 阎嘉，译. 贵阳：贵州人民出版社，1988.
[85] 莫雷. 教育心理学 [M]. 北京：教育科学出版社，2007.
[86] 钱莲生，刘玉杰. 汉语成语英译词典 [M]. 哈尔滨 ：北方文艺出版社，1999：65.
[87] 全国十二所重点师范大学联合编写. 教育学基础 [M]. 北京：教育科学出版社，2014.
[88] 人民日报评论部. 习近平用典 [M]. 北京：人民日报出版社，2015.
[89] 孙刚成. 教育让人成为最好的自己 [M]. 北京：中国科学技术出版社，2015.
[90] 陶行知. 陶行知教育文选 [M]. 北京：教育科学出版社，1981.
[91] 王道俊，王汉澜. 教育学 [M]. 北京：人民教育出版社，1988.
[92] 王嘉毅，吕光国. 西北少数民族基础教育发展现状与对策研究 [M]. 北京：

民族出版社，2006.
[93] 王庆德. 郑板桥诗文集注 [M]. 北京：文化艺术出版社，2014.
[94] 吴慧鹃，刘波，卢达. 中国历代著名文学家评传：第九卷 [M]. 济南：山东教育出版社，2009.
[95] 习近平. 之江新语 [M]. 杭州：浙江人民出版社，2007：179.
[96] 向思宇. 中国西南乡村教师 [M]. 北京：作家出版社，2014.
[97] 谢保国. 中国古代语文教育史稿（下）[M]. 银川：宁夏人民出版社，2009.
[98] 许书明，徐海梅. 中国古代语文教育史 [M]. 北京：科学出版社，2016.
[99] 许苏民. 顾炎武 [M]. 南京：南京大学出版社，2014.
[100]（战国）荀况. 周先进，编著. 荀子全本注释 [M]. 北京：中国文史出版社，2013.
[101]（汉）扬雄. 法言・修身 [M]. 北京：中华书局出版，1985.
[102] 杨伯峻. 春秋左传注 [M]. 北京：中华书局，2009.
[103] 杨逢彬，注译. 论语 [M]. 武汉：长江文艺出版社，2015.
[104] 叶浩生. 心理学史（第 2 版）[M]. 北京：高等教育出版社，2005.
[105] 叶澜. 教育概论 [M]. 北京：人民教育出版社，2006.
[106] 俞启定. 中国教育通史（3・秦汉卷）[M]. 北京：北京师范大学出版社，2013.
[107] 袁振国. 当代教育学 [M]. 北京：教育科学出版社，2010.
[108] 张岱年，方克立. 中华文化概论 [M]. 北京：北京师范大学出版社，2004.
[109] 赵汀阳. 天下体系：世界制度哲学导论 [M]. 北京：中国人民大学出版社，2011.
[110]（宋）赵湘，南阳集 [M]. 北京：商务印书馆，1936.
[111] 赵曜曜，木西，注译. 韩愈文 [M]. 武汉：崇文书局，2017.
[112] 郑文樾. 乌申斯基教育文选 [M]. 张佩珍，冯天向，郑文樾，译. 北京：人

民教育出版社，1991.
[113] 中共中央文献研究室. 习近平关于社会主义社会建设论述摘编 [M]. 北京：中央文献出版社，2014.
[114] 中共中央宣传部. 习近平新时代中国特色社会主义思想三十讲 [M]. 北京：学习出版社，2018.
[115] 中共中央宣传部. 习近平新时代中国特色社会主义思想学习纲要 [M]. 北京：学习出版社，人民出版社，2019.
[116]中共中央宣传部. 习近平总书记系列重要讲话读本 [M]. 北京：学习出版社，人民出版社，2016.
[117] 钟启泉，崔允漷，张华. 为了中华民族的复兴 为了每位学生的发展 [M]. 上海：华东师范大学出版社，2001.
[118]（宋）周敦颐. 周子通书・师第七 [M]. 上海：上海古籍出版社，2000.
[119] 朱永新，等. 中国教育缺什么 [M]. 苏州：苏州大学出版社，2003.
[120]（战国）庄周. 庄子 [M]. 贾太宏，译. 北京：西苑出版社，2016.
[121] 祖旭东，宋玉良，苗成彦. 走近新教育 [M]. 北京：北京师范大学出版社，2014.

论文、报纸

[122]《人民日报》社论. 办好人民满意的教育 [N]. 人民日报，2018-09-12（1）.
[123]AZANO，A. P.，STEWART，T. T. *Exploring place and practicing justice：Preparing preservice teachers for success in rural schools*. Journal of Research in Rural Education，2015，30（9）：1–12.
[124]REID，J.，GREEN，B.，COOPER，M.，HASTINGS，W.，LOCK，G.，WHITE，S. *Regenerating rural social space？ Teacher education for ru-*

ral-regional sustainability. Australian Journal of Education，2010，54（3）：262-276.

[125]TRINIDAD，S.，SHARPLIN，E.，LEDGER，S.，BROADLEY，T. *Connecting for innovation：Four universities collaboratively preparing pre-service teachers to teach in rural and remote western Australia*. Journal of Research in Rural Education，2014，29（2）：1-13.

[126]WHITE，S.，KLINE，J. *Developing a rural teacher education curriculum package*. The Rural Educator，2012，33（2）：36-42.

[127]WHITE，S.，REID，*J. Placing teachers？ Sustaining rural schooling through place-consciousness in teacher education*. Journal of Research in Rural Education，2008，23（7）. Retrieved from http：//jrre.vmhost.psu.edu/wpcontent/uploads/2014/02/23-7.pdf

[128] 本报评论员. 教师是立教之本　兴教之源 [N]. 中国教育报，2013-09-13（1）.

[129] 编辑部. 新国培计划培训项目从各自为政变为“一盘棋”全国乡村教师培训步入常态化 [J]. 中国农村教育，2015（9）：7-8.

[130] 蔡武. 建设社会主义文化强国　实现中华文化的伟大复兴（中国特色社会主义和中国梦宣传教育系列报告会）[N]. 人民日报，2013-08-28（14）.

[131] 柴葳，董鲁皖龙. 落实立德树人根本任务　多方协调形成教育合力 [N]. 中国教育报，2016-09-13（1）.

[132] 柴葳，蔡继乐. 落实好十九大精神，办好人民满意教育（十九大新闻中心举行第五场记者招待会，陈宝生就“教育民生”答记者问）[N]. 中国教育报，2017-10-23（1）.

[133] 陈宝生. 让教师成为让人羡慕的职业——深入学习贯彻习近平总书记在八一学校看望慰问师生时的重要讲话精神 [N]. 人民日报，2016-12-08

（11）.
[134] 陈子季. 迈向教育强国 [N]. 中国教育报，2017-11-23（6）.
[135] 程红兵. 培养语文能力同时塑造健康人格 [J]. 语文学习，1993（3）：12-15.
[136] 杜尚泽. 习近平会见清华大学经管学院顾问委员会海外委员 [N]. 人民日报，2013-10-24（1）.
[137] 冯建军. 试论个性化教育的原则 [J]. 江西教育科研，2004，（5）：3-5.
[138] 高靓. 写满习近平总书记对教师的关怀——全国教育工作者热议《中共中央 国务院关于全面深化新时代教师队伍建设改革的意见》[N]. 中国教育报，2018-02-02（1）.
[139] 高书国. 2030 中国将回归世界教育中心地位 [J]. 中国教育学刊，2017（4）：1-6.
[140] 顾明远. 论中国传统文化对中国教育的影响 [J]. 杭州师范学院学报（社会科学版），2004，26（1）：1-9.
[141] 顾明远. 习近平教育思想指引中国教育改革和发展前进方向 [N]. 中国教育报，2017-07-26（1）.
[142] 顾明远. 抓住了教育改革的“牛鼻子”[N]. 中国教师报，2018-02-07（4）.
[143]郭大成，孙刚成. 大学精神是大学素质教育之魂 [J]. 教育研究，2013，34（10）：50-54，110.
[144] 韩歌萍. 大学教师如何确立教育信仰 [J]. 理论导刊，2009（10）：91.
[145] 郝文武. 自由教育的价值和实现方式 [J]. 高等教育研究，2009，30（9）：18-22.
[146] 胡锦涛. 坚定不移沿着中国特色社会主义道路前进 为全面建成小康社会而奋斗 [N]. 人民日报，2012-11-18（1）.

[147] 黄乾玉. 论教师的教育信仰及教师的教育幸福 [J]. 黔东南民族师范高等专科学校学报，2006（1）：60-62.

[148] 霍小光，张晓松. 习近平在北京市八一学校考察时强调 全面观察落实党的教育方针 努力把我国基础教育越办越好 [N]. 人民日报，2016-09-10（1）.

[149] 霍小光，张晓松. 习近平在北京市八一学校考察时强调 全面贯彻落实党的教育方针 努力把我国基础教育越办越好 [J]. 人民教育，2016（18）：6-9.

[150] 姜洁.（习近平在全国组织工作会议上强调）切实贯彻落实新时代党的组织路线全党努力把党建设得更加坚强有力 [N]. 人民日报，2018-07-05（1）.

[151] 蒋冀骋. 论教育功利的三个层次 [J]. 大学教育科学，2013，1（1）：3-5.

[152] 金生鈜. 论教育自由 [J]. 南京师范大学学报（社会科学版），2004（6）：65-70.

[153] 靳诺. 促进哲学社会科学优秀人才不断成长 [N]. 人民日报，2017-05-23（9）.

[154] 柯进，张婷，高靓. 袁贵仁谈教育梦：让每个学生幸福成长人人成才 [N]. 中国教育报，2013-03-08（1）.

[155] 孔玉芬. 论社会主义核心价值体系 [J]. 科学社会主义，2008（2）：78-80.

[156] 李辉，吕彪. 社会主义核心价值观培育和践行文化载体 [J]. 思想理论教育（综合版），2015（6）：15-20.

[157] 李翔海. 中华民族伟大复兴需要中华文化发展繁荣——学习习近平同志在山东考察时的重要讲话精神 [J]. 求是，2013（24）：48-49.

[158] 李章军. 领导干部要爱读书读好书善读书 推动学习型政党学习型社会建设 [N]. 人民日报，2009-05-14（4）.

[159] 林天佑. 偏乡学校的师资课题 [J]. 台湾教育评论月刊，2012，1（3）：25-26.

[160] 刘林涛. 文化自信的概念、本质特征及其当代价值 [J]. 思想教育研究，2016（4）：21-24.

[161] 刘铁芳. 爱与丰富：重新认识基础教育的两个基本维度 [J]. 教育研究，2016，37（7）：52-60.

[162] 刘伟. 习近平新时代中国特色社会主义高等教育思想研究 [J]. 中国高教研究，2018（4）：1-4.

[163] 刘弈湛. 努力培养出更多更好的人才 [N]. 人民日报，2016-09-11（1）.

[164] 骆郁廷，郭莉. “立德树人”的实现路径及有效机制 [J]. 思想教育研究，2013（7）：45-49.

[165] 马绍孟. 学习马克思主义经典著作　坚持马克思主义指导地位 [J]. 思想理论教育导刊，2012（11）：17-20.

[166] 欧阳新.　不畏劳苦　攀登顶点——马克思勤奋从事科学研究的事迹简介 [J]. 南昌大学学报（人文社会科学版），1978，9（1）：27-31.

[167] 庞丽娟，胡娟. 论社会化及其现代教育意义 [J]. 北京师范大学学报（人文社科版），2003，9（1）：45.

[168] 庞丽娟. 乡村教师队伍建设应成为精准扶贫重点 [N]. 光明日报，2016-04-19（14）.

[169] 邱翼东. “圆圈说”是芝诺所言 [J]. 咬文嚼字，2011（5）：40.

[170]《人民日报》评论员. 牢牢把握教育改革发展的“九个坚持” [N]. 人民日报，2018-09-14（2）.

[171] 邵瑞. 文化共生：学校文化与社区文化的有机融合 [J]. 中小学德育，2015（2）：30-32.

[172] 孙刚成，高文文. 习近平乡村教师发展思想及其实现路径 [J]. 教育文化

论坛，2018，10（5）：1-7.

[173] 孙刚成，何俊青. 台湾偏乡学校教育的改革省思 [J]. 中国教育发展与减贫研究，2019（1）：17-27.

[174] 孙刚成，贺列列，雷伟. 习近平的优秀传统文化教育观解读 [J]. 教育文化论坛，2018（6）：1-6.

[175] 孙刚成，贺列列. 新时代中华优秀传统文化教育与当代大学生德行培养 [J]. 教育与教学研究，2018（8）：117-122.

[176] 孙刚成，寇晶，田伏虎. 乌托邦教育与信仰教育支撑下的精神超越 [J]. 思想政治教育研究，2015（5）：27-31.

[177] 孙刚成，林婧. 习近平的“立德树人”育人观解读 [J]. 渭南师范学院学报，2018，33（10）：26-32.

[178] 孙刚成，曲歌. 乡村教师及学校面临的问题与发展取向——基于对延安市“国培计划”实施推进的实证研究 [J]. 中小学教师培训，2016（3）：67-71.

[179] 孙刚成，曲歌. 中国教会大学本土化的经验及启示 [J]. 当代教育与文化，2015，7（6）：104-108.

[180] 孙刚成，田玉慧，王安新. 村小消失后对农村文明的不利影响 [J]. 集美大学学报（教育科学版），2015（1）：46-52.

[181] 孙刚成，王莹. 教育公平视阈下的个性化教育取向 [J]. 现代教育论丛，2014（6）：17-20.

[182] 孙刚成，温保保. 教育公平视角下的农村教育资源配置策略 [J]. 延安大学学报（社会科学版），2014（2）：113-116.

[183] 孙刚成，闫世笙. 马克思的人的全面发展学说探究 [J]. 延安大学学报（社会科学版），2007（6）：43-46.

[184] 孙刚成，闫艺馨. 坚持“立德树人” 塑造有理想信念的真人 [J]. 延安大

学学报（社会科学版），2019，41（2）：122-127.

[185] 孙刚成，张丹. 教育与人的幸福 [J]. 教学与管理（理论版），2017（4）：1-4.

[186] 孙刚成，左晶晶. 习近平的教师观解读 [J]. 教育文化论坛，2018，10（1）：1-6.

[187] 孙秀艳. 坚持走中国特色自主创新道路　不断在攻坚克难中追求卓越 [N]. 人民日报，2014-01-07（1）.

[188] 田恒平. 乡村教师培养与补充的现实路径思考 [J]. 教师教育研究，2016，28（3）：30-35.

[189] 王北生，刘隽华，张琼. 马克思主义自由观的含义及实现自由所需的条件 [J]. 河南社会科学，1998（6）：15-20.

[190] 王慧兰. 偏乡与弱势？法规松绑、空间治理与教育创新的可能 [J]. 教育研究集刊（台湾），2017，63（1）：109-119.

[191] 王志刚. 大学精神是高校办学特色的灵魂 [J]. 中国高教研究，2003（7）：13-16.

[192] 王祖琴，陈光春. 农村中小学教师专业发展存在的问题及对策 [J]. 湖北教育（时政新闻），2006（7）：31-32.

[193] 魏峰. 城乡教育一体化：基于文化视角的分析 [J]. 复旦教育论坛，2010，18（5）：20-24.

[194] 魏峰. 阅读教育经典养成教育信念 [J]. 教育科学研究，2010（11）：77-78.

[195] 邬志辉. 中国农村教育发展报告 2017[N]. 中国教师报，2017-12-27（11）.

[196] 吴恒山. 教育需要信仰 [N]. 中国教育报，2013-01-25（5）.

[197] 习近平. 决胜全面建成小康社会　夺取新时代中国特色社会主义伟大胜利——在中国共产党第十九次全国代表大会上的讲话 [N]. 人民日报，

2017-10-28（1-5）.
[198] 习近平. 做党和人民满意的好老师——同北京师范大学师生代表座谈会时的讲话 [J]. 中国高等教育，2014（18）: 4-7.
[199] 习近平. 把培育和弘扬社会主义核心价值观作为凝魂聚气强基固本的基础工程（习近平在中共中央政治局第十三次集体学习时的讲话）[N]. 人民日报，2014-02-26（1）.
[200] 习近平. 把思想政治工作贯穿教育教学全过程 开创我国高等教育事业发展新局面 [N]. 人民日报，2016-12-09（1）.
[201] 习近平. 第四批全国干部学习培训教材《序言》[N]. 人民日报，2015-02-28（1）.
[202] 习近平. 更好支持和帮助职业教育发展，为实现“两个一百年”奋斗目标提供人才保障 [N]. 人民日报，2014-06-24（1）.
[203] 习近平. 建设一支宏大高素质干部队伍 确保党始终成为坚强领导核心 [N]. 人民日报，2013-06-30（1）.
[204] 习近平. 紧跟时代肩负使命锐意进取 为共同理想和目标团结奋斗（习近平在知识分子、劳动模范、青年代表座谈会上的讲话）[N]. 人民日报，2016-04-30（1）.
[205] 习近平. 紧紧扭住“四风”监督执纪问责 [N]. 人民日报，2014-01-22（4）.
[206] 习近平. 紧紧围绕坚持和发展中国特色社会主义 学习宣传贯彻党的十八大精神 [N]. 人民日报，2012-11-19（1）.
[207] 习近平. 决胜全面建成小康社会夺取新时代中国特色社会主义伟大胜利——在中国共产党第十九次全国代表大会上的报告 [N]. 人民日报，2017-10-28（1-5）.
[208] 习近平. 牢记历史经验历史教训历史警示为国家治理能力现代化提供有

益借鉴 [N]. 人民日报，2014-10-14（1）.
[209] 习近平. 领导干部要爱读书读好书善读书——在中央党校 2009 年春季学期第二批进修班暨专题研讨班开学典礼上的讲话 [N]. 学习时报，2009-05-18（3）.
[210] 习近平. 青年要自觉践行社会主义核心价值观——在北京大学师生座谈会上的讲话 [N]. 人民日报，2014-05-05（2）.
[211] 习近平. 深入贯彻落实党在新形势下的强军目标，加快建设具有我军特色的世界一流大学 [N]. 人民日报，2013-11-07（24）.
[212] 习近平. 十一、用社会主义核心价值观凝心聚力——关于建设社会主义文化强国 [N]. 人民日报，2016-05-05（9）.
[213] 习近平. 推动全党学习和掌握历史唯物主义 更好认识规律更加能动地推进工作 [N]. 人民日报，2013-12-05（1）.
[214] 习近平. 脱贫攻坚冲锋号已经吹响 全党全国咬定目标苦干实干 [N]. 人民日报，2015-11-29（1）.
[215] 习近平. 习近平就加快发展职业教育作出重要指示 [N]. 人民日报，2014-06-24（1）.
[216] 习近平. 习近平向全国广大教师致慰问信 [N]. 人民日报，2013-09-10（1）.
[217] 习近平. 习近平在纪念孔子诞辰 2565 周年国际学术研讨会暨国际儒学联合会第五届会员大会开幕会上的讲话 [N]. 人民日报，2014-09-25（2）.
[218] 习近平. 习近平在纪念中国人民抗日战争暨世界反法西斯战争胜利 70 周年大会上的讲话 [N]. 人民日报，2015-09-07（1）.
[219] 习近平. 习近平在哲学社会科学工作座谈会上的讲话 [N]. 人民日报，2016-05-21（1）.
[220] 习近平. 习近平主持中央政治局集体学习时强调历史是最好的老师 [N].

人民日报，2014-10-14（1）.
[221] 习近平. 习近平主席在联合国教科文组织第九届青年论坛开幕式上的贺词 [N]. 人民日报，2015-10-27（1）.
[222] 习近平. 习近平总书记给中央民族大学附属中学全校学生的回信 [N]. 人民日报，2013-10-07（1）.
[223] 习近平. 幸福都是奋斗出来的 [N]. 人民日报，2018-03-04（1）.
[224] 习近平. 在北京大学师生座谈会上的讲话 [N]. 人民日报，2018-05-03（2）.
[225] 习近平. 在北京市海淀区民族小学主持召开座谈会时的讲话 [N]. 人民日报，2014-05-31（2）.
[226] 习近平. 在布鲁日欧洲学院的演讲 [N]. 人民日报，2014-04-02（2）.
[227] 习近平. 在党的十九届一中全会上的讲话 [N]. 人民日报，2018-01-01（1）.
[228] 习近平. 在第二届世界互联网大会开幕式上的讲话 [N]. 人民日报，2015-12-17（2）.
[229] 习近平. 在第十八届中央纪律检查委员会第六次全体会议上的讲话 [N]. 人民日报，2016-05-03（2）.
[230] 习近平. 在第十二届全国人民代表大会第一次会议上的讲话 [N]. 人民日报，2013-03-18（1）.
[231] 习近平. 在第十三届全国人民代表大会第一次会议上的讲话 [N]. 人民日报，2018-03-21（2）.
[232] 习近平. 在德国科尔伯基金会的演讲 [N]. 人民日报，2014-03-28（3）.
[233] 习近平. 在庆祝澳门回归祖国 15 周年大会暨澳门特别行政区第四届政府就职典礼上的讲话 [N]. 人民日报，2014-12-21（2）.
[234] 习近平. 在庆祝中国共产党成立 95 周年大会上的讲话 [N]. 人民日报，

2016-07-02（2）.
[235] 习近平. 在全国党校工作会议上的讲话 [N]. 人民日报，2016-06-24（1）.
[236] 习近平. 在全国高校思想政治工作会议上的讲话 [N]. 人民日报，2016-12-09（1）.
[237] 习近平. 在同各界优秀青年代表座谈时的讲话 [N]. 人民日报，2013-05-05（2）.
[238] 习近平. 在哲学社会科学工作座谈会上的讲话 [N]. 人民日报，2016-05-21（1）.
[239] 习近平. 在知识分子、劳动模范、青年代表座谈会上的讲话 [N]. 人民日报，2016-04-30（2）.
[240] 习近平. 在中国科学院第十七次院士大会、中国工程院第十二次院士大会上的讲话 [N]. 人民日报，2014-06-10（2）.
[241] 习近平. 在中央党校建校 80 周年庆祝大会暨 2013 年春季学期开学典礼上的讲话 [N]. 人民日报，2013-03-03（2）.
[242] 习近平. 致国际教育信息化大会的贺信 [N]. 人民日报，2015-05-24（2）.
[243] 习近平. 做党和人民满意的好老师——同北京师范大学师生代表座谈时的讲话 [N]. 人民日报，2014-09-10（2）.
[244] 习近平总书记给“国培计划（2014）”北京师范大学贵州研修班参训教师的回信 [N]. 人民日报，2015-09-10（1）.
[245] 习近平在全国高校思想政治工作会议上强调：把思想政治工作贯穿教育教学全过程 开创我国高等教育新局面 [N]. 人民日报，2016-12-09（1）.
[246] 习近平在同外国专家座谈时强调　中国要永远做一个学习大国 [N]. 人民日报，2014-05-24（1）.
[247] 习近平主席在联合国“教育第一”全球倡议行动一周年纪念活动上发表视频贺词 [N]. 人民日报，2013-09-27（3）.

[248] 肖川. 教育信念确立的基石 [J]. 当代教育论坛（校长教育研究），2008（9）：1.

[249] 新华社. 立足我国国情和我国发展实践 发展当代中国马克思主义政治经济学 [N]. 人民日报，2015-11-25（1）.

[250] 新华社. 敏锐把握世界科技创新发展趋势 切实把创新驱动发展战略实施好 [N]. 人民日报，2013-10-2（1）.

[251] 新华社. 深化改革开放推进创新驱动 实现全年经济社会发展目标 [N]. 人民日报，2013-11-06（1）.

[252] 新华社. 深刻把握全面深化改革关键地位 自觉运用改革精神谋划推动工作 [N]. 人民日报，2015-04-02（1）.

[253] 新华社. 习近平李克强栗战书赵乐际分别参加全国人大会议一些代表团审议 [N]. 人民日报，2018-03-11（1）.

[254] 新华社. 增强改革定力保持改革韧劲 扎扎实实把改革举措落到实处 [N]. 人民日报，2015-08-19（1）.

[255] 严奉林. 教育信仰浅议 [J]. 教育科学研究，2002（1）：62.

[256] 杨东平. 弘扬我国优秀的传统教育文化 [J]. 中国教育学刊，1991（1）：16-19.

[257] 杨静. 走好新长征路的宝贵精神财富——深入学习贯彻习近平同志在纪念红军长征胜利 80 周年大会上重要讲话精神 [N]. 人民日报，2016-10-26（7）.

[258] 杨明明. 辨析教育与幸福之间的几组关系 [J]. 教育与考试，2014（3）：88-92.

[259] 姚育青，许序修. 社会实践是核心素养发展的“生态环境”[J]. 人民教育，2016（22）：47-50.

[260] 袁新文. 中国教育，把答卷写在人民的心上 [N]. 人民日报，2017-09-09

（6）.
[261] 翟博. 加强中华优秀传统文化教育——深入学习习近平总书记教育思想 [N]. 中国教育报，2017-08-31（1）.
[262] 张楚廷. 全面发展实质即个性发展：重温马克思全面发展学说的启示 [J]. 北京大学教育评论，2004，2（2）：70-74.
[263] 张烁.（习近平在全国高校思想政治工作会议上强调）把思想政治工作贯穿教育教学全过程开创我国高等教育事业发展新局面 [N]. 人民日报，2016-12-09（1）.
[264] 张烁. 今年起“国培计划”聚焦中西部乡村教师 乡村教师培训 更多更实在 [J]. 中国农村教育，2015（10）：54-55.
[265] 张烁. 习近平在会见中国少年先锋队第七次全国代表大会代表时寄语全国各族少年儿童强调 美好的生活属于你们 美丽的中国梦属于你们 [N]. 人民日报，2015-06-02（1）.
[266] 赵爱玲. 信念人生——兼谈信念教育在社会主义精神文明建设中的地位和作用 [A]// 山西省中国特色社会主义研究会. 论中国式的社会主义现代化 [C]. 山西省中国特色社会主义研究会，2002：7.
[267] 赵婀娜. 清华大学苏世民学者项目启动仪式在京举行 习近平和奥巴马致信祝贺 [N]. 人民日报，2013-04-22（1）.
[268] 中共中央办公厅，国务院办公厅. 关于实施中华优秀传统文化传承发展工程的意见 [N]. 人民日报，2017-01-26（6）.
[269] 中共中央国务院. 中共中央国务院关于全面深化新时代教师队伍建设改革的意见 [N]. 人民日报，2018-02-01（1）.
[270] 周进. 世界一流大学个性化教育行动要素及其启示 [J]. 高等工程教育研究，2017（5）：96-101，124.
[271] 朱自清. 教育的信仰 [J]. 春晖，1924（34）.

学位论文

[272]WHITE，S，KLINE，J. *Renewing Rural and Regional Teacher Education Curriculum*. Final Report. Sydney，NSW：Department of Industry，Innovation，Science，Research and Tertiary Education（Office for Learning and Teaching），2012.

[273] 安春雨. 十八大以来习近平重要讲话中关于传统文化典籍的引证研究 [D]. 陕西师范大学，2016.

[274] 顾相伟. 马克思人的全面发展思想的当代价值研究 [D]. 上海师范大学，2010.

[275] 黄丽丹. 当代大学生中华传统美德教育研究 [D]. 河北大学，2014.

[276] 孙刚成. 以人为本的高校人才资源管理研究 [D]. 西华师范大学，2004.

[277] 徐洁. 生态文明教育的理念及实践探索 [D]. 华中师范大学，2016.

[278] 张琼. 新形势下加强大学生中华优秀传统文化教育研究 [D]. 西南大学，2017.

网络文献

[279] 百度百科. 国际视野 [EB/OL].https：//baike.baidu.com/item/%E5%9B%BD%E9%99%85%E8%A7%86%E9%87%8E/8215467？ fr=Aladdin.

[280] 乘着信仰与使命飞翔——教育部党组成员“头雁领航”践初心活动综述 [EB/OL].http：//www.moe.gov.cn/jyb_xwfb/gzdt_gzdt/s5987/201807/t20180731_343894.html.

[281] 教育部. 教育部印发公告清理规范基础教育领域竞赛挂牌命名表彰活动 [EB/OL].http：//www.moe.gov.cn/jyb_xwfb_gzdt_gzdt/s5987/201803/t20180321_330797.html.[2018-03-21]

[282] 教育部发展规划司. 2018 年全国教育事业发展基本情况年度发布 [EB/OL]. https：//www.eol.cn/yidong/ydsjxx/201902/t20190226_1646186.shtml？ source=yidong.[2019-02-26]

[283] 吕尚. 太公金匮二卷 [EB/OL]. https：//ctext.org/text.pl？ node=566547&if=gb&remap=gb（中国哲学书电子化计划）.[2018-07-28]

[284] 习近平. 坚定文化自信 创造中华文化新辉煌——党的十八大以来文化建设成就综述 [EB/OL].http：//www.xinhuanet.com/2017-10/04/c_1121762508.htm[2017-10-04].

政策文本

[285] 国务院. 国务院关于加强教师队伍建设的意见（国发 [2012]41 号）[Z]. 2012-08-20.

[286] 国务院办公厅、国务院办公厅关于印发乡村教师支持计划（2015—2020 年）的通知（国办发 [2015]43 号）[Z]. 中国政府网，2015-06-08.